1. Churf. Residentz Schloss
2. Churfürstl. Lustgarten
3. Grotte daselbst
4. Bibliotheck
5. Neugeb. Orange Hauss
6. Churfürstl. Müntz A. Ball-Hauss
7. Feuerw. Laboratorium
8. Zeug-Häuser. B. Magazin h.
9. Churfürstl. Stall in Cölln
11. Der Jäger-hoff
12. das Post-hauss
13. die Niederlage
14. die Zuckersiederey
15. Churf. Saltz-häuser
16. Amt Mühlenhoff
17. Mühle beim Schloss
18. Manufactur Spinnhauss
19. Heubinderey
20. die Duhmb Kirche
21. S. Marien-Kirche
22. S. Nicolai Kirche
23. S. Petri Kirche
24. Closter Kirche
26. H. Geist Kirche
27. S. Gerdruten Kirche
28. Dorotheenstädter neue Kirche
29. das Joachimsthalische Gymnasium
30. das Waisenhaus
31. Berlinische Rathhaus
32. Cöllnische Rathhaus
33. die Stechebahn
34. der neue marckt
35. der Mülckenmarckt
36. der Fischmarckt
37. der Mühlendamm
38. die lange Brücke
39. die neue Brücke auf dem Werder
40. die Hunde Brücke
41. Leipziger Thor
42. Cöpenicker Thor
43. Stralowsche Thor
44. S. Georgii Thor
45. Spandauische Thor
46. Neue Thor
47. Artillerie Heuser
48. Schiffbauerey
Spree Fluss

Hans Prang · Horst Günter Kleinschmidt

Durch Berlin zu Fuß

Durch Berlin zu Fuß

Wanderungen
in Geschichte und Gegenwart

Hans Prang und
Horst Günter Kleinschmidt

VEB Tourist Verlag Berlin · Leipzig

Mit Fotos von
Vera und Dieter Breitenborn

Kartenskizzen
Hans-Joachim Krause

Die Vorlagen für die
historischen Abbildungen
stellte das
Märkische Museum, Berlin,
zur Verfügung.

Nach Redaktionsschluß haben sich zur Freude der Berliner und ihrer Gäste auch für die Stadt Berlin durch die Öffnung der Grenzen am 9. November 1989 zahlreiche Veränderungen ergeben. Diese konnten in der vorliegenden Publikation nicht mehr berücksichtigt werden. Hier können wir nur auf Ihr Verständnis rechnen.

Willkommen in Berlin! Wir freuen uns, daß Sie es den vielen Tausenden gleich machen, die alljährlich unsere 750jährige Stadt besuchen und sie zu Fuß entdecken. Wandern ist wieder modern geworden. Doch planloses Durchstreifen der Stadt, das zufällige Auffinden eines Platzes oder wahlloses Queren der Straßen führen kaum zum Ziel, Berlin und seine Eigenheiten ohne Irrwege kennenzulernen. Wir hingegen möchten Ihnen möglichst viel davon nahebringen und Sie auf manches aufmerksam machen, was selbst der ortskundige Berliner oft übersieht. Dabei halten wir es mit Friedrich Engels, der von 1841 bis 1842 in Berlin wohnte und von hier aus zu berichten wußte: „In einer Stadt wie Berlin würde der Fremde ein wahres Verbrechen gegen sich selbst und den guten Geschmack begehen, wenn er nicht alle Merkwürdigkeiten in Augenschein nehmen würde."

Allerdings, wirklich alle des Merkens würdige Besonderheiten Berlins haben wir nicht aufzählen können, dies wäre uns selbst dann nicht möglich gewesen, hätte dieses Buch den doppelten Umfang. Aber wir haben uns bemüht, die Stadt auf eigentümlichen Wegen vorzustellen. Dabei – und das war unsere volle Absicht – bewegen wir uns durchaus nicht nur auf Routen, die traditionelle Touristenstrecken sind. Wir meinen, daß es auch in abseits gelegenen Straßen, in versteckten Winkeln und in entlegenen Stadtvierteln Beachtenswertes gibt, das über Berlin, seine Geschichte und seine Entwicklung Auskunft zu geben vermag.

Wir hoffen, daß Sie uns auf unseren Routen folgen werden, die Ihnen den Weg zeigen, aber nicht vorschreiben, die Sie an interessante Punkte der Stadt bringen, aber Ihnen die Freude am Entdecken nicht nehmen wollen. Wenn Sie eine der Routen, mehrere oder gar alle erwandert haben und dabei Ihr Berlin-Bild farbiger und inhaltsvoller geworden ist, dann hat unsere Arbeit ihren Zweck erfüllt.

Autoren und Verlag

Berlin – **Geschichte und Geschichten**

Berlin – **Vom Fernsehturm zum Müggelturm**

Berlin – **Wissenswertes am Wege**

„Endlich, ganz ehrlich gesprochen,
wißt Ihr Herren in der Fremde doch nichts von Berlin,
wo eine lebendige Gegenwart
jede Vorstellung und Gedanken Lügen straft.
Ich bin wenig herumgekommen – aber wo ich gewesen bin,
habe ich bald genug wahrgenommen,
daß sie auch mit Wasser kochen."

Carl Friedrich Zelter

Berlin – **Geschichte und Geschichten**

Zwischen Steinzeit und Besiedlung

(60000 v. u. Z. bis 1200 u. Z.)

Niemand weiß, wer der erste Berliner war. Menschen gab es in dem Gebiet, das heute von der großen Stadt eingenommen wird, offensichtlich schon in der letzten Eiszeit. Man fand Reste aus diesem Abschnitt der Erdgeschichte, aus der Bronze- und der Eisenzeit. Aber alle Siedlungen aus jenen Tagen hatten nichts mit Berlin zu tun, das viel später entstanden ist. Als in den ersten Jahrhunderten unserer Zeitrechnung die germanischen Stämme (die Semnonen und später die Burgunder) das Spree-Havel-Gebiet verließen, wanderten die Slawen ein. Die Heveller, deren Hauptsitz Brandenburg war, siedelten westwärts von Spandau, die Sprewanen, deren Zentrum Köpenick war, gelangten bis zum heutigen Treptow. Zwischen den beiden Stämmen blieb das sumpfige Areal des Berlin-Cöllner Raumes weitgehend unbesiedelt.
Im Jahre 1150 starb der kinderlose letzte Fürst der Heveller, Pribislaw-Heinrich, Lehensfürst Kaiser Lothars III. Noch zu seinen Lebzeiten hatte er Albrecht den Bären aus dem deutschen Fürstengeschlecht der Askanier (Stammburg Ballenstedt am Harz) als Erben seiner Macht eingesetzt. Albrecht, der neben vielen Kriegszügen auch dynastische Heiraten und diplomatische Ränke zur Macht- und Gebietserweiterung zu nutzen wußte, konnte sich seiner neuen Würde als Markgraf von Brandenburg nicht unangefochten erfreuen. Jaxa von Köpenick, nahe verwandt mit Pribislaw und dessen Erbe beanspruchend, erstürmte und besetzte vermutlich noch 1150 die Brandenburg. 1157 warf Albrecht die Besatzung wieder hinaus und stabilisierte seine Macht in der Mark. Mit den Feldzügen der sächsischen Wettiner (um 1200 Eroberung der Landschaft Teltow und der slawischen Burg Köpenick) und der Askanier (um 1225 Eroberung des Barnim) fielen Anfang des 13. Jahrhunderts die letzten slawischen Herrschaften in Brandenburg, darunter auch der Jaxa-Staat. Wenige Jahre später vertrieben die Askanier die Wettiner und herrschten nunmehr unangefochten in der Mark.
Die kriegsbedingte Unsicherheit des Spreeübergangs bei Köpenick trug vermutlich zur Erschließung der Furt am späteren Mühlendamm bei. Dort kreuzten sich am Spreeübergang außerdem zwei bedeutende Handelsstraßen, zu denen als dritte Verbindung bald der Wasserweg Elbe-Havel-Spree hinzukam. Kein Wunder, daß Kaufleute und sicher auch Handwerker sich zu beiden Seiten des Flusses an der Furt ansiedelten. Die Anlage einer Kirche – vermutlich eines hölzernen Vorgängers der massiven Nikolaikirche – und eines Friedhofs sind als erste Zeugnisse der Städtegründung im Mittelalter nachweisbar. 72 Gräber hat man 1956/58 bei Ausgrabungen unter den Fundamenten der Nikolaikirche gefunden. Die Kirche selbst – deren Grundmauern ältestes Überbleibsel aus Berlins Vergangenheit sind – wurde frühestens 1200, spätestens 1230 begründet. Sie kennzeichnete das alte Zentrum der Siedlung Berlin, die etwa zur gleichen Zeit entstand wie die Schwestergemeinde Cölln auf der gegenüberliegenden Spreeinsel. Um beide Siedlungen zu verbinden, wurde später am Ort der Spreefurt eine hölzerne Brücke erbaut, die bald zu einem schleusenlosen Stau zum Antrieb von Wassermühlen erweitert wurde. Den in den kriegerischen Auseinandersetzungen siegreichen Askaniern erschien die Existenz der Ansiedlungen von Vorteil, sie privilegierten beide Orte. Es ist anzunehmen, daß sie ihnen um 1230 das Stadtrecht verliehen.

Um 60000 v. u. Z. durchstreifen vermutlich – Funde von bearbeiteten Knochen und Feuersteinen lassen darauf schließen – altsteinzeitliche Horden das Gebiet, auf dem heute Berlin liegt.

Im 9. Jahrtausend v. u. Z. siedeln an den Talrändern von Spree und Dahme Jäger und Fischer, von denen Pfeilspitzen, Schaber und Beile aus Feuerstein 1953 bei Ausgrabungen in Biesdorf und Malchow gefunden wurden.

Im 7. Jahrtausend v. u. Z. benutzen in diesem Gebiet ansässige Jäger eine Hirschgeweihmaske – die 1953 in Biesdorf gefunden wurde – als Jagdzauber.

Im 3. Jahrtausend v. u. Z. erfolgt im märkischen Gebiet der Übergang von der Jagd und vom Fischfang zum Ackerbau und zur Viehhaltung. Aus jenen Zeiten stammen handgeformte Keramiken, und man kann feste Wohnhäuser und Vorratsspeicher nachweisen.

Seit dem 6. Jahrhundert v. u. Z. besiedeln germanische Stämme das Land. Überreste eines germanischen Dorfes werden 1977/78 bei Ausgrabungen in Marzahn freigelegt. Die Semnonen, ein germanischer Stamm, der zu den Sweben gehört, verlassen gegen Ende des 2. Jahrhunderts u. Z. das Gebiet, es kommen vorübergehend die Burgunder, die gegen Ende des 4. Jahrhunderts wieder abziehen.

Seit dem 6./7. Jahrhundert besiedeln slawische Stämme das nunmehr dünn bevölkerte Gebiet von Dahme, Spree und Havel, sie bewohnen es bis zum 13. Jahrhundert. Eine slawische Siedlung in Mahlsdorf und eine in Kaulsdorf (beide durch Ausgrabungen nachgewiesen) werden durch Brand vernichtet. Die Expansion der Feudalstaaten zerstört die westslawische Kultur und vereitelt die Anfänge einer staatlichen Entwicklung.

Zwischen 1180 und 1190 beginnt die Besiedlung der sandigen Dünenhügel im sumpfigen Urstromtal zwischen den Hochflächen des Teltows und des Barnims. Auf der rechten Uferseite entsteht Berlin, auf der gegenüberliegenden Insel Cölln. Beide Siedlungen werden durch die verästelten Nebenarme der Spree umgeben und so geschützt.

Buckelkanne aus Keramik, um 1200 v. u. Z.

Zwischen Städtegründung und Unterordnung

(1200 bis 1448)

Berlin ist eine Stadt ohne amtliche Geburtsurkunde. Ihren Stadtjubiläen – 1987 feierte Berlin sein 750. – liegt lediglich die 1237 erfolgte erste urkundliche Erwähnung der Schwesterstadt Cölln zugrunde. Berlin selbst wird erst 1244 urkundlich genannt. Über die Verleihung des Stadtrechts gibt es keinen Nachweis.
Die Ansiedlungen jener Zeit wären mit heutigen Städten kaum zu vergleichen. So nahm Berlin (kleinster Durchmesser 510 Meter, größter 1140 Meter) damals eine Fläche von 47 ha ein, Cölln (kleinster Durchmesser 370 Meter, größter 800 Meter) eine von nur 23 ha. Dennoch erlebte die mittelalterliche Doppelstadt als Knotenpunkt bedeutender Handelsstraßen einen raschen Aufschwung.
Beide Städte wurden jeweils von einem Rat verwaltet, der in Berlin aus zwölf, in Cölln aus sechs Ratsherren bestand. Nur Patrizier, Besitzer von Grund und Boden, konnten Ratsherren werden. Die Handwerker der traditionellen „Viergewerke" (Knochenhauer, Tuchmacher, Schuhmacher und Bäcker) waren zwar geachtet, doch wurden sie bis ins 15. Jahrhundert hinein durch die Patrizier von der Macht ferngehalten. Den plebejischen Schichten – die mehr als die Hälfte der Bevölkerung ausmachten – war das Bürgerrecht versagt oder nur eingeschränkt zugestanden. Beide Städte waren von Anfang an eng miteinander verbunden, es gab ein einheitliches Recht und ab 1307 auch einen gemeinsamen Rat. 1319 unterstellte Bischof Johann von Brandenburg schließlich Cölln der Berliner Kirchenhoheit. Die Stadt schloß mit anderen märkischen Städten Bündnisse, die sich als äußerst wirkungsvoll bei den Auseinandersetzungen mit Herrschaftsansprüchen von Fürstenhäusern, Päpsten, Herzögen, Markgrafen und Raubrittern erwiesen. Berlin erhielt bald eine führende Position in den Städtebünden und vertrat sie auch in der Hanse. Es erwarb das Münzrecht und schließlich die Gerichtsbarkeit über Leben und Tod. Damit war die Stadt endgültig vom Landesherren unabhängig.
Das Ende der städtischen Freiheiten kam mit den Hohenzollern. Die Askanier waren 1320 in der brandenburgischen Linie ausgestorben, und die Mark wurde Spielball politischer Machtkämpfe deutscher Fürsten. 1411 wurde Burggraf Friedrich VI. von Nürnberg durch Kaiser Sigismund als Statthalter der „herrenlosen" Mark eingesetzt. Auf dem Reichstag in Konstanz erhielt er auch die Kurwürde der Mark, war nunmehr Kurfürst Friedrich I. von Brandenburg.
Soziale Spannungen unter der Bevölkerung Berlin-Cöllns, das sich 1432 zu einer Gesamtstadt zusammengeschlossen hatte, führten gegen Mitte des 15. Jahrhunderts zu Unruhen. Besonders rebellierten die Zünfte gegen die Alleinherrschaft der Patrizier im Rat, denn nur selten gelangte ein Zunftvertreter in die städtische Regierung. Als Kurfürst Friedrich II. – er machte seinem Beinamen „Eisenzahn" alle Ehre – von den streitenden Parteien als Schiedsrichter angerufen wurde, nutzte er konsequent die sich bietende Chance und verfügte 1442 die Einsetzung eines ihm hörigen Rates aus Zunftvertretern. Die Forderung, ein Berliner Stadttor als freien Zugang zum „Hohen Haus", der markgräflichen Residenz in der Berliner Klosterstraße, überlassen zu bekommen, ging jedoch selbst diesem Rat zu weit und wurde abgelehnt. Es kam zu neuen Zwangsmaßnahmen des Kurfürsten: Trennung der Städteunion Berlin-Cölln, Verlust beider Gerichtsbarkeiten, Verlust des Niederlagsrechts von Berlin (Cölln besaß es nicht) und Abtretung eines Bauplatzes für ein Schloß

Berlin und Cölln um 1250, freie Darstellung, entstanden 1882

nebst Abbau der Cöllner Stadtmauer im zukünftigen Schloßbereich. Der Bau der Zwingburg jedoch führte 1448 zum offenen Aufstand. Berlins Bürger stellten ihre innerstädtischen Kontroversen hintan und trotzten der kurfürstlichen Gewalt. Die Beamten des Hofes wurden vertrieben, das „Hohe Haus" und die kurfürstliche Kanzlei in der Klosterstraße ebenso verwüstet wie der kurfürstliche Mühlenhof und das weitgehend bereits fertiggestellte Schloß. Beide Städte vereinigten sich wieder, schlossen die Lücke in der Cöllner Stadtmauer und verbarrikadierten die Stadttore. Die erhoffte Unterstützung durch die verbündeten märkischen Städte jedoch blieb aus.
Wahrscheinlich waren es Anhänger des Kurfürsten, die dem „eisernen" Friedrich die Stadttore öffneten. Zwischen dem 20. und dem 25. Mai 1448 zog er mit 600 Reitern in Berlin ein. Im Herbst ließ er ein Strafgericht gegen die Anführer des „Berliner Unwillens" folgen. Einflußreiche Patrizierfamilien wurden mit hohen Geldstrafen belegt, Lehnsbesitz wurde eingezogen und einige der führenden Aufrührer des Landes verwiesen. Der Unterwerfungsvertrag von 1442 wurde erneuert, Berlin und Cölln mußten die Hanse verlassen und aus dem märkischen Städtebündnis austreten. Nachdem Burggraf Friedrich noch ab 1411 im Bündnis mit den Städten und in ihrem Interesse das märkische Raubritterwesen ausgerottet hatte, brachte nun sein Sohn den damaligen Bündnispartner unter seine Botmäßigkeit. Für Jahrhunderte war die Entwicklung des Stadtbürgertums gehemmt und der Weg frei zur uneingeschränkten Herrschaft der Hohenzollern, die erst 1918 zu Ende ging.

1237 In einer am 28. Oktober 1237 ausgestellten Urkunde über das Recht am Zehnten in der Brandenburgischen Diözese sowie über die Rechte und Pflichten des Markgrafen von Brandenburg gegenüber dem Bischof unterzeichnet ein gewisser Symeon, „plebanus de Colonia" (Pfarrer von Cölln), als Zeuge. Es ist die erste urkundliche Nennung des Städtenamens Cölln.
1244 Der Name Symeon erscheint auf einer Urkunde vom 26. Januar 1244, in der es um den Verzicht des Markgrafen auf den Nachlaß geistlicher Personen geht, als „praepositus de Berlin" (Propst von Berlin). Seit dieser ersten Nennung bleibt der Name Berlin bis in die Gegenwart unverändert.

Ältestes Siegel
der Stadt Berlin,
1253

Ältestes Siegel
der Stadt Cölln,
1334

1247 Beginn des Baus der Stadtmauer, die beide Städte umgibt. Ein Rest davon ist noch heute in der Littenstraße zu sehen.
1253 Erster Nachweis eines Siegels der Bürger von Berlin. Es zeigt noch keinen Bären, sondern den brandenburgischen Adler vor einem Stadttor. Der Bär taucht zum ersten Male 1280 im Wappen auf.
1292 Erstmals wird in einer Urkunde die Marienkirche erwähnt, nach der Nikolaikirche die zweitälteste Kirche Berlins.
1307 Die beiden Städte Berlin und Cölln schließen sich in Landes- und Verteidigungsangelegenheiten zusammen und bilden einen gemeinsamen Rat.
1308 Unter der Führung Berlins bilden Städte der Mark ein Verteidigungsbündnis gegen das Raubritterwesen.
1325 Auf dem Neuen Markt erschlagen verbitterte Berliner Bürger den Propst Nicolaus von Bernau, der als Parteigänger der sächsischen Wettiner mit schweren Kirchenstrafen gedroht hatte, falls die Berliner trotz des von Papst Johannes XXII. gegen den Vater des Markgrafen von Brandenburg ausgesprochenen Bannfluches diesem weiter die Treue halten würden. Der wegen des Propstmordes über die Stadt verhängte Bann hat schweren wirtschaftlichen Schaden für Berlin zur Folge. Er wird erst 1347 aufgehoben. Berlin muß ein hohes Bußgeld zahlen und am Neuen Markt ein Sühnekreuz aufstellen.

Silberner Kelch (vergoldet)
aus der Nikolaikirche, um 1270

Berlinischer Pfennig,
Kupfer, 1637

Das Kreuz wird später durch ein kleineres ersetzt, das noch heute neben dem Portal der Marienkirche zu sehen ist.

1334 Der Berliner Rat erläßt eine Polizei- und Kleiderordnung gegen Luxus, Völlerei und Unmäßigkeit.

1359 Berlin wird Mitglied der Hanse.

1369 Berlin erwirbt das Münzrecht. Geprägt werden – wie in 12 weiteren märkischen Städten – „ewige" Pfennige, die zeitlich unbegrenzt und wertmäßig unverändert in Gebrauch bleiben sollten. Sie wurden jedoch schon bald durch Goldgulden und Groschen verdrängt.

1380 Ein verheerender Brand am 10. und 11. August 1380 vernichtet fast ausnahmslos alle Fachwerkhäuser Berlins. Nur in der Klosterstraße bleiben sechs Häuser erhalten. Mit dem Rathaus verbrennen vermutlich die meisten städtischen Urkunden. Das ist mit Anlaß dazu, ein „Berliner Stadtbuch" anzulegen. Zurückreichend bis ins Jahr 1289, beinhaltet es Statuten und Privilegien, Einnahmen und Besoldungen, Verbrechen und ihre Sühne, Renten und Schuldverschreibungen und wird bis zum Jahre 1498 geführt. Das Berliner Stadtbuch ist heute ein Dokument von herausragender kulturgeschichtlicher Bedeutung.

1391 Berlin erwirbt die landesherrliche Gerichtsbarkeit über Leben und Tod. Zum Zeichen dafür wird auf dem Molkenmarkt ein Roland errichtet.

1411 In der Mark Brandenburg werden die Hohenzollern als Statthalter eingesetzt. Sie müssen zunächst die Unabhängigkeit Berlins respektieren.

1412 Berlin stellt dem Burggrafen Friedrich VI., Statthalter der Mark, ein Kontingent wohlbewaffneter Männer zum Kampf gegen die Pommern und opfert die Glocken der Marienkirche für den Guß von Kanonen, mit denen märkische Raubritterburgen beschossen werden.

1415 Belehnung des Burggrafen Friedrich mit der brandenburgischen Kurwürde als Kurfürst Friedrich I.

1432 Endgültige Vereinigung Berlins und Cöllns zu einer Gesamtstadt.

1435 Berlin kauft die Dörfer Tempelhof, Mariendorf, Marienfelde und Rixdorf.

1442 Rebellion der Zünfte gegen die Alleinherrschaft der Patrizier im Rat der Stadt. Kurfürst Friedrich II. nutzt die Situation aus, um die Stadt zu unterwerfen. Die Stadt wird durch ihn wieder in Berlin und Cölln geteilt und zugleich werden den beiden Städten Rechte entzogen.

1448 Offene Rebellion der Bürger gegen die kurfürstliche Unterdrückung: „Berliner Unwillen". Endgültige Unterwerfung der Städte Berlin und Cölln unter den Kurfürsten, der hier seine Residenz errichtet. Erzwungener Austritt der Städte aus den märkischen Städtebündnissen und aus der Hanse.

Zwischen Totentanz und Dreißigjährigem Krieg

(1448 bis 1648)

Um das Jahr 1450 gab es an die siebenhundert Häuser in Berlin und etwa dreihundert in Cölln. Es lebten rund 6000 Menschen in der Stadt, davon waren allein vierundfünfzig Fleischer und vier Wurstmacher. Der sich entwickelnde Wohlstand und der wirtschaftliche Aufschwung jedoch unterlag seit der Übernahme der Macht durch den Kurfürsten dessen Regiment und verlangsamte sich. Berlin verlor seine Vormachtstellung in der Mark, und auch innerstädtisch blieben dem Rat kaum noch eigene Befugnisse. Vor allem hatte er nicht über die Angehörigen des Hofes, die Beamten kurfürstlicher Behörden und die vom Fürstenhaus protegierten Adelsfamilien zu befinden. Daß dennoch die alteingesessenen Bürger Berlins ihren kritischen Geist nicht aufgaben, beweist die Freskenmalerei in der Marienkirche, die bis in unsere Zeit erhalten blieb. Der berühmte „Totentanz" – wohl aus Anlaß einer Pestepidemie entstanden – ist nicht nur wegen seiner demokratischen Grundhaltung („Sterben ist das allgemeine Recht, sterben müssen beide, Herr und Knecht") bemerkenswert. Da werden auch Prassertum und Selbstherrlichkeit der feudalen Hierarchie kritisiert und nur Kaufleute und Handwerker, die vermutlichen Auftraggeber, vom Spott verschont. Es ist nicht verwunderlich, daß in dieser Stadt auch die kritischen Lehren Luthers – zunächst gegen den Willen des Kurfürsten – auf fruchtbaren Boden fielen.
Als Joachim II. 1539 zum Protestantismus übertrat und 1540 eine neue Kirchenordnung erließ, hatte das weniger religiöse als vielmehr machtpolitische Gründe: Nun konnte er den Klerus als politischen und ökonomischen Machtfaktor ausschalten und sämtliches Kloster- und Kirchengut in Besitz nehmen und damit seine Macht und den Übergang zu territorialstaatlicher Herrschaft festigen. Berlin war endgültig zur Residenz der brandenburgischen Kurfürsten geworden. Zentrale Behörden, Hof und Adel bestimmten die Verhältnisse in der Stadt. Die Höflinge unterstanden nicht dem Rat der Stadt, brauchten keine Abgaben zu leisten und waren von städtischen Diensten befreit. Doch ihre Bautätigkeit vervollkommnete das Stadtbild, und durch den Hof wurde Berlin auch ökonomisches und kulturelles Zentrum des Territorialstaates. Die Einwohnerzahl stieg auf 14000. Dann kam der Krieg. In seiner dreißigjährigen Geschichte war die Mark Brandenburg fast ununterbrochen Kriegsschauplatz. Berlin – durch des Kurfürsten schwankende Haltung ohne Potenz, sich zu verteidigen – wurde abwechselnd von kaiserlichen und von schwedischen Truppen um Kontributionen erpreßt. Zudem wütete die Pest, die Ruhr brach aus, die Pocken forderten immense Opfer. Als 1648 der Friede geschlossen wurde, hatte sich die Einwohnerzahl auf etwa 7500 verringert, von 1209 Häusern rechts und links der Spree waren 450 verfallen und leer. Auf dem Neuen Markt türmten sich die Trümmer fast höher als die Wohnbauten.

1451 An der Spree wird in Form einer Zwingburg das Residenzschloß vollendet.
1485 In der Berliner Marienkirche entsteht um diese Zeit der „Totentanz".
1486 Berlin wird Residenzstadt.
1508 Der Stadt wird erlaubt, innerhalb ihrer Mauern Recht zu sprechen, doch werden die Richter vom Kurfürsten eingesetzt, dem auch der Entscheid über Leben und Tod vorbehalten bleibt.
1514 Das Rathaus auf der Langen Brücke, einst Wahrzeichen der Einheit der Städte Berlin und Cölln, wird abgerissen.

Berlin und Cölln um 1500, freie Darstellung, entstanden etwa 1880

1517 Der Dominikanermönch Johann Tetzel verkauft in der Stadt Ablaßzettel (zur gleichen Zeit veröffentlicht Martin Luther zu Wittenberg seine 95 Thesen gegen den Mißbrauch der Absolution und gegen kirchlichen Dogmatismus).
1524 Kurfürst Joachim I. verbietet die Verbreitung der Schriften Luthers und (zwei Jahre später) das Singen protestantischer Lieder.
1538 Das alte Schloß wird abgerissen und der Grundstein für ein prächtiges Renaissanceschloß gelegt. Den Entwurf liefert der Torgauer Schloßbaumeister Konrad Krebs, den Bau leitet sein Schüler Caspar Theiss.
1539 Berlin wird protestantisch.
1540 Am 22. März findet eine öffentliche Gerichtsverhandlung gegen Hans Kohlhase statt, der, als ihm in einem Rechtsstreit mit einem Adligen Unrecht widerfahren war, den Junkern die Fehde erklärt und durch Plünderungen und Brandschatzungen Selbstjustiz geübt hatte. Das Gericht verurteilt ihn zum Tode. Vor dem Georgstor wird er noch am gleichen Tage gerädert.
etwa **1550** Bau der ersten Schleuse am Cöllnischen Stadtgraben.
1567 Kurfürst Joachim II. befiehlt Bürgern Berlins und Spandaus, nur mit Knüppeln bewaffnet, gegeneinander in den Kampf zu ziehen. Als entgegen seiner Planung bei diesem zum Pläsier des Hofes veranstalteten „Knüppelkrieg" die Spandauer überlegen sind, wird der Bürgermeister dieser Nachbarstadt ins Gefängnis gesteckt.
1571 Der Alchimist Leonhard Thurneysser kommt nach Berlin. Im Franziskanerkloster richtet er ein Labor ein, eröffnet eine leistungsfähige Druckerei und verleiht Geld zu Wucherzinsen. Als er nach Berlin kam, war er verschuldet, auf dem Höhepunkt seiner Berliner Laufbahn (1580) beschäftigt er mehr als 200 Personen und besitzt 100000 Taler. Bevor er 1584 die Stadt heimlich verläßt, ist er nach Scheidungen, mißglückten Geldgeschäften und kostspieligen Prozessen vollständig ruiniert.
1572 Die „Gesellschaft der Wasserkunst" baut in Berlin auf Initiative des Bürgermeisters Johannes Blankenfelde eine hölzerne Wasserleitung. Es ist die erste, doch sie ist 1579 schon wieder verfallen.
1573 Am 28. Januar wird der jüdische Münzmeister Lippold, dem man die Schuld an der Finanzmisere des Herrscherhauses gibt, die durch die Prunk- und Verschwendungssucht Joachims II. verursacht ist, wegen vorgeblicher Zauberei angeklagt. Auf dem Neuen Markt wird er grausam gefoltert und

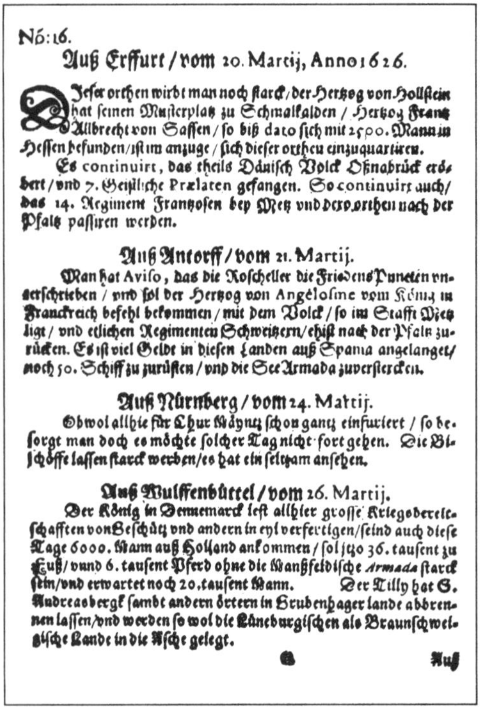
Nō:16.

Auß Erffurt / vom 20. Martij, Anno 1626.

DJeser orthen wirbt man noch starck / der Hertzog von Hollstein hat seinen Musterplatz zu Schmalkalden / Hertzog Frantz Albrecht von Sassen / so biß dato sich mit 2500. Mann in Hessen befunden / ist im anzuge / sich dieser orthen einzuquartiren.

Es continuirt, das theils Dänisch Volck Oßnabrück erödert / vnd 7. Geistliche Prælaten gefangen. So continuirt auch / das 14. Regiment Frantzosen bey Metz vnd dero orthen nach der Pfaltz passiren werden.

Auß Antorff / vom 21. Martij.

Man hat Aviso, das die Roscheller die Friedens Puncten vnterschrieben / vnd sol der Hertzog von Angelosme vom König in Franckreich befehl bekommen / mit dem Volck / so im Stafft Mietz ligt / vnd etlichen Regimenten Schweitzern / ehist nach der Pfaltz zurücken. Es ist viel Gelde in diesen Landen auß Spania angelanget / noch 50. Schiff zu zurüsten / vnd die See Armada zuversterckeu.

Auß Nürnberg / vom 24. Martij.

Obwol allhie für Chur Maynz schon gantz einfuriert / so besorgt man doch es möchte solcher Tag nicht fort gehen. Die Bischöffe lassen starck werben / es hat ein seltzam ansehen.

Auß Wulffenbüttel / vom 26. Martij.

Der König in Dennemarck lest allhier grosse Kriegsbereitschafften von Geschütz vnd andern in eyl verfertigen / seind auch diese Tage 6000. Mann auß Holland ankommen / sol jtzo 36. tausent zu Fuß / vnnd 6. tausent Pferd ohne die Manßfeldische *Armada* starck sein / vnd erwartet noch 20. tausent Mann. Der Tilly hat S. Andreasbergk sambt andern örtern in Grubenhager lande abbrennen lassen / vnd werden so wol die Lüneburgischen als Braunschweigische Lande in die Asche gelegt.

G Auß

Berliner Wochenzeitung, 1626

schließlich gevierteilt. Anschließend werden alle Juden zum wiederholten Male aus der Mark verbannt.

1573 Der spätere Lustgarten wird trockengelegt. Zunächst entsteht dort ein Obst- und Küchengarten des Hofes.

1574 Das „Berlinische Gymnasium zum Grauen Kloster" und das „Cöllnische Gymnasium" werden gegründet.

1576 Eine Pestepidemie fordert in Berlin fast 4000 Opfer.

1580 Eine Polizeiverordnung teilt die Berliner in vier Stände auf und legt für jeden eine Kleiderordnung und eine Ordnung für Familienfeiern fest. Damit werden soziale Unterschiede auch äußerlich amtlich dokumentiert.

1585 Einrichtung der Hofapotheke durch Michael Aschenbrenner.

1598 Ein erneuter Ausbruch der Pest fordert mehr als 3000 Opfer.

1615 Es kommt zum „Kalvinistenrummel". Anlaß ist der machtpolitisch motivierte Übertritt des Kurfürsten Johann Sigismund zum Kalvinismus (1613), gegen den sich in Berlin eine heftige Opposition formiert, die auch Ausdruck lang angestauter Unzufriedenheit mit der sozialen Lage ist. Die Unruhen erfassen große Teile der Bevölkerung, so daß der Kurfürst seine Truppen in Alarmzustand versetzen muß. Zwar verläuft die Angelegenheit ohne weitere Folgen, doch ist sie als letzte öffentliche Empörung der Berliner Bürger gegen die feudale Herrschaft für fast 250 Jahre bemerkenswert.

1618 Ausbruch des Dreißigjährigen Krieges.

1624 Das Haus des Adligen Hans Georg von Ribbeck wird erbaut. Es ist als einziges Wohnhaus jener Zeit erhalten geblieben.

1628 Wallenstein kommt erstmals nach Berlin, ein zweites Mal 1630. Die Stadt muß trotz großer Schwierigkeiten sein Gefolge aufnehmen: 1500 Personen, darunter 30 Fürsten, Grafen und Freiherren mit mehr als 1000 Pferden.

Einzug des Kurfürsten Friedrich Wilhelm 1642 in Berlin,
Ausschnitt aus einem Kupferstich von Johannes Bercow, Berlin 1643

1636 Die Stadt wird mehrmals von schwedischen und kaiserlichen Truppen um Kontributionen erpreßt. Allein 25000 Taler müssen die Bürger an schwedische Heerführer zahlen.

1640 Um die Verteidigung der Stadt zu erleichtern, werden – ohne die Besitzer rechtzeitig zu verständigen – die Gebäude vor der Mauer abgebrannt. 200 bis 300 Häuser gehen in Flammen auf.

1641 Waffenstillstand Brandenburgs mit Schweden, Beginn des Wiederaufbaus von Berlin und Cölln, erste Berliner Bauordnung (gültig bis 1853!).

1647 Der Jagd- und Reitweg zum Tiergarten wird mit 1000 Linden und Nußbäumen bepflanzt. Später erhält er den Namen „Unter den Linden".

1648 Der Westfälische Frieden beendet den Dreißigjährigen Krieg. Berlin, wenngleich vor direkter Zerstörung verhältnismäßig bewahrt, durchlebt einen Tiefpunkt seiner Geschichte. Besonders folgenschwer trifft die Stadt der Ruin von Handel und Gewerbe.

Zwischen Festungsbau und Bürgerpflicht

(1648 bis 1806)

Eine ausgeplünderte und erschöpfte Stadt, ein unbedeutender Flecken auf der Landkarte, das war Berlin nach dem Dreißigjährigen Krieg. Dem Hause Hohenzollern jedoch hatte gerissene Politik die Verdoppelung des Territoriums eingebracht. Kurfürst Friedrich Wilhelm (der „Große Kurfürst") ging zielstrebig daran, sich die Stände gefügig und die unterworfenen Lande zu einem Gesamtstaat zu machen. Sein Mittel war die Armee. Berlin – 1657 Garnisonstadt geworden – mußte eine Einquartierung von 2000 Soldaten und 600 Soldatenfrauen und -kindern ertragen (eine Zahl, die bis 1710 auf 5000 anstieg), und neben dem Aufbau der verwüsteten Stadt stand ab 1658 auch ihr Ausbau als Festung auf dem Programm. Jeder vierte Arbeitstag eines jeden Bürgers wurde zum Schanztag gemacht, etwa 4000 Menschen (auch Bauern aus der Umgebung) wurden täglich zur Fronarbeit gezwungen. Fünfundzwanzig Jahre baute man an den Fortifikationen, und als sie fertig waren, wurden sie nach nicht einmal fünfzig Jahren – weil städtebaulich hinderlich geworden – allmählich wieder abgetragen. Jedoch wirkte sich die Last, Residenzstadt zu sein, auch zum Vorteil für Berlin aus. Ein ökonomischer Aufschwung lag auch im Interesse des Herrschers, und so wurden Handel, Gewerbe und Hausbau gefördert. Der Hauptstadt sollte Glanz verliehen werden. Neue Stadtteile entstanden: Friedrichswerder (1670), Dorotheenstadt (1674) und Friedrichstadt (1691) – nun gab es (mit Berlin und Cölln) gar fünf Residenzstädte, denn erst 1709 wurden sie zu einer Stadt vereinigt. Die Einwohnerzahl stieg sprunghaft an, als ab 1685 die Hugenotten in Berlin Zuflucht fanden und nach weniger als zehn Jahren ein Viertel der Bevölkerung ausmachten. Sie brachten nicht nur bessere Sitten, Künste und Wissenschaften nach Berlin, sie eröffneten auch zahlreiche Betriebe und machten neue Handwerkszweige heimisch.

Prospekt des Leipziger Tores, Johann Stridbeck, um 1690

1701 endlich hatten es die brandenburgischen Kurfürsten geschafft, die Königswürde zu erringen. Kurfürst Friedrich III. krönte sich zum König Friedrich I. in Preußen, und Berlin wurde „Königliche Haupt- und Residenzstadt". Stärker als in jeder anderen brandenburgisch-preußischen Stadt fand die Anpassung an die fortgeschrittene westeuropäische Entwicklung in Berlin ihren Ausdruck in einer, wenn auch begrenzten, Förderung bürgerlicher Kräfte in Handel und Gewerbe.
Doch besonders während der Regierungzeit von Friedrich Wilhelm I. waren Stadtverwaltung, Gewerbeentwicklung und gesellschaftliches Leben vor allem vom Militarismus geprägt. Damit ihm die zum Dienst gezwungenen Soldaten nicht davonliefen sowie als Zollmauer, ließ der Soldatenkönig eine neue Begrenzung, die „Linie", um Berlin errichten. Erst sein Nachfolger, Friedrich II., hatte wieder Sinn für Kunst und Wissenschaft, es entstanden das Opernhaus Unter den Linden, die „Kommode", das Palais des Prinzen Heinrich (die heutige Universität), die Türme an den Kirchen auf dem Gendarmenmarkt und schließlich der Dom. Die vom Vater aufgebaute Armee nutzte Friedrich II. für Eroberungskriege. Im Siebenjährigen Krieg (1756/63) mußte er allerdings Berlin zweimal dem Feinde überlassen.
In der Stadt entwickelte sich das Bürgertum, zugleich aber auch – mit dem Entstehen der Manufakturen – ein Heer von Lohnabhängigen. Und es bildete sich als soziale Schicht die Intelligenz heraus. Berlin wurde im letzten Drittel des 18. Jahrhunderts zu einem geistigen Zentrum der werdenden bürgerlichen deutschen Nation. Seine Ausstrahlung verdankte es vor allem der Berliner Aufklärung, deren führende Köpfe Gotthold Ephraim Lessing, Friedrich Nicolai und Moses Mendelssohn waren.
Die Haupt- und Residenzstadt hatte beim Übergang ins neue, 19. Jahrhundert etwa die Größe des heutigen Stadtbezirkes Mitte und eine Einwohnerzahl von 155700 (wozu noch 13600 Militärangehörige kamen). Die französische Revolution von 1789 fand in der Stadt zwar Widerhall, doch löste das keine positiven Aktionen aus. Preußens Armee marschierte gegen die französische Republik. Dann jedoch folgten die Niederlagen des feudalabsolutistischen Staates Preußen bei Jena und Auerstedt. Der Gouverneur Berlins, Graf von der Schulenburg, ließ den berühmt gewordenen Aufruf „Der König hat eine Bataille verloren. Jetzt ist Ruhe die erste Bürgerpflicht" an die Mauern kleben, packte seine Sachen und verließ, wie Königshaus, Hof und Behörden, eilig die Stadt. Im Oktober 1806 waren die Franzosen da.

1649 Im Lustgarten erntet man zum ersten Male Kartoffeln.
1652 Der Baumeister Johann Gregor Memhardt veröffentlicht den ersten Stadtplan.
1658 Unter der Aufsicht Memhardts beginnt der Ausbau der Stadt zur Festung, die 1683 fertiggestellt wird.
1681 Erlaß des Kurfürsten, der das Mästen und Verkaufen von Schweinen im Stadtgebiet verbietet. Der heutige Alexanderplatz wird zum Korn- und Viehmarkt.
1685 Die Hugenotten folgen in großer Zahl dem Asylangebot des Kurfürsten Friedrich Wilhelm (Edikt von Potsdam). Ende des Jahrhunderts haben sich in Berlin 6000 Refugiés angesiedelt.
1686 Der Bankier Christian Friedrich Krautt erhält das Privileg zur Gründung einer Gold- und Silbermanufaktur. Mit diesem Privileg wird 1692 durch Leipziger Fabrikanten eine Manufaktur gegründet, in der Borten und Tressen für Uniformen und Hofkleider hergestellt werden.
1695 Grundsteinlegung für das Zeughaus, den ersten Prachtbau der späteren Straße Unter den Linden.
1698 Beginn des Aus- und Umbaus des Berliner Schlosses durch Andreas Schlüter.

Blick über die Spree von Pieter Schenk, 1702

1701 Kurfürst Friedrich III. krönt sich als Friedrich I. zum König. Berlin wird „Königliche Haupt- und Residenzstadt".
1709 Am 1. Januar wird ein „Reskript von Kombinierung der rathäuslichen Kollegien" veröffentlicht, demzufolge mit Wirkung vom 1. Januar 1710 die Städte Berlin und Cölln mit den neugegründeten Residenzstädten Friedrichswerder, Dorotheenstadt und Friedrichstadt zu einer Stadtgemeinde zusammengeschlossen werden.
1710 In der Mark bricht die Pest aus. Vor dem Neuen Tor wird ein Pesthaus errichtet, doch die Krankheit verschont Berlin. Das Pesthaus wird Armenhospital und Garnisonslazarett. Als „Charité" wird es 1726 Heil- und medizinische Lehranstalt.
1713 Friedrich I. stirbt, sein Nachfolger wird Friedrich Wilhelm I., der „Soldatenkönig".
1713 Andreas Krautt, Bruder des Bankiers Christian Friedrich Krautt, wird vom König gezwungen, einen Teil seines dem Staat abgegaunerten Vermögens zur Gründung einer Textilmanufaktur zu verwenden, in der hauptsächlich Uniformstoffe hergestellt werden. Nach dem Tode Krautts übernimmt 1723 der Staat das Unternehmen. Textilmanufakturen bestimmen bis gegen Ende des Jahrhunderts weitgehend Berlins Wirtschaftsleben.
1717 Einführung der Schulpflicht. Das Analphabetentum wird jedoch erst um 1850 überwunden.
1740 Friedrich II. (der Große) wird Nachfolger des verstorbenen Friedrich Wilhelm I.
1742 Am 7. Dezember wird die Königliche Oper Unter den Linden eröffnet.
1747 Mit dem „Rathäuslichen Regelement" werden fortan die Rechte der Räte der Städte aufgehoben. Ein vom König ernannter Magistrat übernimmt auch in Berlin die Verwaltung.
1748 Gotthold Ephraim Lessing kommt erstmals nach Berlin.
1751 Der Schweizer Wegely richtet eine Manufaktur zur Porzellanherstellung ein, die allerdings schon nach sechs Jahren wieder geschlossen wird.
1756 Der Siebenjährige Krieg beginnt. Berlin wird 1757 von Österreichern und 1760 von Österreichern und Russen besetzt.

Neuer Markt mit Marienkirche, Johann Georg Rosenberg, 1775

1761 Der Unternehmer Gotzkowsky richtet eine Porzellanmanufaktur ein. Der Krieg ruiniert ihn. Friedrich II. läßt die Manufaktur billig aufkaufen und gründet damit die „Königliche Porzellanmanufaktur" (KPM).
1763 Es wird eine Königliche Zahlenlotterie aufgelegt. Alle drei Wochen werden fünf von neunzig Zahlen ausgelost.
1778 Johann Wolfgang von Goethe besucht Berlin.
1782 Wolfgang Amadeus Mozart ist in Berlin zu Gast.
1784 Start eines unbemannten Ballons in Berlin.
1786 Friedrich II. stirbt.
1788 Am 27. September startet erstmals ein bemannter Ballon in Berlin. Der Franzose Blanchard erreicht bei dieser, seiner 33. Luftreise fast eine Höhe von 2000 Metern.
1789 Der Bau des Brandenburger Tores beginnt. Es wird 1791 übergeben und erhält bis 1794 die krönende Quadriga und den plastischen Schmuck.
1791 Carl Friedrich Fasch gründet die Berliner Singakademie, die u. a. 1796 von Ludwig van Beethoven und 1804 von Friedrich Schiller besucht wird. Ab 1800 ist Carl Friedrich Zelter der Leiter dieser bis heute bestehenden Einrichtung.
1804 Die Königliche Eisengießerei vor dem Neuen Tor wird gegründet.
1805 Zu Ehren des in Berlin zu Gast weilenden Zaren Alexander I. wird der Platz vor dem Georgentor Alexanderplatz genannt.
1806 Ein soeben erschienenes Lexikon gibt an: Berlin hat 7314 Häuser, 133 Straßen, 91 Gassen, 18 Plätze und Märkte, 5588 öffentliche und private Brunnen, 5 Gymnasien, 31 Kirchen, 2 Theater, 11 Kasernen, 2 politische Zeitungen, 5 Gefängnisse und Besserungsanstalten, 33 militärische Stadtwachen und 111 Nachtwächter.

Zwischen Fremdherrschaft und Kaiserreich

(1806 bis 1871)

Die Franzosen, die 1806 die Stadt besetzt hatten, brachten den Berlinern zweierlei: einige demokratische Rechte und sehr viele Lasten. Napoleon erlaubte wieder eine Art städtische Selbstverwaltung. Auf seinen Befehl hin wurden aus einem erlesenen Kreis von 2000 Bürgern 60 Personen für eine Stadtverwaltung ausgewählt. Unter den sieben Mitgliedern des obersten Verwaltungsgremiums, des „Comité administratif", befand sich auch Carl Friedrich Zelter. Napoleon preßte jedoch auch gewaltige Summen aus der Stadt. Als die Franzosen 1813 endgültig abziehen mußten, hatte Berlin viereinhalb Millionen Taler Schulden, die Wirtschaft lag darnieder, die Arbeitslosigkeit war beachtlich. So war es nicht verwunderlich, daß Berlin schon frühzeitig ein Zentrum des Widerstandes gegen die französische Fremdherrschaft wurde. In der Akademie Unter den Linden hielt Johann Gottlieb Fichte 1807 seine aufwühlenden „Reden an die deutsche Nation", von der Stadt aus zog Major Schill 1809 auf eigene Faust mit seinem Regiment in den Kampf gegen die Franzosen.
Die Ohnmacht des preußischen Herrscherhauses (König Friedrich Wilhelm III. war geflohen – „Unser Dämel ist in Memel" sangen Berliner Straßenjungen) ermöglichte es, daß liberale Vertreter des Adels und bürgerlich-patriotische Kräfte längst fällige Reformen durchsetzen konnten. Eng mit Berlins Geschichte verbunden sind die Stein-Hardenbergschen Reformen von 1807 bis 1813. Sie bildeten den Beginn des bürgerlichen Umwälzungsprozesses in Preußen und bahnten der kapitalistischen Produktionsweise den Weg. Die Städteordnung von 1808 erlaubte den Berlinern, erstmals Stadtverordnete zu wählen und nach rund 100 Jahren wieder einen Magistrat zu bilden. Ausdruck bürgerlichen Selbstbewußtseins war auch die Gründung einer hauptstädtischen Universität.
Eine hervorragende Rolle spielten Berliner in den Jahren des Befreiungskrieges 1813/14. Von 10000 Freiwilligen des Jahres 1813 waren 6390 Berliner. Die äußere Unterdrückung konnte Preußen abschütteln, die innere jedoch blieb. Der König dachte nicht daran, seine Verfassungsversprechen einzuhalten. Im Bunde mit der europäischen Reaktion wurden Ergebnisse der Reformen rückgängig gemacht, prominente Reformer kaltgestellt und bei der „Demagogenverfolgung" Tausende Demokraten eingekerkert. Die durch die Reformen in Gang gesetzte industrielle Revolution jedoch war nicht aufzuhalten. 1815 wurden in der Königlichen Eisengießerei zu Berlin die erste Dampfmaschine und die erste Lokomotive des Kontinents gebaut, ein Jahr später errichtete Georg Freund Berlins erste Dampfmaschinenbaufabrik und 1822 Franz Anton Egells die „Neue Berliner Eisengießerei" vor dem Oranienburger Tor.
Und mit der Industrie entwickelte sich das Proletariat. Seine maßlose Ausbeutung, das bittere Wohnungselend und die politisch wie geistige Unterdrükkung der werktätigen Massen führte zu tiefen sozialen Spannungen. Sie kamen 1848 zum Ausbruch, als in Europa die durch den Widerspruch zwischen den vom Kapitalismus hervorgebrachten Produktivkräften und den noch vorherrschend halbfeudalen Produktionsverhältnissen ausgelöste bürgerlich-demokratische Revolution auch auf Berlin übergriff. Die Hauptstadt wurde erstmals zu einem Brennpunkt revolutionärer Klassenkämpfe. In den Straßen der Hauptstadt standen Arbeiter, Handwerker, Kleinbürger und Studenten auf den Barrikaden im blutigen Kampf gegen den preußischen Militärstaat. 14500 Soldaten konnten auch mit 36 Kanonen nach 14stündigem Kampf das Volk nicht besiegen. Der König wurde gezwungen, barhäuptig die Opfer der Kämpfe zu

Blick auf die Schloßbrücke, 1857

ehren. 270 Tote konnte man identifizieren, unter ihnen den Jungarbeiter Ernst Zinna, 32 blieben unbekannt. Der Aufstand in Berlin war ein Signal für die Revolution in deutschen Staaten. Doch der Sieg wurde nicht zum Erfolg. Die Bourgeoisie verriet eigene demokratische Vorsätze, verbündete sich mit dem halbabsolutistischen Militärstaat, um ihre Klasseninteressen gegen die Arbeiterklasse durchzusetzen. Die kapitalistischen Unternehmen – Fabriken wie Borsig, Pflug, Schwartzkopff, Siemens und Halske – erlebten einen nie geahnten Aufschwung. Berlin wurde zu einem der wichtigsten Ballungszentren industrieller Entwicklung in Mitteleuropa und zur größten Mietskasernenstadt der Welt. Die undemokratische Einigung Deutschlands von oben brachte dem preußischen König die Kaiserkrone ein. Berlin wurde zur Reichshauptstadt.

1806 Am 24. Oktober marschieren die ersten französischen Truppen in Berlin ein, am 27. zieht Napoleon I. durch das Brandenburger Tor. In zwölf Kisten verpackt, wird die Quadriga als Kriegsbeute nach Paris gebracht.
1809 Im April werden erstmals in Berlin Stadtverordnete gewählt. In 22 Kirchen dürfen Bürger, die ein Jahreseinkommen von mindestens 200 Talern nachweisen können, ihre Stimme abgeben. Es sind 6,9 Prozent aller Einwohner Berlins.
1810 Die auf Anregung von Wilhelm von Humboldt gegründete Berliner Universität nimmt im Herbst ihren Lehrbetrieb auf.
1811 Friedrich Ludwig Jahn eröffnet in der Hasenheide den ersten Turnplatz.
1813 Am 20. Februar taucht kurzzeitig eine Kosakenpatrouille in Berlins Straßen auf und dringt bis zum Schloßplatz vor. Die Kosaken werden als Waffenbrüder und Befreier umjubelt. Am 4. März müssen die Franzosen abrücken, am 11. ziehen russische Truppen ein.
1820 In der Gartenstraße läßt der Kammerherr von Wülknitz für die ständig anwachsende Zahl wohnungssuchender Lohnarbeiter die ersten Mietskasernen bauen. In dreistöckigen Häusern ohne Küchen und Toiletten werden in 400 Stuben mehr als 4000 Menschen zusammengepfercht.
1822 Die erste Gewerbeausstellung Berlins wird eröffnet. 182 Aussteller (darunter 75 aus Berlin) zeigen 998 Erzeugnisse.
1824 Berlin erhält die ersten Briefkästen.
1825 Der Hofrat Simon Kremser erhält das Privileg, mehrsitzige, gefederte Wagen mit Verdeck zum Zwecke der Personenbeförderung zu betreiben.
1826 Unter den Linden wird Gasbeleuchtung installiert.

Borsigs Maschinenbauanstalt am Oranienburger Tor, um 1850

1830 Die „Schneiderrevolution" bricht aus. Als ein Schneidergeselle die Julirevolution in Frankreich hochleben läßt, werden er und später einige weitere Handwerker verhaftet. Am nächsten Tag demonstrieren die Zunftgenossen. Erst durch den Einsatz der gesamten, 14000 Mann starken Garnison können die Unruhen unterdrückt werden.

1834 In Berlin werden die ersten drei Leihhäuser eröffnet.

1835 Dreitägige Auseinandersetzungen zwischen Arbeitern und der Polizei, die sogenannte „Feuerwerksrevolution", fordern zwei Tote und zahlreiche Verwundete.

1836 Am 22. Oktober läßt sich Karl Marx an der Berliner Universität immatrikulieren. Er studiert hier bis April 1841.

1837 August Borsig eröffnet vor dem Oranienburger Tor seine „Eisengießerei und Maschinenbauanstalt". 1841 baut er seine erste Lokomotive, 1873 liefert die Firma die dreitausendste.

1838 Die Eisenbahnlinie Berlin – Potsdam wird eröffnet.

1841 Der einundzwanzigjährige Friedrich Engels leistet in Berlin seine Militärdienstzeit (bis Oktober 1842) ab.

1844 Am 8. Januar findet in der Münzstraße 16 Berlins erste Arbeiterversammlung statt. Einladungen dazu erfolgen durch ein Zeitungsinserat.

1847 Werner von Siemens und der Mechaniker Johann Georg Halske begründen mit ihrer „Telegraphenbau-Anstalt" die Berliner Elektroindustrie.
Am 21. April empören sich Berliner Bürger über die Kartoffelpreise auf dem Gendarmenmarkt. Die Unruhen greifen um sich. Das Militär geht mit blanker Waffe vor, um diese „Kartoffelrevolution" zu unterdrücken.

1848 Die revolutionären Ereignisse in Europa finden in Berlin begeisterten Widerhall. Am 7. März richten Berliner Arbeiter, Handwerker, Studenten und demokratische Intellektuelle von einer Versammlung in den Zelten, damals außerhalb der Stadt gelegenen Ausflugslokalen im Tiergarten, eine Petition an den König, in der sie ihren maßvollen Forderungen nach bürgerlichen Freiheiten Ausdruck geben. Friedrich Wilhelm IV. antwortet darauf mit dem Aufmarsch von Militär. Am 13. März kommt es zu ersten blutigen Zusammenstößen und zum Bau von Barrikaden in den Straßen Berlins. Erbitterte Kämpfe entwickeln sich am 18. und 19. März. Trotz gewaltiger militärischer Übermacht gelingt es den Truppen nicht, das aufständische Berlin zu unterwerfen. Am 19. März muß der preußische König den Abzug der Truppen aus der Stadt befehlen und die Opfer der Kämpfe barhäuptig ehren. Aber die Reaktion formiert

Blick von der Französischen Kirche auf die Stadt, um 1850

sich bald. Im November rücken 40000Soldaten in Berlin ein, die Bürgerwehr wird aufgelöst, über die Stadt der Belagerungszustand verhängt.

1850 Der Berliner Polizeipräsident von Hinckeldey läßt den Berliner Handwerkerverein, alle gewerkschaftlichen Arbeitervereine und die Zeitschriften „Verbrüderung" und „Concordia" verbieten.

1854 Der Druckereibesitzer Ernst Litfaß erhält das Recht, Plakatsäulen in Berlin aufzustellen. Zuerst sind es 30 Säulen, die bald seinen Namen tragen, 1868 bereits 200.

1856 Auf dem Windmühlenberg vor dem Prenzlauer Tor wird eine zentrale Wasserversorgungsanlage gebaut. Der dort 1877 errichtete Wasserturm steht noch heute, er war bis 1952 in Betrieb.

1858 Anstelle des 1857 erkrankten Königs Friedrich Wilhelm IV. übernimmt sein Bruder Prinz Wilhelm die Regentschaft. Als Wilhelm I. wird der „Kartätschenprinz" (so genannt, weil er 1849 den badisch-pfälzischen Aufstand mit äußerster Brutalität niederschlug) im Januar 1861 Nachfolger seines Bruders und 1871 auch deutscher Kaiser.

1859 Der Festumzug zu Ehren des 100. Geburtstages von Friedrich Schiller wird vom Berliner Polizeipräsidenten verboten.

1861 Mit Wirkung vom 1. Januar an wird das Stadtgebiet um mehr als ein Drittel erweitert: Berlin gliedert sich nun in 16 Stadtbezirke. Für das Rote Rathaus wird der Grundstein gelegt.

1862 Veröffentlichung des Berliner Bebauungsplanes, den James Hobrecht im Auftrag des Polizeipräsidenten ausgearbeitet hat. Er sieht die planmäßige Anlage von Straßen und Plätzen sowie den Aufbau eines Entwässerungsnetzes vor. Die Gliederung des Stadtgebietes in große Baublöcke ohne ausreichende Erschließungsstraßen begünstigt wesentlich die Bebauung durch Mietskasernen mit mehreren Hinterhöfen und Durchfahrten.

1865 Zwischen dem Kupfergraben und Charlottenburg verkehren die ersten Pferdebahnen Berlins.

1866 Die Berliner Sektion der I. Internationale wird gegründet und in der Stadt die erste vollständige Ausgabe des „Kommunistischen Manifests" für Deutschland herausgegeben.

1867 Berlin wird Hauptstadt des Norddeutschen Bundes.

1868 Der marxistische Demokratische Arbeiterverein konstituiert sich in Berlin.

1871 Berlin wird Reichshauptstadt. Es hat nun 825000 Einwohner.

Zwischen Kaiserkrone und Roter Fahne

(1871 bis 1918)

War Berlin als königliche Residenzstadt in den vergangenen zweihundert Jahren immer eine recht bescheidene Metropole gewesen, als kaiserliche Reichshauptstadt wurde sie bald eine Groß- und schließlich eine Weltstadt. Das lag jedoch nur zum geringen Maße daran, daß nun auf dem Schloß eine Kaiserstandarte wehte. Vielmehr war die industrielle Entwicklung Grund für das Aufblühen der Stadt. Allein in den Jahren 1871/72 entstanden in Berlin mehr als 250 Unternehmen. Neben Industriebetrieben, Banken und Eisenbahngesellschaften waren es vor allem Terrain- und Baugesellschaften. Die Bodenspekulation blühte in diesen sogenannten Gründerjahren, bis 1873 eine weltweite Börsenkrise auch auf Berlin übergriff und eine Serie von Bankrotten und Zusammenbrüchen auslöste. Hauptsächlich die Kleinaktionäre, Handwerker und Gewerbetreibende verloren dabei ihr Geld.
Die achtziger Jahre brachten der Industrie neuen Aufschwung. Eine nie gekannte Entwicklung der Produktivkräfte wurde für das Wachsen der Berliner Industrie im Übergang zum 20. Jahrhundert charakteristisch. Konzerne wie Siemens und AEG waren typisch für die Konzentration von Produktion und Kapital. Das Finanzgeschäft besorgten die Berliner Börse und Großbanken, die sich wie die Deutsche Bank und die Disconto-Gesellschaft in der Stadt etablierten. Berlin wurde zur mächtigsten Industriestadt des Kontinents. Sie erwarb in jener Zeit aber auch den Ruf, eine Stadt der Wissenschaften, der Kultur und Kunst zu sein. An der Universität, an modernen Instituten und Forschungseinrichtungen wirkten Wissenschaftler wie Max Planck und Albert Einstein, Rudolf Virchow und Robert Koch, Heinrich Hertz und Emil von Behring. Bereits um die Jahrhundertwende hatte Berlin auch einen Namen als international bedeutendes Zentrum der Kunst. Von den „Sezessionisten", von Max Liebermann, Lovis Corinth, Max Slevogt und Max Klinger, gingen bedeutende künstlerische Impulse aus; neue Akzente setzten Maler und Grafiker wie Hans Baluschek, Käthe Kollwitz und Heinrich Zille. Unter Otto Brahm und später unter Max Reinhardt wurde das Deutsche Theater zu Berlin weltberühmt, der Film begann sich in Berlin als künstlerisches Medium zu entwickeln, die Unterhaltungskunst brillierte u. a. mit Paul Lincke, Claire Waldoff und Zirkusunternehmen wie Schumann und Busch.
Berlins Einwohnerzahl, die 1871 reichlich 800000 erreicht hatte, lag zehn Jahre später bei einer Million und überschritt um 1905 die Zweimillionengrenze. Die kapitalistische Entwicklung zog unzählige Arbeitskräfte nach Berlin. Dörfer und Gutsbezirke am Stadtrand wurden ins Stadtgebiet einbezogen, in den westlichen Vororten entstanden die Villen der Bourgeoisie, in den Proletariergegenden des Nordens und Ostens die Massenwohnquartiere. Dort verschlechterten sich die Wohnbedingungen in unvorstellbarer Weise. 1890 lebten 117700 Berliner in 28265 Kellerwohnungen, mehr als 8000 Einwohner waren in 3376 Wohnungen untergebracht, die nicht einen einzigen heizbaren Raum hatten. 1905 hauste die Hälfte der Einwohner Berlins in Wohnungen, in denen jedes heizbare Zimmer mit 3 bis 13 Menschen belegt war.
Soziale Not, Unterdrückung und Ausbeutung ließen die Arbeiterklasse zusammenwachsen. Im Kampf gegen das Sozialistengesetz (1878/90) war es besonders die Berliner Arbeiterklasse, die sich bewährte. Trotz Verfolgung und Dreiklassenwahlrecht wurden dort 1883 erstmals fünf Sozialisten unter Führung von Paul Singer als Stadtverordnete gewählt. Mit dem Sieg über Bismarcks Unterdrückungsgesetz wurde Berlin zum Zentrum der marxistischen deut-

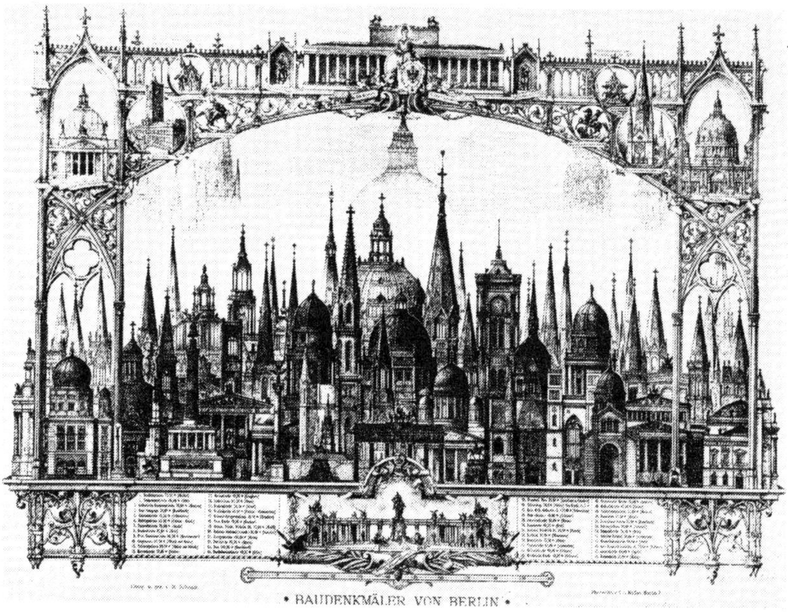

Bauwerke und Denkmäler von Berlin (Höhenvergleich), Lithographie von C. L. Keller, 1885

schen Arbeiterbewegung. Hier wirkten August Bebel, Wilhelm Liebknecht und Ignaz Auer und machten die deutsche Sozialdemokratie zur wählerstärksten Partei in der kaiserlichen Hauptstadt. Als die imperialistischen Kreise im Streben um den „Platz an der Sonne" den ersten Weltkrieg vorbereiteten, war es die deutsche Linke, Karl Liebknecht, Rosa Luxemburg, Franz Mehring und Wilhelm Pieck, die in Berlin und anderen Städten den Kampf gegen Teuerung und Not, Rüstungspolitik und imperialistische Kriegsvorbereitung führten. Aber trotzdem konnte der Opportunismus immer weiter vordringen und beherrschte schließlich die mittlere und höhere Ebene der Partei. Als am 4. August 1914 im Reichstag über die Aufnahme von Kriegskrediten entschieden wurde, stimmte die sozialdemokratische Fraktion diesen Beschlüssen zu.
In keinem Jahr des Krieges jedoch verstummten die Stimmen der progressiven Kräfte. Immer wieder gingen von Berlin starke Impulse im Kampf für Frieden und Fortschritt aus. Hier organisierte sich 1915 die Gruppe „Internationale", aus der 1916 die „Spartakusgruppe" hervorging, die Keimzelle der KPD. Sie stellte sich, als die Kunde vom Sieg der Oktoberrevolution in Rußland nach Berlin kam, an die Spitze der revolutionären Erhebung in Deutschland. In Berlin traten am 9. November 1918 Hunderttausende Arbeiter und Soldaten in den Generalstreik und begannen den bewaffneten Aufstand. Das war das Ende fast fünfhundertjähriger Herrschaft des Hauses Hohenzollern. Vom Balkon des Berliner Schlosses verkündete Karl Liebknecht den Sieg des Proletariats.

1871 Am 18. Januar wird im Spiegelsaal des Versailler Schlosses das Deutsche Reich proklamiert, Wilhelm I. wird Kaiser und Berlin Reichshauptstadt. Es besteht aus 16 Stadtteilen: Alt-Berlin, Stralauer Vorstadt, Friedrich-Wilhelm-Stadt, Alt-Moabit, Neu-Moabit, Wedding, Alt-Kölln, Neu-Kölln, Friedrichswerder, Luisenstadt, Köpenicker Vorstadt, innere Friedrichstadt, Dorotheenstadt, äußere Friedrichstadt (oder Potsdamer Vorstadt), Tempelhofer und Schöneberger Revier. Vom 16. Juli bis 27. August stehen 4000 Maurer im Streik für die Einführung des Zehnstundentages.

1872 Am 25. Juli wird ein Schuhmacher aus seiner Wohnung in der Blumenstraße exmittiert. Es gibt Proteste der Einwohner, die sich am nächsten Tage ausweiten. 400 Schutzleute zu Fuß, 200 zu Pferde, zwei Bataillone des Alexanderregiments und zwei Schwadronen Gardedragoner werden gegen die Einwohner eingesetzt.

1873 Der „Gründerkrach" im Oktober löst Serien von Firmenzusammenbrüchen aus.

Im gleichen Jahr Baubeginn der Kanalisation nach Hobrechts Entwurf.

1874 Am 14. Dezember findet die erste gemeinsame Versammlung von Mitgliedern des Allgemeinen Deutschen Arbeitervereins (Lassalle) und der marxistischen Sozialdemokratischen Arbeiterpartei (Bebel, Liebknecht) statt. Sie bereitet die Vereinigung im Jahre 1875 vor.

Karl Marx hält sich auf seiner Rückreise von Karlsbad vom 26. bis 28. September illegal in Berlin auf.

1875 Übernahme der Straßen und Brücken aus königlichem in städtischen Besitz.

1878 Der arbeitslose Klempner Max Hödel schießt auf den vorbeifahrenden Kaiser, ohne ihn zu treffen; der geistesgestörte Dr. Karl Eduard Nobiling verwundet den Kaiser am 2. Juni durch Schrotschüsse. Diese Attentatsversuche werden von Bismarck zum Anlaß genommen, das Sozialistengesetz durchzupeitschen. Am 28. November verhängt die Regierung den kleinen Belagerungszustand.

1879 Auf der Berliner Gewerbeausstellung wird erstmals eine elektrische Personenbahn vorgeführt.

1880 Siemens errichtet bei Berlin das erste Elektrizitätswerk. Im gleichen Jahr richtet das „Telegraphenbetriebs Bureau des Reichspostamtes, Französische Straße 33c" einen Aufruf an alle Interessenten für einen Fernsprechanschluß. Anfangs melden sich acht, als jedoch am 14. Juni das „Verzeichnis der bei der Fernsprecheinrichtung Beteiligten" erscheint, zählt dieses 27 Seiten starke erste Telefonbuch der Welt 187 Telefonbesitzer auf.

Am 15. August 1881 wird im Postamt Unter den Linden 5 die erste öffentliche Fernsprechstelle in Betrieb genommen.

1881 Die erste elektrische Straßenbahn der Welt verkehrt in Lichterfelde.

1882 Die Straße Unter den Linden wird elektrisch erleuchtet. Im gleichen Jahr wird die Stadtbahn eröffnet.

1883 Die ersten fünf Arbeitervertreter werden trotz des Sozialistengesetzes ins Stadtparlament gewählt.

Emil Rathenau gründet die Deutsche Edison-Gesellschaft (ab 1887 Allgemeine Electrizitätsgesellschaft – AEG).

1890 Das Sozialistengesetz wird zu Fall gebracht.

Erste Maifeier in Berlin.

Die Familie Liebknecht zieht nach Berlin, wo Karl Liebknecht 1893 sein Jurastudium abschließt.

1892 In Berlin wird das erste Automobil zugelassen.

1893 Friedrich Engels spricht in den Concordia-Festsälen vor 4000 Berliner Arbeitern.

1894 Baubeginn am Berliner Dom.

1895 Lenin weilt für einige Wochen zum Studium in Berlin. Er nimmt an einer Arbeiterversammlung in der Frankfurter Allee 102 teil.

Im Wintergarten-Varieté führt Skladanowsky sein „Theater lebender Photographien" erstmals öffentlich vor.

1896 Eröffnung der Sternwarte in Treptow.

1898 Das Statistische Jahrbuch weist aus: Berlin hat 496268 steuerpflichtige Bürger. Der reichste hat ein Einkommen von 2995000 Mark im Jahr. Das

Durchschnittseinkommen wird mit 731 Mark und 64 Pfennig angegeben.
Im Mai zieht Rosa Luxemburg nach Berlin.
1900 150000 Berliner Arbeiter geben dem verstorbenen Wilhelm Liebknecht das letzte Geleit.
1902 Im Januar wird die erste Linie der Hoch- und Untergrundbahn eröffnet.
1904 Eröffnung des Kaiser-Friedrich-Museums, des heutigen Bode-Museums.
1906 Der Schuster Wilhelm Voigt verkleidet sich als Hauptmann, übernimmt das Kommando über einen Trupp Soldaten und „beschlagnahmt" die Stadtkasse von Köpenick.
1907 Die sozialdemokratische Fraktion im Stadtparlament nimmt 35 von 126 Sitzen ein.
Mit 1,5 km Kailänge wird der Osthafen eröffnet.
1908 Eröffnung des 1874 gegründeten Märkischen Museums im von Ludwig Hoffmann errichteten Haus am Köllnischen Park.
Auf der Hochbahnstation Gleisdreieck fordert ein Zugunglück 18 Todesopfer.
1909 In Berlin gibt es 129 elektrisch betriebene Straßenbahnlinien.
In Johannisthal wird der erste Flugplatz eröffnet.
1910 Es gibt in Berlin mehr als 30 größere Theater, etwa ein Dutzend Singspielhallen, sechs Spezialtheater und mehr als 300 Garten- und andere Lokale mit Aufführungskonzessionen.
1911 Am 3. September nehmen mehr als 200000 Menschen an einer Friedensdemonstration im Treptower Park teil; 1912 protestieren am gleichen Ort 250000 Berliner gegen die Balkankriege.
1914 Am 4. August billigt die SPD-Fraktion im Reichstag die Kriegskredite. Karl Liebknecht verweigert ihnen als einziger Abgeordneter am 4. Dezember die Zustimmung.
1915 Im Januar ruft Karl Liebknecht die Arbeiter aller kriegführenden Länder auf, für den Frieden einzutreten. Am 18. und 20. Mai demonstrieren 1500 Berliner Frauen vor dem Reichstag für Karl Liebknecht.
Unter den Linden findet im Dezember eine Friedensdemonstration statt.
1916 Am 1. Januar konstituiert sich in Liebknechts Anwaltskanzlei in der Chausseestraße 121 die Spartakusgruppe, die Keimzelle der KPD.

Auf einer Kundgebung am 1. Mai fordert Karl Liebknecht auf dem Potsdamer Platz „Nieder mit dem Krieg! Nieder mit der Regierung!"

1917 Die Meldungen über die Februar-Revolution in Rußland und über den Sturz des Zaren führen zu verstärkten Antikriegsdemonstrationen.

1918 Im Januar erheben sich die Arbeiter Berlins zu großen politischen Massenstreiks. 400000 beginnen den Ausstand, an dem sich auf seinem Höhepunkt mehr als eine halbe Million Arbeiter beteiligen.

Im Herbst spitzt sich die Lage weiter zu. Karl Liebknecht fordert bei einer Demonstration auf dem Potsdamer Platz die Massen auf, dem russischen Beispiel zu folgen und sich auf die Übernahme der politischen Macht vorzubereiten.

Am 9. November kommt es zum Generalstreik. Um 13 Uhr wird die Abdankung des Kaisers bekannt. Karl Liebknecht verkündet die „freie sozialistische Republik".

Zwischen Hoffnung und Diktatur

(1918 bis 1933)

Am Abend des 9. November 1918 war Berlin Hauptstadt einer Republik. Der Krieg war aus, der Kaiser vertrieben. Die Berliner waren voller Hoffnung auf eine friedliche Zukunft. Sie konnten nicht wissen, daß die finstersten Jahre ihrer Geschichte noch vor ihnen lagen. Die ein klares Programm für den Fortschritt hatten, die von der Spartakusgrupe, konnten es nicht verwirklichen, weil sie organisatorisch noch zu schwach waren, die in der Mehrheit waren, die Sozialdemokraten, verspielten die Macht, weil sie pseudorevolutionären Worten ihrer opportunistischen Führer ins Garn gingen. Schon bald ging die Konterrevolution in Berlin offen zum Angriff über. Schwerbewaffnete Regierungstruppen griffen mit Artillerie, Panzern und Flugzeugen wiederholt die revolutionäre Volksmarinedivision und die bewaffneten Arbeiter an, sie ermordeten ihre Führer. Trotz der blutigen Niederlage des Proletariats behauptete sich jedoch Berlin als eine Bastion der revolutionären deutschen Arbeiterbewegung.

Ein Erfolg fortschrittlicher Kräfte war u. a. die längst notwendig gewordene Neugliederung Berlins. Im Roten Rathaus, wo die Arbeiterparteien nach der Wahl im Frühjahr 1919 die Mehrheit hatten, wurde das vom preußischen Landtag beschlossene „Gesetz über die Bildung der neuen Stadtgemeinde Berlin" verkündet, das am 1. Oktober 1920 in Kraft trat. Dem historisch gewachsenen Kern, den Bezirken Mitte, Prenzlauer Berg, Friedrichshain, Kreuzberg, Tiergarten und Wedding, wurden die bisher selbständigen Städte Charlottenburg, Köpenick, Lichtenberg, Neukölln, Pankow, Schöneberg, Spandau und Wilmersdorf sowie weitere 59 Landgemeinden und 37 Gutsbezirke angegliedert. Das Stadtgebiet war nun mit 860 Quadratkilometern mehr als 1000mal größer als das mittelalterliche Berlin. Mit 3,858 Millionen Einwohnern wurde Berlin drittgrößte Stadt der Erde.

In dieser Weltstadt kamen in jenen Jahren die Widersprüchlichkeiten der kapitalistischen Entwicklung besonders kraß zum Ausdruck. Auf der einen Seite gab es die materielle Not weitester Volksmassen und politische Spannungen von höchster Brisanz, auf der anderen einen Aufschwung von Wissenschaft und Technik, eine Blütezeit von Kultur und Kunst.

Berlin, 1925 Sitz von 106 Konzernen und 915 Unternehmerverbänden, war größte Industriestadt des Kontinents. Allein die Metallindustrie beschäftigte eine Viertelmillion Arbeiter, in der Stadt wurden 74 Prozent aller elektrotechnischen Geräte in Deutschland produziert, 90 Prozent aller Glühlampen, 63 Prozent der Telefonapparate und 60 Prozent aller Kabel. Es gab 3200 Bank-Niederlassungen, in denen 50000 Angestellte die finanzielle Abwicklung des wesentlichsten Teils der von Deutschland mit dem Ausland getätigten Geschäfte überwachten.

In der ganzen Welt war Berlin als Kulturmetropole mit beispielhafter Ausstrahlung anerkannt. Dorthin zog es Schriftsteller wie Brecht und Becher, Mann und Feuchtwanger, Kästner, Remarque und Döblin, dort wirkten fortschrittliche Journalisten wie Ossietzky, Tucholsky und Kisch, Künstler wie Kollwitz, Nagel, Grosz und Heartfield. Progressive Architekten wie Gropius, Scharoun, Taut und Wagner vollbrachten exemplarische städtebauliche Leistungen vor allem bei der Anlage von Siedlungsgebieten am inneren Stadtrand.

Glanzvolle Aufführungen in den Theatern, politische Zeitbühnen, Kabaretts und Massenrevuen, aber auch der hektische Amüsierbetrieb ließen jene Jahre als die „Goldenen Zwanziger" zum Begriff werden.

Lustgarten mit Blick auf das Alte Museum, um 1900

Zugleich jedoch entzündeten sich in der Stadt die Klassenauseinandersetzungen immer heftiger. Der herangereiften Krise suchten die reaktionärsten Kreise der herrschenden Klasse durch die Unterdrückung der revolutionären Arbeiterbewegung, durch die Errichtung der offenen faschistischen Diktatur entgegenzuwirken. Doch es kam nicht zur Einheitsfront gegen die rechte Gefahr. Reformistische Führer der Sozialdemokratie und der Gewerkschaften lehnten 1932 das Zusammengehen mit der KPD ab. Das Finanzkapital konnte seinen Günstling Hitler an die Macht schieben.

1918 Am 9. November läßt sich der Vorsitzende der SPD, Friedrich Ebert, von der alten kaiserlichen Regierung Max von Badens zum Reichskanzler ernennen.
Der alte kaisertreue Magistrat bleibt weiter im Amt.
Von reaktionären Offizieren geführte Truppenteile der Berliner Garnison unternehmen am 6. Dezember einen Putschversuch. Bei einem bewaffneten Überfall auf eine friedliche Demonstration werden 14 Arbeiter erschossen.
Am 23. und 24. Dezember versuchen schwerbewaffnete Regierungstruppen, den Sitz der revolutionären Volksmarinedivision im Marstall zu stürmen. Die Matrosen und klassenbewußte Arbeiter vereiteln das Vorhaben.
Vom 30. Dezember 1918 bis zum 1. Januar 1919 findet der Gründungsparteitag der KPD im Preußischen Abgeordnetenhaus in der Leipziger Straße statt.
1919 Am 6. Januar gibt es in Berlin einen Generalstreik, weil konterrevolutionäre Verschwörer den der USPD angehörenden Polizeipräsidenten abgesetzt haben, Regierungstruppen setzen schwere Waffen ein. Die Kämpfe dauern bis zum 13. Januar und fordern 92 Todesopfer unter den Arbeitern Berlins.
Konterrevolutionäre Truppen besetzen Berlin.
Am 15. Januar werden Karl Liebknecht und Rosa Luxemburg von mordwütiger Soldateska umgebracht.
In den Märzkämpfen setzt sich die Berliner Arbeiterklasse gegen 30000 Noske-Soldaten zur Wehr. Es gibt insgesamt 1200 Tote, unter ihnen 29 Angehörige der Volksmarinedivision, die kaltblütig ermordet werden.
1920 Am 13. März beginnt in Berlin der Kapp-Putsch. Ihn bringen ein Generalstreik und bewaffnete Gegenwehr rasch zum Scheitern.

Brandenburger Tor, um 1920

Vom Preußischen Landtag wird am 27. April das Gesetz über die Einheitsgemeinde Groß-Berlin angenommen.
In Adlershof wird am 15. Mai die erste weltliche Schule ohne Religionsunterricht eröffnet.
Im Dezember findet im Lehrervereinshaus am Alexanderplatz der Vereinigungsparteitag von KPD und USPD statt.
Die Lebensmittelpreise steigen doppelt so schnell wie die Löhne.
1921 Die ersten Wahlen für die Stadtverordnetenversammlung in der neuen Gemeinde Groß-Berlin bringen am 16. Oktober den bürgerlichen Parteien eine leichte Mehrheit.
Die 9,8 km lange Avus (Automobilverkehrs- und Übungsstrecke) wird ihrer Bestimmung übergeben.
1922 Die Ringbahn wird elektrifiziert.
1923 Im Januar muß man für eine Goldmark 4300 Papiermark zahlen. Im September kostet ein Brot 3,6 Millionen Mark, im Oktober überschreitet der Kurs der Goldmark die Milliardengrenze. Ein Brot kostet nun 480 Millionen Mark. Im November wird mit Hilfe ausländischen Kapitals die Inflation gestoppt. 1 000 000 000 000 Papiermark (eine Billion) erhalten den Wert einer Rentenmark.
Laut amtlicher Statistik gibt es am 1. April rund 101 000 Arbeitslose, und 116 000 Berliner sind obdachlos.
Auf der Nord-Süd-Trasse der U-Bahn wird die erste nach dem Kriege errichtete Teilstrecke eröffnet.
Baubeginn am Flugplatz Tempelhof.
Im Oktober beginnen regelmäßige Rundfunk-Unterhaltungssendungen aus dem VOX-Haus am Potsdamer Platz.
1924 Am 15. Juni legt Wilhelm Pieck den Grundstein für ein Revolutionsdenkmal auf dem Friedhof in Friedrichsfelde; 1926 wird das von Ludwig Mies van der Rohe geschaffene Monument eingeweiht.
Auf dem Potsdamer Platz wird die erste Lichtsignalanlage zur Verkehrsregelung installiert.
1926 Im Herbst wird die MASCH (Marxistische Arbeiterschule) in der Schicklerstraße eingerichtet. Es ist eine Abendschule der KPD, an der u. a. Hermann

Duncker, Albert Einstein, Walter Gropius, Erwin Piscator, Jürgen Kuczynski und Hanns Eisler Vorlesungen halten.
Die U-Bahn wird städtisches Eigentum.
1927 Die Zahl der Arbeitslosen in Berlin erreicht 300000.
Fertigstellung des Kraftwerks Klingenberg.
Gründung der Universum Film-AG (UFA) in Berlin.
1928 Die Straßenbahn-, U-Bahn- und Omnibusbetriebe Berlins werden in der Berliner Verkehrs-Gesellschaft (BVG) zusammengeschlossen.
Bei den Reichstagswahlen im Mai erhält die KPD in Berlin fast 30 Prozent der abgegebenen Stimmen.
Im Theater am Schiffbauerdamm (dem heutigen Berliner Ensemble) wird Brechts „Dreigroschenoper" uraufgeführt.
1929 Am 1. Mai geht die Polizei mit brutaler Gewalt gegen 200000 Demonstranten vor. Polizeipräsident Zörgiebel läßt schießen. 31 Tote und mehrere hundert Verletzte sind zu beklagen.
In Berlin wird der erste deutsche Tonfilm gedreht.
1930 Am 14. Oktober legen 130000 Metallarbeiter aus 283 Betrieben wegen geplanter 15prozentiger Lohnkürzung die Arbeit nieder.
Die Zahl der Arbeitslosen steigt in Berlin auf 450000.
Eröffnung der U-Bahn-Linie Alexanderplatz–Friedrichsfelde.
1932 Am 1. Juni ernennt der erneut gewählte Reichspräsident von Hindenburg Franz von Papen zum Reichskanzler. Am 20. Juli stürzt die Papen-Regierung mit einem Staatsstreich die sozialdemokratisch geführte Regierung Preußens. Über Berlin wird der Ausnahmezustand verhängt.
Am 6. November sind Reichstagswahlen. In Berlin wird die KPD mit 31 Prozent stärkste Partei, die SPD erhält 23,3 Prozent und die Nazipartei 26 Prozent der Stimmen.
Am Alexanderplatz werden das Berolina- und das Alexanderhaus fertiggestellt.
1933 Im Januar dankt nach nur sieben Wochen Regierungszeit das Kabinett Schleicher ab. Reichspräsident von Hindenburg ernennt am 30. Januar Hitler zum Reichskanzler.

Zwischen Reichstagsbrand und Befreiung

(1933 bis 1945)

Als die Nazis 1933 an die Macht gelangten, war Berlin noch eine intakte Stadt. Nach zwölf Jahren des Ungeistes, des Terrors und des Krieges war es nur noch ein Trümmerhaufen.
Mit Brand und Flammen begannen die Faschisten ihr unheilvolles Wirken. Einen Monat nach ihrem Machtantritt brannte in Berlin der Reichstag, ein von den Nazis entfachtes Signal zur systematischen physischen Vernichtung ihrer Gegner, ein Fanal für die Welt. Was folgte, war die unbarmherzige Verfolgung aller, die sich für die progressive Entwicklung Berlins eingesetzt hatten, die Zerstörung der Errungenschaften, mit denen Berlin zu einer in der Welt geachteten Kulturmetropole geworden war. Mörderischer Terror richtete sich gegen Kommunisten und Sozialdemokraten, Gewerkschafter und jeden, der seine antifaschistische Haltung zu erkennen gab. Rassenwahn und Antihumanismus vergifteten die Atmosphäre.
Das kulturelle Leben Berlins verlor durch die faschistische „Ausrichtung" seine geistige Ausstrahlung. Künstlern wie Max Reinhardt und Erwin Piscator, Albert Bassermann und Elisabeth Bergner, Bruno Walter, Otto Klemperer und vielen anderen blieb nur der Weg ins Exil; der Schauspieler Hans Otto wurde von der SA zu Tode gefoltert, Joachim Gottschalk zum Selbstmord getrieben. Albert Einstein und weitere 150 Professoren und Dozenten wurden von der Berliner Universität verbannt; in die Emigration gingen Schriftsteller wie Bert Brecht, Thomas Mann, Alfred Döblin und Anna Seghers. Ihre Werke wurden von fanatisierten Nazistudenten auf Scheiterhaufen verbrannt. Demokratische Parteien und Organisationen traf das Verbot, in Berlin wurde die Stadtverordnetenversammlung aufgelöst und ein „Staatskommissar" residierte im Roten Rathaus.
Berlin, dessen Bewohner mehr als einmal den Faschisten eine Abfuhr erteilt hatten, war den Nazis nie recht geheuer. Ihre Massenaufmärsche ließen sie in Nürnberg, der „Stadt der Reichsparteitage", stattfinden; ihre Prunkbauten errichteten sie in München, der „Stadt der Bewegung". Pläne, auch Berlin durch eine „Neugestaltung" zu verändern, die Stadt zur „Welthauptstadt Germania" zu machen, blieben in den Anfängen stecken. Der Wohnungsbau wurde radikal gedrosselt, er kam ab 1939 vollends zum Erliegen. Vorrang hatten Repräsentationsbauten wie die Neue Reichskanzlei und das Reichsluftfahrtministerium, militärische Schaltzentralen des Oberkommandos der Wehrmacht, Kasernen und kriegswichtige Betriebe. Das faschistische Deutschland meldete seinen Anspruch auf die Weltherrschaft an. Bei den Olympischen Spielen in Berlin gaukelte man der Öffentlichkeit noch Friedensbereitschaft vor, der Krieg jedoch stand schon auf der Tagesordnung. Dem wurde schließlich alles geopfert – das Glück der Menschen, ihr Hab und Gut und letztlich ihr Leben. Es gab kein Jahr der braunen Herrschaft, in dem nicht wahre Patrioten mit mutigen Taten bewiesen hätten, daß der Kampf gegen die Diktatur ungebrochen war. Berlin wurde zu einem Zentrum des antifaschistischen deutschen Widerstandes. Hier organisierten sich illegale Gruppen der KPD unter Robert Uhrig, Anton Saefkow, Herbert Baum, Heinz Kapelle; hier setzten aufrechte Solzialdemokraten und christliche Antifaschisten ihr Leben ein, fanden sich Hitlergegner aus bürgerlichen Kreisen und selbst aus dem Offizierskorps. Ihr heldenhafter Einsatz wird unvergessen bleiben.
Der Krieg, der von Berlin ausging, erreichte auch diese Stadt. Im Januar 1943 begann die Zeit der massiven Bombardierungen. Bei 363 Luftangriffen wur-

den 45500 Tonnen Sprengstoff und Phosphor auf Berlin geworfen, dadurch etwa 30000 Frauen, Männer, Kinder und Greise getötet, 185000 Wohnungen völlig zerstört und mehr als das Doppelte an Wohnraum beschädigt. Die faschistischen Abenteurer, die sich zum Schluß im „Führerbunker" der Berliner Reichskanzlei verkrochen hatten, wollten nicht einen Stein auf dem anderen lassen. Darum befahlen sie, bevor sie flohen oder sich feige vor der Verantwortung durch Selbstmord drückten, Berlin als Festung zu verteidigen, Straße für Straße, Haus für Haus. Doch ihren Untergang konnten sie nicht mehr aufhalten. Vom 16. April bis 2. Mai kämpften mehr als 2,5 Millionen Soldaten der Sowjetarmee in der Schlacht um Berlin. Ihr Sieg brachte die Befreiung des deutschen Volkes und auch der Berliner vom faschistischen Joch. Am 30. April wurde auf der Ruine des Reichstages die Rote Fahne gehißt, am 2. Mai kapitulierte die Reichshauptstadt, am 8. Mai in Berlin-Karlshorst das faschistische Deutschland bedingungslos.

1933 Am 30. Januar feiern die Nazis die Ernennung Hitlers zum Reichskanzler mit einem Fackelzug Unter den Linden. Zur gleichen Zeit protestieren antifaschistische Berliner in allen Stadtbezirken, vor allem aber im Prenzlauer Berg und in Charlottenburg, gegen die Errichtung der Nazidiktatur.
Am 7. Februar tagt in Ziegenhals bei Zeuthen das ZK der KPD. Auf der von Berliner Kommunisten illegal organisierten Tagung spricht Ernst Thälmann zum letzten Male zu den Genossen.
Am 23. Februar wird das Karl-Liebknecht-Haus von Polizei und SA besetzt und ausgeplündert.
Am 27. Februar, wenige Minuten nach 21 Uhr, brennt der Reichstag. Die von ihnen organisierte Brandstiftung nehmen die Nazis zum Anlaß eines Terrorfeldzuges gegen die KPD und alle antifaschistischen Kräfte. Noch in gleicher Nacht werden allein in Berlin 1500 Antifaschisten verhaftet. Reichspräsident Hindenburg erläßt eine Notverordnung „Zum Schutz von Volk und Staat", mit der Verfassungs-Grundrechte aufgehoben und antifaschistische Tätigkeiten mit der Todesstrafe bedroht werden.
Am 3. März wird in Berlin Ernst Thälmann verhaftet.
Die von Hindenburg verordneten Neuwahlen finden am 5. März statt. In Berlin erhalten bei den unmittelbar danach abgehaltenen Wahlen für die Stadtverordneten die Arbeiterparteien KPD und SPD die absolute Mehrheit. Die Nazis lassen die kommunistischen Abgeordneten durch Ministererlaß ausschließen und unter „Verdacht des Hochverrats" stellen.
Am 2. Mai besetzt die SA sämtliche Einrichtungen der freien Gewerkschaften.
Auf dem Opernplatz (heute Bebelplatz) werden am 10. Mai von fanatisierten Jungfaschisten unter dem Kommando von Joseph Goebbels die Werke humanistischer deutscher und internationaler Literatur verbrannt.
Am 21. Juni beginnt die „Köpenicker Blutwoche". Mehr als 500 Kommunisten, Sozialdemokraten und andere Antifaschisten werden verhaftet, von SA-Trupps grausam gefoltert und 91 von ihnen ermordet.
1934 In Berlin nimmt der erste Fernsehsender den Probebetrieb auf. Ein Jahr später strahlt er als erster Sender der Welt ein offizielles Fernsehprogramm aus.
1935 Im Lustgarten werden die Parkanlagen beseitigt und die von Gottlieb Christian Cantian geschaffene Granitschale vom Platz vor dem Alten Museum in die Anlagen nördlich des Domes versetzt. Der Lustgarten wird planiert und dient nun als Aufmarschgelände.
1936 Am 27. Juli wird die Nord-Süd-Strecke der S-Bahn in Betrieb genommen.
Vom 1. bis 16. August finden in Berlin die XI. Olympischen Spiele statt. Die faschistische Regierung versucht, der Welt das Bild eines friedliebenden Deutschland vorzugaukeln, doch Antifaschisten – unter ihnen der später von

den Nazis ermordete deutsche Meister im Ringen Werner Seelenbinder – nutzen die Veranstaltungen, um die Wahrheit über das faschistische Regime zu verbreiten.

1937 Am 1. Januar tritt das Gesetz über die Verwaltung der Reichshauptstadt in Kraft, mit dem der Stadt die letzten Reste einer autonomen Verwaltung genommen werden. Alle Berlin betreffenden Maßnahmen müssen vom faschistischen Innenminister genehmigt werden.

Unter der direkten Anleitung von Gauleiter und Propagandaminister Joseph Goebbels wird eine 700-Jahr-Feier Berlins durchgeführt.

Von den faschistischen Machthabern werden Pläne zum Ausbau Berlins zur „Welthauptstadt Germania" ausgearbeitet. Im Schnittpunkt mächtiger Magistralen – für deren Baufreiheit unzählige Wohnungen und, ohne Rücksicht auf historischen Wert, auch viele kulturelle Bauten abgerissen werden sollen – ist die Errichtung einer kuppelartigen Versammlungshalle für 180000 Menschen geplant. Sie soll 290 Meter hoch werden und eine Seitenlänge von 315 Metern haben.

1938 In der Pogromnacht vom 9. November, der sogenannten Kristallnacht, gehen die Nazis auch in Berlin gegen jüdische Mitbürger mit brutaler Gewalt vor. Geschäfte werden geplündert und Synagogen geschändet, darunter auch die Neue Synagoge in der Oranienburger Straße.

In Berlin formieren sich die Widerstandsgruppen um Robert Uhrig und um Herbert Baum.

Auf der Funkausstellung gibt es erstmals Versuchssendungen für das Farbfernsehen.

Otto Hahn und Fritz Straßmann gelingt es im Dahlemer Institut erstmals, ein Atom zu spalten.

Die Siegessäule wird versetzt und aufgestockt.

1939 Am 1. September beginnt mit dem Überfall auf Polen der zweite Weltkrieg. In der Nacht zum 9. September verteilen Antifaschisten der Widerstandsgruppe Heinz Kapelle / Erich Ziegler im Berliner Stadtzentrum Flugblätter gegen den faschistischen Krieg.

1940 Die Widerstandsgruppe um Robert Uhrig hat etwa 200 Mitglieder und feste Stützpunkte in 22 Berliner Betrieben. Enge Kontakte verbinden sie mit der Gruppe Harro Schulze-Boysen / Arvid Harnack („Rote Kapelle").

Am 26. August – neunzehn Minuten nach Mitternacht – erlebt Berlin den ersten Luftangriff britischer Bomber.

1941 Dompropst Bernhard Lichtenberg von der St.-Hedwigs-Kathedrale wird verhaftet, weil er aus seiner antifaschistischen Einstellung kein Hehl macht. Er stirbt zwei Jahre später auf dem Transport ins KZ Dachau.

Im Herbst beginnt die Deportation jüdischer Bürger in die Vernichtungslager.

1942 Im Februar gibt es Massenverhaftungen durch die Gestapo, denen u. a. etwa 200 Mitglieder der Widerstandsgruppe Uhrig zum Opfer fallen.

Am 18. Mai setzen Mitglieder der Gruppe um Herbert Baum eine faschistische Hetzaustellung im Lustgarten in Brand.

Im Herbst werden mehr als 130 Angehörige der „Roten Kapelle" verhaftet. 31 Männer und 18 Frauen werden zum Tode verurteilt.

1943 Im Sportpalast verkündet Goebbels am 18. Februar den „totalen Krieg".

Im Sommer beginnt die Evakuierung. Binnen eines Jahres werden eine Million Einwohner aus der Stadt gebracht; insgesamt werden fast zwei Millionen Berliner evakuiert.

In der Nacht vom 22. auf den 23. August gibt es den ersten Luftangriff, bei dem mehr als 1000 Tonnen Bomben auf Berlin abgeworfen werden. Von nun an beginnt die Zerstörung der Stadt durch sogenannte Bombenteppiche.

1944 Am 25. Januar erfolgt die „totale Mobilmachung". Auch in Berlin werden u. a. alle Theater, Kabaretts und Museen sowie fast alle Verlage geschlos-

Brandenburger Tor, Mai 1945

sen. Die normale Arbeitszeit beträgt jetzt 60 Stunden in der Woche.
1945 Im Januar wird ein generelles Verbot erlassen, in Privathaushalten Gas zu verwenden. Öffentliche Verkehrsmittel dürfen nur noch mit Genehmigung benutzt werden. Goebbels erklärt am 1. Februar die Stadt Berlin zum „Verteidigungsbereich". Es beginnt der Bau von Schützengräben und Panzersperren.
Am 3. Februar erlebt Berlin seinen schwersten Luftangriff, der sich besonders gegen das Stadtzentrum richtet. Es werden etwa 3000 Menschen getötet und mehr als 6800 Wohnungen zerstört.
Hitler befiehlt am 9. März, die „Reichshauptstadt bis zum letzten Mann" zu verteidigen.
Am 16. April beginnt die Offensive der Sowjetarmee gegen Berlin. Am 20. April liegt das Stadtzentrum unter Artilleriefeuer, am 21. April überschreiten sowjetische Truppen die Stadtgrenze und am 24. April ist Berlin eingeschlossen. Sowjetische Truppen haben sich am 29. April bis auf 500 Meter an die Reichskanzlei herangekämpft. Am 30. April wird um 20.50 Uhr auf der Kuppel des Reichstages die Rote Fahne gehißt.
In seinem Bunker begeht Hitler Selbstmord.
Die Berliner Garnison unter General Weidling kapituliert am 2. Mai um 0.40 Uhr, und am 8. Mai unterzeichnet um 23.43 Uhr Generalfeldmarschall Keitel, der Chef des Oberkommandos der Wehrmacht, in der ehemaligen Festungspionierschule in Berlin-Karlshorst die bedingungslose Kapitulation des faschistischen Deutschlands.

Vom Neubeginn zum sozialistischen Berlin

(nach 1945)

Nach jahrelangem Krieg, nach Bombennächten und 14 Tage währenden erbitterten Straßenkämpfen bot Berlin im Mai 1945 ein Bild des Grauens und der Verwüstung. Statistiker errechneten, daß es damals in der Stadt 75 Millionen Kubikmeter Trümmer gab, ausreichend genug, um damit einen Damm bauen zu können, der – 35 Meter breit und 5 Meter hoch – von Berlin bis ins Ruhrgebiet gereicht hätte. Der gesamte Verkehr war lahmgelegt, von 900 Omnibussen noch 18 übriggeblieben, 420 Straßenbahnen waren total zerstört und von den unterirdischen Bahnanlagen der S- und U-Bahn waren ein Drittel mit etwa 1 Million Kubikmeter Wasser überflutet. Mehr als 28,5 Quadratkilometer bebauter Stadtfläche waren total verwüstet, von einst 1562000 Wohnungen noch 370000 bewohnbar. Und doch gab es noch Menschen in dieser Stadt, mehr als zweieinhalb Millionen (von einst 4,5 Millionen), die hier lebten ohne Trinkwasser und ohne Strom, ohne Gas und kaum dem Mindesten an Lebensmitteln. Zweieinhalb Millionen, die zum größten Teil ohne Hoffnung waren.
Wenn Berlin überlebte und seine Bewohner aus der Lethargie gerissen wurden, so ist das der Sowjetarmee zu verdanken, die nach Berlin als Befreier gekommen war, und den Aktivisten der ersten Stunde, den Antifaschisten, die aus der Illegalität, aus Gefängnissen, Konzentrationslagern und aus dem Exil kamen und den Wiederaufbau organisierten. Noch bevor der letzte Schuß verhallt war, hatten sich in den befreiten Stadtteilen erste antifaschistische Selbstverwaltungen gebildet, und bereits siebzehn Tage nach der Kapitulation der faschistischen Truppen in Berlin konstituierte sich der erste demokratische Magistrat.
In ganz Berlin begann der Aufbau, und auf der Basis der Beschlüsse der Potsdamer Konferenz der Siegermächte wurden antifaschistisch-demokratische Umwälzungen auf allen Gebieten eingeleitet. Das jedoch brachte auch bald Kräfte der Reaktion auf den Plan. Nachdem die sich zuspitzenden Spannungen zwischen den USA und der UdSSR zum Auseinanderbrechen der Antihitlerkoalition und schließlich zum Ausbruch des Kalten Krieges geführt hatten, versuchten sie, die Umgestaltung in ganz Deutschland zu verhindern. Als ihnen in Berlin der Erfolg verwehrt wurde, gingen sie gegen die Einheit der Stadt vor. Die Einführung einer separaten Währung in den Westsektoren und die Lahmlegung der Viermächteverwaltung spalteten Berlin. Der Magistrat wurde arbeitsunfähig gemacht, schließlich eine eigene Verwaltung in dem Teil der Stadt etabliert, den die Gegner der Entwicklung im Osten Deutschlands nun bald zur „Frontstadt" erklärten. Die offene Grenze zur Hauptstadt der 1949 gegründeten DDR wurde über Jahre hinweg für Sabotage und Ausplünderung genutzt. Als schließlich die imperialistische Strategie des „roll back", des gewaltsamen Zurückrollens des Sozialismus, in Plänen mündete, denen zufolge die Nato- und Bundeswehrführung Varianten eines „begrenzten Krieges gegen die DDR" ausgearbeitet hatten, sicherten bewaffnete Kräfte der DDR die Grenze nach Westberlin und machten damit der angespannten Situation ein Ende.
Die Maßnahmen vom 13. August 1961, beschlossen und unterstützt von den Staaten des Warschauer Vertrages, retteten in dieser Zeit den Frieden und bekräftigten nicht zuletzt die staatsrechtliche Stellung Berlins als Hauptstadt des sozialistischen deutschen Staates. In den darauffolgenden Jahren kam es in der DDR und damit auch in Berlin zu einer Stabilisierung der ökonomischen Lage. Die Hauptstadt entwickelte sich unter günstigeren Bedingungen zum

Wappen der Stadt Berlin

Industrieschwerpunkt, in dem vor allem Betriebe der Elektronik und des Werkzeugmaschinenbaues erweitert und modernisiert wurden. Auch konnten große städtebauliche Vorhaben in Angriff genommen werden.
Allerdings waren auch zuvor bereits bedeutende Erfolge zu verzeichnen gewesen. Der Berliner Wohnungsbau hatte mit dem Aufbau ganzer Stadtteile und dem Übergang zur industriellen Bauweise große Fortschritte gemacht. Berlin war auch wieder geachtete Stadt der Wissenschaft und der Kultur geworden. Es entstanden Forschungs- und Lehrstätten wie die Akademie der Landwirtschaftswissenschaften, die Akademie der Künste, die Bauakademie und die Hochschulen für Ökonomie und für Musik. An gute Traditionen anknüpfend, erlangte Berlin neuen Ruf als Theaterstadt. Bert Brecht und sein Berliner Ensemble, Walter Felsenstein und die Komische Oper wurden weltweit bekannt. Künstler wie Fritz Cremer, Otto Nagel, Arno Mohr, Max Lingner und andere wirkten in Berlin.
Das äußere Bild der Stadt erhielt nach dem 13. August 1961 neue Konturen. Der Wiederaufbau der Linden wurde vollendet, rings um den Alexanderplatz entstand ein modernes Stadtzentrum und in allen Stadtbezirken wuchsen neue Wohnviertel. Mitte der sechziger Jahre begann der Aufbau des neuen Stadtbezirks Marzahn, ihm folgten die Stadtbezirke Hellersdorf und Hohenschönhausen. In der Innenstadt wurden mit Hilfe von Baubrigaden aus der ganzen DDR Altbaugebiete modernisiert und Baulücken mit stilvollen Neubauten geschlossen. Prächtige Kulturstätten wie das Schinkelsche Schauspielhaus und der neue Friedrichstadtpalast entstanden, und dort, wo einst die ersten Berliner siedelten, erbaute sich die Stadt, quasi als Geschenk zum 750jährigen Bestehen, das Nikolaiviertel mit zahlreichen historischen Gebäuden. 1979 erhielt Berlin vom Weltfriedensrat den Ehrentitel „Stadt des Friedens" verliehen.

1945 Am 28. April – im Stadtzentrum toben noch erbitterte Kämpfe – wird Generaloberst Bersarin zum Stadtkommandanten ernannt. In Bruchmühle bei Strausberg trifft zwei Tage später eine zehnköpfige Gruppe des ZK der KPD (Gruppe Ulbricht) ein, die sich unverzüglich nach Berlin begibt, um dort den Neubeginn zu organisieren.
Am 19. Mai führt der Militärkommandant den neuen Magistrat von Groß-Berlin feierlich in sein Amt ein. Oberbürgermeister wird der parteilose Dr. Arthur Werner.

Wappen der Stadtbezirke:
Mitte, Friedrichshain, Weißensee, Pankow, Lichtenberg, Prenzlauer Berg,

Eine interalliierte Militärkommandantur übernimmt am 11. Juli die Kontrolle über die Verwaltung der Stadt; britische und amerikanische Truppen ziehen in ihre Sektoren ein, die französischen folgen im August.
Vom 17. Juli bis zum 2. August tagt in Cecilienhof bei Potsdam die Berliner Konferenz der Siegermächte. Sie betont die Einheitlichkeit Deutschlands und Berlins, unbeschadet der Einteilung in Besatzungszonen bzw. Sektoren in Berlin.
1946 Am 29. Januar wird die Universität Unter den Linden wieder eröffnet.
Im Berliner Admiralspalast, dem heutigen Metropol-Theater, findet am 21. und 22. April der historische Vereinigungsparteitag von KPD und SPD statt, die Gründung der Sozialistischen Einheitspartei Deutschlands.
Am 1. Juli wird die Berliner Akademie (die ehemalige Preußische Akademie der Wissenschaften) neu begründet. Am 12. Juli öffnet das Märkische Museum wieder.
1948 Am 16. Juni bringt der amerikanische Stadtkommandant Howley die Alliierte Kommandantur zum Scheitern, vier Tage später wird in den Westsektoren eine separate Währung eingeführt. Die Spaltung der Stadt wird durch Lahmlegung der einheitlichen Verwaltung nach Abzug von Magistratsdienststellen nach Westberlin vollendet. Auf Grund von Protesten der Bevölkerung wird die Absetzung des bisherigen Magistrats wegen Verletzung der Lebensinteressen der Stadt und Mißachtung der Verfassung Berlins verlangt. Am 30. November konstituiert sich ein neuer Magistrat, zu dessen Oberbürgermeister Friedrich Ebert gewählt wird. In den Westsektoren werden getrennte Wahlen durchgeführt, und dort wird Ernst Reuter zum Leiter eines Magistrats, der Westberlin zur „Frontstadt im kalten Krieg“ macht.
1949 Bert Brecht und Helene Weigel gründen das „Berliner Ensemble“. Es gastiert zunächst im Deutschen Theater. Am 7. Oktober beschließt der Deutsche Volksrat – einen Monat nach Ausrufung des westdeutschen Separatstaates – die Gründung der Deutschen Demokratischen Republik. Berlin wird ihre Hauptstadt. Am 12. November legt der sowjetische Militärkommandant von Berlin die Verwaltungsbefugnisse voll in die Hände des demokratischen Magistrats von Groß-Berlin.
Unter der Losung „Für den Aufbau Berlins“ ruft das ZK der SED zum Beginn des Nationalen Aufbauwerks (NAW).
1950 Die ersten vier Wohnblocks nach dem Kriege werden an der heutigen Karl-Marx-Allee erbaut.
1951 Die Internationale Demokratische Frauenföderation (IDFF) verlegt ihren ständigen Sitz von Paris nach Berlin.
Die III. Weltfestspiele der Jugend und Studenten finden vom 5. bis 19. August unter Teilnahme von Jugendlichen aus 104 Ländern in Berlin statt. Eröffnet wurden der Friedrich-Ludwig-Jahn-Sportpark, das Karl-Friedrich-Friesen-Schwimmstadion und der Pionierpark Ernst Thälmann in der Wuhlheide.
1952 Am 2. Januar beginnt das Aufbauprogramm mit einem freiwilligen Arbeitseinsatz zur Trümmerbeseitigung, an dem sich 45000 Berliner beteiligen.
Am 27. September wird Richtfest an den Hochhäusern des Strausberger Platzes gefeiert. Zwischen dem Platz und der Bersarinstraße sind 13 Wohnblocks mit 2138 Wohnungen und 97 Geschäften rohbaufertig.

Treptow, Köpenick, Marzahn, Hohenschönhausen, Hellersdorf

1953 In Marzahn bilden Bauern und Landarbeiter am 1. März die erste landwirtschaftliche Produktionsgenossenschaft (LPG) in Berlin.
Das Zeughaus wird am 2. Mai als Museum für Deutsche Geschichte eröffnet.
Am 17. Juni kommt es infolge überspitzter administrativer Maßnahmen zu Arbeitsniederlegungen, Unruhen und vereinzelt Krawallen. Eine Ausweitung der Ereignisse wird durch das Eingreifen bewaffneter Kräfte verhindert.
1954 Am 1. Januar werden die bisherigen SAG-Betriebe (Sowjetische Aktiengesellschaften) Berliner Bremsenwerk, EAW Treptow und Siemens-Plania in das Volkseigentum der DDR übergeben.
Am 19. März erhält das Berliner Ensemble sein eigenes Haus am Schiffbauerdamm. Die wiederaufgebaute Volksbühne wird am 21. April eröffnet.
1955 Am 2. Juli wird der Berliner Tierpark eröffnet.
Die Deutsche Staatsoper feiert ihre Wiedereröffnung am 4. September.
Das historisch getreu wiederaufgebaute Rote Rathaus wird am 30. November an den Berliner Oberbürgermeister übergeben.
1956 Der Magistrat beschließt am 12. September, das Brandenburger Tor in seiner ursprünglichen Form wiederherzustellen. Das Richtfest wird im Jahr 1957 gefeiert, die neugeschaffene Quadriga trifft im September 1958 aus Westberlin ein.
1957 Übergang zum industriellen Bauen im Wohnungsbau. Es entstehen große Neubaugebiete an der Karl-Marx-Allee, im Heinrich-Heine-Viertel, am Plänterwald und in Köpenick.
Im Oktober finden erstmals Berliner Festtage statt. Seitdem sind sie alljährlich ein Höhepunkt des Kulturlebens der Stadt.
1959 Zwischen Strausberger Platz und Alexanderplatz wird im Oktober der Grundstein zum Wohngebiet und für das erste der achtgeschossigen Wohnhäuser gelegt, die in Großplattenbauweise entstehen.
Der restaurierte Pergamonaltar wird am 4. Oktober der Öffentlichkeit übergeben.
1960 Am 6. Oktober wird die 3,6 km lange Start- und Landebahn auf dem Berliner Flughafen Schönefeld fertiggestellt.
1961 Am 13. August errichteten Kampfgruppen gemeinsam mit anderen bewaffneten Kräften der DDR die Berliner Mauer.
Im November wird die elektrifizierte S-Bahn-Strecke nach Oranienburg in Betrieb genommen.
1962 In diesem Jahr übersteigt die Industrieproduktion Berlins zum ersten Mal die 5-Milliarden-Mark-Grenze. Im Verhältnis zu 1958 hat sie sich damit auf 131,5 Prozent erhöht.
Ausbau der S-Bahn-Verbindung zum Flughafen Berlin-Schönefeld.
1964 Das Haus des Lehrers am Alexanderplatz und die Kongreßhalle werden fertiggestellt.
Am Marx-Engels-Platz wird das Gebäude des Staatsrates der DDR seiner Bestimmung übergeben.
1965 Beginn der Neugestaltung des Alexanderplatzes. Das Fundament des Fernsehturms wird betoniert. Eine Bilanz sagt aus, daß von 1961 bis 1965 in Berlin 31 768 neue Wohnungen für 90 000 Bürger gebaut worden sind.
Am 5. Oktober wird nach langjähriger Rekonstruktion das Alte Museum wieder eröffnet.
1967 Auf der Fischerinsel entsteht ein modernes Wohnensemble mit sechs 70 Meter hohen Wohnhäusern.
Mit der Bildung des Kombinats VEB Kabelwerk Oberspree beginnt die Umstellung der Wirtschaftsstruktur der Hauptstadt.
1968 Der Aufbau des Komplexes Rathausstraße/Karl-Liebknecht-Straße einschließlich der Markthalle wird in Angriff genommen. Komplette Fertigstellung 1972.
Die Mühlendammbrücke wird modernisiert.

Alexanderplatz 1965, im Hintergrund Baustelle des Fernsehturms

1969 Im Stadtzentrum wird am 7. Oktober der Fernsehturm eröffnet. Das DDR-Fernsehen strahlt ein 2. Programm und Farbsendungen aus.

1970 Zum 100. Geburtstag W. I. Lenins wird am 22. April die Bebauung des Leninplatzes im wesentlichen vollendet und das Denkmal enthüllt. Am Alexanderplatz werden das Hotel Stadt Berlin und das Centrum-Warenhaus fertig.

1973 Vom 28. Juli bis 5. August finden die X. Weltfestspiele der Jugend und Studenten in Berlin statt.

1975 In Lichtenberg nimmt die erste Müllverbrennungsanlage der DDR ihren Betrieb auf. Sie dient auch der Fernwärmeversorgung.

1976 Am 3. Februar wird der zentrale Beschluß gefaßt, die DDR-Hauptstadt bis 1990 als politisches, ökonomisches und kulturelles Zentrum weiter auszubauen. Bis 1990 sollen 300000 bis 330000 Wohnungen in Berlin geschaffen werden. Berlin-Marzahn wird zum größten Neubaugebiet der DDR.
Ab September beteiligen sich im Rahmen der „FDJ-Initiative Berlin" Jugendbrigaden aus allen Bezirken der DDR am Aufbau in Berlin.

1978 Am 6. Juli wird in Berlin-Marzahn die einmillionste in der DDR seit 1971 fertiggestellte Wohnung an eine Arbeiterfamilie übergeben. In der Chausseestraße wird das „Brecht-Haus Berlin" eröffnet. Am Bahnhof Friedrichstraße entsteht das Internationale Handelszentrum.

1979 Im Februar verleiht der Weltfriedensrat der Stadt Berlin den Ehrentitel „Stadt des Friedens".

1981 Am 20. März wird das Sport- und Erholungszentrum an der Leninallee eröffnet.
Der Wiederaufbau des ältesten Berliner Bauwerks, der Nikolaikirche, beginnt. Direkt um die Kirche entsteht in den folgenden Jahren ein Altberliner Viertel mit zahlreichen historischen Gebäuden. Unter den Linden wird das Reiterstandbild Friedrichs II. wieder am ursprünglichen Ort aufgestellt.
1982 Am 14. Juni wird das neue Hochhaus der Charité eingeweiht. Im Dezember ist die neue S-Bahn-Strecke nach Ahrensfelde mit sechs Bahnhöfen im Stadtbezirk Marzahn fertiggestellt, ein Jahr später beginnt der Bau des Abzweigs in den neuen Stadtbezirk Hohenschönhausen.
1983 Einweihung der wiedererbauten Französischen Friedrichstadtkirche am 17. April.
Auf der Marx-Engels-Brücke werden nach ihrer Rückführung aus Westberlin die Skulpturengruppen wieder aufgestellt.
Vom 11. bis 16. April findet im Palast der Republik die wissenschaftliche Konferenz „Karl Marx – der Kampf um Frieden und sozialen Fortschritt" statt, an der Vertreter von 145 Parteien und Bewegungen aus 111 Ländern teilnehmen.
1984 Am 9. Februar wird am Arkonaplatz im Berliner Stadtbezirk Mitte die zweimillionste seit 1971 fertiggestellte Wohnung übergeben. Anschließend findet die Grundsteinlegung für das neue Wohngebiet Hohenschönhausen statt.
Mit einer festlichen Premiere wird am 27. April das neue Haus des Friedrichstadtpalastes eröffnet.
Das Schauspielhaus am Platz der Akademie wird am 1. Oktober feierlich als Konzerthaus eingeweiht.
1985 Am 7. Februar konstituiert sich das Komitee der DDR zum 750jährigen Bestehen von Berlin.
Beginn der Umgestaltung des Ostbahnhofs zum Berliner Hauptbahnhof.
Im Sommer beziehen die ersten Mieter Wohnungen im neuentstehenden Nikolaiviertel.
1986 Am 4. April wird das Marx-Engels-Forum mit dem Denkmal-Ensemble für die Begründer der wissenschaftlichen Weltanschauung der Arbeiterklasse eingeweiht.
Am 16. April wird im Ernst-Thälmann-Park – einem neuen Wohngebiet für 4000 Einwohner auf dem Gelände des ehemaligen Gaswerks im Prenzlauer Berg – das Denkmal des Arbeiterführers enthüllt.
1987 Berlin feiert sein 750jähriges Bestehen. Höhepunkte der über das ganze Jahr sich erstreckenden Festlichkeiten sind der Festumzug durch das Stadtzentrum und der sich anschließende Historische Markt, das Berliner Wasserfest und die Volksfeste der Bezirke der Republik in der Hauptstadt. Weit über 100 Kunstausstellungen mit Leihgaben von Museen aus aller Welt zeigen einzigartige kulturelle Werte. Zu den bedeutenden politischen Höhepunkten gehört das Welttreffen der Bürgermeister und zählen die 220 Konferenzen, Tagungen und Kongresse, mit denen sich Berlin als Stätte internationaler Begegnungen ausweist.

Hinweise für die Wanderrouten Jeder Beschreibung einer Route vorangestellt sind eine Kurzinformation über den Streckenverlauf und eine Karte, die als Orientierungsskizze gedacht ist. Die angegebenen Wanderzeiten beziehen sich auf gemächliches Gehen. Verkehrsverbindungen gelten stets für den Anfahrtsweg vom Stadtzentrum aus.
Die Kartenpunkte werden jeweils am Rande der Textseiten dort wiederholt, wo die Beschreibung dieser Wegstrecke erfolgt.

Berlin –
vom Fernsehturm zum Müggelturm

ab Alexanderplatz

Zwischen Weltzeituhr und Neptunbrunnen

● Alexanderplatz ● Rathausstraße ● Nikolaiviertel ● Marx-Engels-Forum ● Fernsehturm ● Karl-Liebknecht-Straße ● Alexanderplatz

Mit dieser Wanderung beginnt man, um Berlin zu „erobern". Das vertrauliche „Alex" für den großen Platz im Zentrum der Stadt ist schon längst nicht mehr nur Privileg für Einwohner Berlins. Auf der ersten Route kann man hier den Herzschlag der Stadt spüren, denn er pocht ganz kräftig auf dem Alexanderplatz. Vom lärmerfüllten S-Bahnhof führt der Weg, vorbei an der Brunnenspirale, zum beliebten und nicht zu verfehlenden Treffpunkt Weltzeituhr. Von dort aus geht es über den Boulevard Rathausstraße zum Roten Rathaus und dorthin, wo einst die Wiege Berlins stand, zum historischen Stadtkern, dem architektonischen und städtebaulichen Kleinod Nikolaiviertel. Vom Marx-Engels-Forum mit dem Denkmal für die Begründer des wissenschaftlichen Sozialismus gelangt man dann zum Neptunbrunnen, zur Marienkirche und zum Fernsehturm. Nach einem Abstecher zur Karl-Liebknecht-Straße geht es zurück zum Alexanderplatz. Endpunkt der Route ist die Weltzeituhr.

Wanderzeit:

etwa 3 Stunden
Für den Besuch des Fernsehturms (seiner Aussichtsplattform oder des darüber befindlichen Telecafés) muß man – eine mögliche Wartezeit nicht eingerechnet – etwa 1 ½ bis 2 Stunden vorsehen.

Route A

Alexanderplatz mit Berolina, um 1900

Weltzeituhr

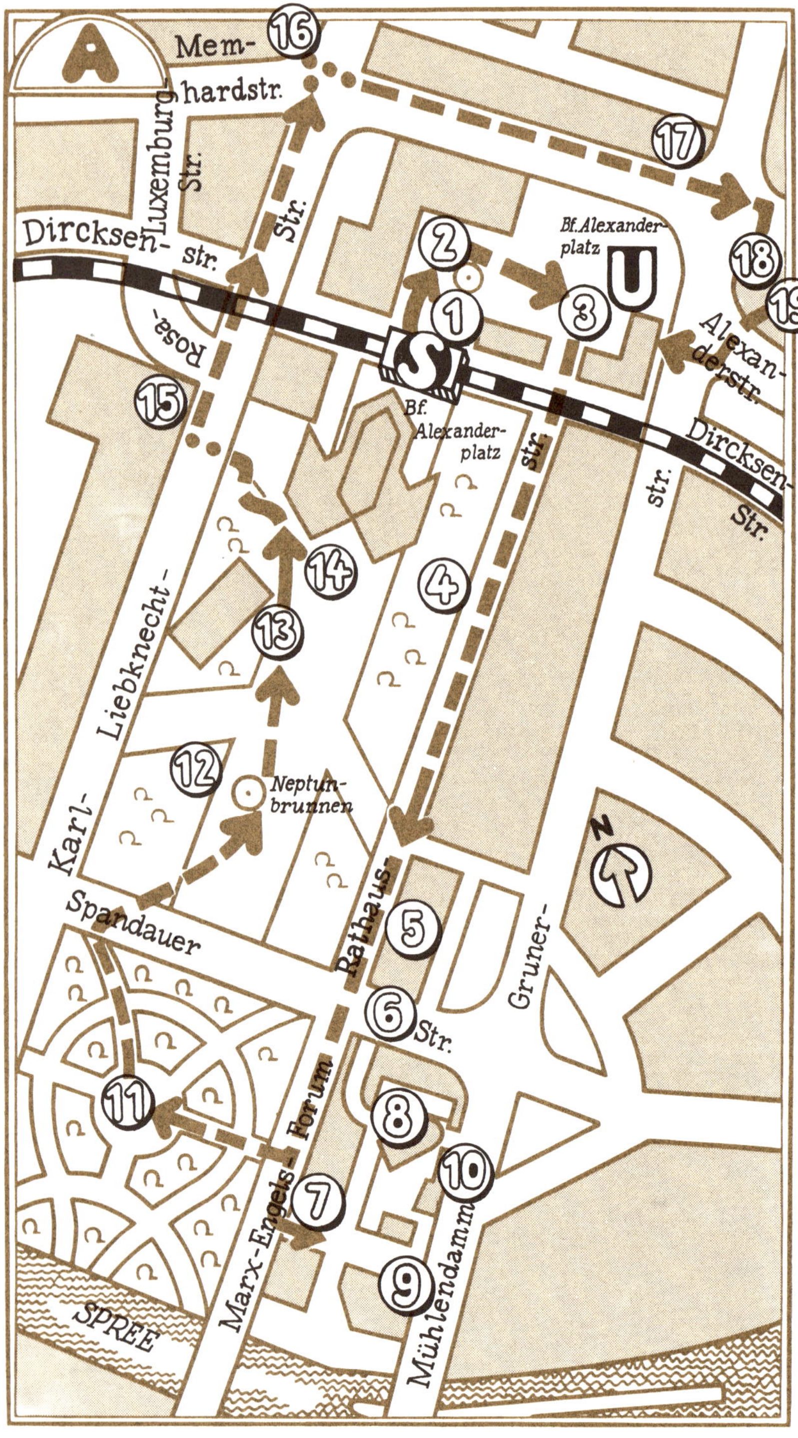
A
Memhardstr.
Rosa-Luxemburg-Str.
Dircksen-str.
Bf. Alexanderplatz
Bf. Alexanderplatz
Alexanderstr.
Dircksen-Str.
str.
Karl-Liebknecht-Str.
Neptunbrunnen
Spandauer Str.
Rathaus-str.
Gruner-str.
Marx-Engels-Forum
Mühlendamm
SPREE
N
1
2
3
4
5
6
7
8
9
10
11
12
13
14
15
16
17
18
19

Kaum ein anderer Platz in Berlin spiegelt in seinem Wandel die gesellschaftliche Entwicklung so wider wie der Alexanderplatz. Bereits im Mittelalter hatte sich im Nordosten Berlins, wo die Landstraßen aus Landsberg, Bernau und Prenzlau in die Stadt einmündeten, ein Platz ausgeprägt. Aus der Zeit um 1272 stammt die Kunde, daß dort ein dem heiligen Georg gewidmetes Hospital für Aussätzige angelegt worden war. So erhielt dann auch das an dieser Stelle errichtete Stadttor den Namen Georgentor, und die außerhalb gelegenen Ländereien wurden Georgenvorstadt genannt. Weil innerhalb der Residenz der Viehhandel verboten war, fand er auf dem Platz vor dem Georgentor statt, der deshalb bald den Namen Ochsenplatz trug.
Als 1701 der erste preußische König an dieser Stelle in Berlin einzog, wurde das Tor zum Königstor und das Gebiet Königsvorstadt genannt. Später entstanden hier mehrere Manufakturen (Kernstück war die 1740 gegründete Tuchmanufaktur des Fabrikanten Hesse). 1758 ließ der König am Ochsenplatz das erste amtliche Gebäude errichten – ein Arbeitshaus zur Unterbringung „arbeitsscheuer Personen", das man Ochsenkopf nannte. Bald gab es in der Umgebung auch Kasernen und der Platz wurde zum Exerzier- und Paradegelände. 1805 wurde er sogar hoffähig. Der russische Zar Alexander I. besuchte Berlin und ihm zu Ehren wurde durch „Allerhöchste Cabinettsordre" dem Ochsenmarkt der Name Alexanderplatz verliehen. Ende des 19. Jahrhunderts begannen erste größere und planmäßige Umgestaltungen des Platzes. Die Stadtbahn wurde 1882 gebaut; der Alex, auf dem auch Linien der Pferdebahn und ab 1896 der elektrischen Straßenbahn einmündeten, er-

Alexanderplatz, um 1900

hielt einen Bahnhof und wurde zu einem der wichtigsten Verkehrsknotenpunkte, der 1913 durch die neue U-Bahn noch an Bedeutung gewann. Dabei war der Platz stets ein Bereich der Arbeiter, die ringsum in dichtbesiedelten Vierteln lebten. Wohl gerade deswegen war er um die Jahrhundertwende der am stärksten vom städtischen Leben durchpulste Ort der Stadt. Dem Beschauer bot sich ein scheinbar unentwirrbarer Knoten des Verkehrs, der sich durch enge Straßen drängte, ein quirlender, brodelnder Kessel voller hastender Menschen. Am Ende der zwanziger Jahre waren städtebauliche Lösungen unumgänglich geworden. Unter Leitung des Berliner Stadtbaurates Martin Wagner begann 1927 die Umgestaltung des Platzes. Die Verkehrswege wurden neu geordnet, geplant waren auch zeitgemäße architektonische Lösungen für die Bebauung des Platzes.

Alexanderplatz, 1945

Alexanderplatz heute

Wilde Bodenspekulationen verhinderten jedoch ab 1931 die Verwirklichung der umfassenden Pläne. Der zweite Weltkrieg zerstörte den Platz fast vollständig. Erst im sozialistischen Berlin konnte mit dem 1966 begonnenen Neuaufbau auch eine neue Platzkonzeption verwirklicht werden. Städtebaulich ausgewogen, großzügig und modern repräsentiert sich heute der Alexanderplatz als das Zentrum des sozialistischen Berlin.

A 1
Bahnhof Alex

Ausgangspunkt der Route durch dieses Zentrum ist der → **S-Bahnhof Alexanderplatz**. Er war in den Jahren 1880 bis 1882 aus gelbroten Klinkern als Bahnhof auf der neuen Stadtbahnlinie errichtet worden. An sein früheres Aussehen jedoch erinnert heute kaum noch etwas, denn im Zusammenhang mit der Neugestaltung des Alexanderplatzes ist das im Kriege beschädigte Bahnhofsgebäude in mehrjähriger Bauzeit ohne Unterbrechung des Bahnbetriebes im Inneren und Äußeren völlig modernisiert worden. Die Rekonstruktion des Bahnhofs reichte bis in die unterirdischen Bereiche der U-Bahn-Etagen (im untersten Geschoß verkehrt die Linie zum Berliner Tierpark in Friedrichsfelde, darüber kreuzt die Linie Pankow–Otto-Grotewohl-Straße).

A 2
Brunnen an der Spirale

Nur wenige Schritte sind es vom Bahnhof zum → **Brunnen der Völkerfreundschaft** im Zentrum einer sich über den ganzen Platz ziehenden, ins Pflaster geprägten Spirale. Der Brunnen mit seinem ebenfalls spiralförmig geführten Brunnenring aus farbiger Emaille und Kupfer entstand im Jahre 1969 nach Entwürfen von Professor Walter Womacka.

Brunnen der Völkerfreundschaft

Der Alexanderplatz in seiner neuen Gestaltung ist ganz als Fußgängerbereich angelegt. Es ist heute kaum vorstellbar, daß hier noch zu Beginn der Neugestaltung stündlich 136 Straßenbahnen den Platz passierten, hinzu kamen rund 3600 Kraftfahrzeuge aller Art und etwa 60 Doppelstockomnibusse.
In Richtung Karl-Liebknecht-Straße wird die weite Fußgängerzone vom Centrum-Warenhaus und vom Interhotel Stadt Berlin begrenzt. Das Warenhaus entstand 1970 nach Entwürfen der Kollektive Josef Kaiser und Günter Kunert, es ist mit 15000 Quadratmeter Verkaufsfläche eines der größten Kaufhäuser des Landes. Etwa 80000 Kunden werden dort täglich bedient. In seinem 4. Obergeschoß befindet sich ein Restaurant mit 325 Plätzen. Das Hotel Stadt Berlin, errichtet 1970 unter Leitung der Architekten Roland Korn, Heinz Scharlipp und Hans Bogatzky, verfügt über 2000 Betten in seinem 37stöckigen Hochhaus und über mehrere gastronomische Einrichtungen im Flachbau. Dort gibt es auch die sehenswerte Zillestube, ein Altberliner Bierlokal, ausgestattet mit Mobiliar, das z.T. aus der Zeit um 1900 stammt.

A 3
Treffpunkt Weltzeituhr

Das nächste „Alexziel" ist die → **Weltzeituhr**. Verabredet man sich am Alex, so ist die Weltzeituhr meist der Treffpunkt. Die interessante, 10 Meter hohe Stahlkonstruktion, ausgestattet mit künstlerischen Elementen aus geätztem Aluminium und farbiger Emaille, ist 1970 ihrer Bestimmung übergeben worden. Geschaffen von Erich John, einem Mitarbeiter im Künstlerkollektiv um Professor Womacka, greift sie Traditionen der Urania-Säulen auf, die um 1900 in Berlins Straßen aufgestellt wurden. Die Weltzeituhr darf man getrost als ein Wahrzeichen des Alexanderplatzes betrachten. Sie bietet den Wartenden nicht nur die genaue Berliner Zeit, sie gibt auch zugleich die Ortszeiten bekannter Städte auf allen Kontinenten an.
Etwa an gleicher Stelle hatte früher das Standbild der Berolina seinen Platz, eine von Emil Hundrieser geschaffene Figur, die sich bei den Berlinern größter Beliebtheit erfreute. Als 1927/30 der Alexanderplatz umgebaut wurde, landete die Berolina auf dem Schrottplatz, wurde jedoch später wieder – an dieser Stelle – auf dem Alex aufgestellt. 1944 haben die Nazis dieses zum populären Wahrzeichen gewordene kupferne Standbild als Material für die Rüstung eingeschmolzen.
Der Weg führt nun zwischen dem Alexanderhaus und dem Berolinahaus hindurch. Beide Gebäude sind vom Architekten Peter Behrens im Rahmen eines 1928 ausgeschriebenen Wettbewerbs für die Gestaltung des Alexanderplatzes entworfen

worden. Die für jene Jahre typischen Gebäude im Stil der Neuen Sachlichkeit sind als einzige von denen des früheren Alexanderplatzes erhalten geblieben. Im Kriege ausgebrannt, doch in ihrer Konstruktion erhalten, sind sie schnell wieder ausgebaut worden. 1951 ist im Alexanderhaus ein Warenhaus eröffnet worden, und noch heute enthält das Gebäude die Möbelabteilung des Centrum-Warenhauses, außerdem eine Sparkasse, eine Buchhandlung und verschiedene Spezialgaststätten. Das Berolinahaus gegenüber beher-

Berliner Kaffeehaus

bergt neben Café, Bierstube und Dienstleistungseinrichtungen auch den Rat des Stadtbezirkes Mitte.

A 4
Hauptstraße seit dem Mittelalter

Nach Unterquerung der Bahnanlagen gelangt man in die → **Rathausstraße**, die schon im Mittelalter eine bedeutende Straße war. Ursprünglich Oderberger-, dann Georgenstraße genannt, wurde sie 1701 in Königstraße umgetauft. Ihren heutigen Namen trägt sie seit 1951. Gleich links hinter der Brücke fällt in dieser ebenfalls als Fußgängerzone angelegten Straße der einstöckige Bau des Alextreff auf. Diese gastronomische Ein-

Fußgängerboulevard Rathausstraße

richtung, die auch als Betriebsgaststätte der Versorgung von Mitarbeitern umliegender Institutionen dient, ist abends beliebter Treff der Jugend. Für's Vergnügen ist das historischer Boden, denn schon im Jahre 1842 – lange bevor an dieser Stelle das Kaufhaus Wertheim gebaut wurde, das im Kriege zerstört worden ist – etablierte hier ein gewisser Faust seinen Sommer- und Wintergarten. Mit Blumen und Ziergewächsen geschmückte Säle für Orchestermusik und Bälle boten sich dem „geschätzten Publikum" an. Übrigens war im Wintergarten, einem gläsernen Saal, die erste energiefreundliche Heizung Berlins installiert. Als Vorgänger einer Warmwasserheizung erwärmten zwei Kachelöfen eine Wasserzirkulation.

Tröpfelbrunnen

Die Rathausstraße ist Unterhaltungs-, Erholungs- und Einkaufsstraße zugleich. Zahlreiche repräsentative Geschäfte und Gaststätten befinden sich zu ebener Erde und im ersten Geschoß des 42 Meter hohen, 168 Meter langen und 68 Meter tiefen Wohnkomplexes. Am Ende des Häuserblocks befindet sich ein Bowling-Zentrum mit 18 Bahnen und 235 Restaurantplätzen. Allerdings ist der großen Nachfrage wegen eine Bahn meist nur nach Vorbestellung zu erhalten. Die Architekten fanden für die Rathausstraße – ähnlich wie für die Bauten in der gegenüberliegenden Karl-Liebknecht-Straße – eine für Berlin städtebaulich neue Lösung: die Gebäude erhielten oberhalb der Ladenbereiche Terrassengeschosse. Der Neubaukomplex an der Rathausstraße ist nicht nur mit seiner Straßenfront interessant. Es lohnt sich, auch die Passagen, Höfe und Geschäftsterrassen aufzusuchen. Dann wird man auch zahlreiche künstlerische Details entdecken, die diese Bereiche schmücken. Dazu gehören u.a. die Reliefstele „Schrittmacherkollektiv" von Gerhard Rommel, heitere Keramiken von Regina Junge und Astrid Dannegger an der Rückseite des kleinen Cafés an der Jüdenstraße und der Tröpfelbrunnen von Gerhard Thieme im großen Lichthof.

„Tanz-Mariechen", Keramikschmuck in der Rathauspassage

A 5
Das „Erste Haus" der Stadt

Es gibt Vermutungen, das erste Rathaus Berlins habe am Alten Markt (Molkenmarkt) gestanden. Beweise dafür gibt es jedoch nicht. Nachweisbar hingegen ist, daß um 1270 an der Spandauer Straße ein Ratsgebäude entstand. An annähernd gleicher Stelle (der alte Bau nahm die heutige Freifläche vor dem Hauptportal ein) wurde – nachdem das alte Haus für die Verwaltung der großen Stadt zu eng geworden und darum 1860 unter die Spitzhacke gekommen war – von 1861 bis 1869 in mehreren Etappen das → **Rote Rathaus** errichtet. Der Architekt Hermann Friedrich Waesemann hatte den Neorenaissance-Bau mit dem 97 Meter hohen Turm unter Verwendung von Ideen eines öffentlichen Wettbewerbs entworfen und den Bau ge-

Rotes Rathaus

Turmuhr
am Roten Rathaus

leitet. Zahllose Details im Inneren und an der Fassade legen Zeugnis von hervorragendem handwerklichen Können ab. Nicht nur künstlerisch bemerkenswert, sondern auch kulturgeschichtlich interessant ist ein Fries von Terrakottatafeln, der sich rings um das Rathaus zieht. Nach Entwürfen der Bildhauer Otto Geyer, Ludwig Brodwolf, Rudolf Schweinitz und Alexander Calandrelli wurden auf 36 Tafeln (gefertigt in den Jahren 1877 bis 1879) historische und kulturelle Ereignisse der Entwicklung Berlins zwischen dem 13. und dem 19. Jahrhundert dargestellt. Dieser Fries ist in die Kulturgeschichte Berlins als „Steinerne Chronik" eingegangen. Zwei Kunstwerke aus der Gegenwart stehen gegenüber dem Haupteingang zum Rathaus. Es sind die überlebensgroßen Plastiken von Fritz Cremer „Trümmerfrau" und „Aufbauhel-

Detail der
„Steinernen Chronik"

fer", mit denen die Leistungen der weit über 45000 Helfer gewürdigt werden, die allein in der Zeit von August 1945 bis zum 7. Oktober 1949, dem Gründungstag der DDR, fünf Millionen Kubikmeter Trümmerschutt beseitigt hatten.
Das Berliner Rathaus wird wegen seiner Backsteinmauern Rotes Rathaus genannt. Doch ist das Rot auch ein Symbol für den parlamentarischen Kampf der Arbeiterklasse in diesem Gebäude. Nur anderthalb Jahrzehnte nach seiner baulichen Vollendung zogen am 12. Dezember 1883 die ersten gewählten Vertreter der Arbeiterschaft in das Stadtparlament ein. Namen wie Paul Singer, Karl Liebknecht und Wilhelm Pieck stehen fortan in den Protokollen für kompromißlosen Einsatz zum Wohle der Werktätigen Berlins. 1933 löschte die Nazidiktatur alle demokratischen Errungenschaften aus. Erst seit der Befreiung Berlins durch die Sowjetarmee 1945 gab es im Rathaus wieder ein Stadtparlament. Am 27. April 1945 hißte der sowjetische Sergeant Permachow auf dem Turm des zur Ruine gewordenen Roten Rathauses die rote Fahne, am 19. Mai wurde der erste antifaschistisch-demokratische Magistrat Berlins in sein Amt eingeführt, und am 30. November 1955 konnte auch das wiederhergestellte Rote Rathaus dem damaligen Oberbürgermeister Friedrich Ebert übergeben werden.

A 6
An der Wiege Berlins

Jenseits der Spandauer Straße, die das Rote Rathaus an seiner südwestlichen Seite tangiert, liegt das Gebiet, in dem die Wiege Berlins stand, das → **Nikolaiviertel**. An dieser Stelle, wo die Stadt im 12. und 13. Jahrhundert als mittelalterliche Handelsniederlassung gegründet worden war, hat der historische Stadtkern eine Wiedergeburt erfahren. Hier steht Berlins ältestes Bauwerk, die Nikolaikirche. Ihr Bau, bzw. zumindest der Baubeginn, wird in die Zeit um 1220/30 datiert, und der Feldsteinunterbau der Turmfront stammt noch aus jener Zeit. Es ist anzunehmen, daß es bereits vorher an ihrer Stelle einen hölzernen Kirchenbau gegeben hat, doch gibt es darüber keinen Nachweis. Wie jedoch Gräberfunde beweisen, hat wenigstens eine Generation Siedler bereits vor dem Bau der Nikolaikirche an der Spree gelebt.

Schmuckornament an den Kolonnaden im Nikolaiviertel

Der historische Stadtkern ist mit nahezu allen historischen Gebäuden am 16. Juni 1944 bei einem anglo-amerikanischen Luftangriff in Schutt und Asche gelegt worden. 1981 wurde der Beschluß der Partei- und Staatsführung der DDR bekanntgegeben, nicht nur die zerstörte Nikolaikirche wieder aufzubauen, sondern auch den sie umschließenden Raum in harmonischer Geschlossenheit neu zu gestalten. Nach der Konzeption des Architekten Dr. Günter Stahn – in einem 1979 vom Berliner Magistrat ausgeschriebenen Wettbewerb mit dem

Blick auf das Nikolaiviertel

1. Preis bedacht – wurden Straßen und Plätze beispielgebend für künftige Neubebauungen historischer Innenstadtgebiete wiederhergestellt, rund 20 historische Bürgerhäuser aufgebaut und der ganze Komplex durch moderne Wohnhäuser für 1580 Einwohner, durch Läden und Boutiquen, Gaststätten und museale Einrichtungen vollendet. Für ein gründliches Kennenlernen aller Sehenswürdigkeiten des Nikolaiviertels darf man gut und gerne einen ganzen Nachmittag einplanen. Auf unserer Route soll zunächst einmal nur ein allgemeiner Überblick gegeben und auf besondere Anziehungspunkte hingewiesen werden.
Unter den Bögen der Kolonnaden am Marx-Engels-Forum entlang, vorbei am Rathaus-Café und mehreren exquisiten Geschäften, kommt man zur links in das Viertel einbiegenden Poststraße. Sie erhielt ihren Namen nach dem 1685 dort erbauten Posthaus. Vom Haus Marx-Engels-Forum 21 ausgehend, zieht sich an den Gebäuden bis in die Poststraße hinein ein interessanter Berliner Geschichtsfries, eine Arbeit des Berliner Bildhau-

Gerichtslaube

ers Gerhard Thieme (als Tontafeln geschaffen und dann in Betonwerkstein gegossen), die Traditionen des Frieses am Rathaus aufgreift und historisch bemerkenswerte Ereignisse aus 750 Jahren Berliner Geschichte darstellt. An den Gebäuden am Marx-Engels-Forum (wo am Treppenaufgang des Eckgebäudes – ebenso wie dann auch in der Poststraße unter den Arkaden – anhand einer verkleinerten Darstellung Erläuterungen gegeben werden) sind Geschehnisse aus der Zeit von der Gründung der KPD 1918 bis zur 750-Jahr-Feier Berlins dargestellt, in der Poststraße erzählen die Friestafeln Berliner Geschichte von der Vereinigung der Städte Berlin und Cölln im Jahre 1307 bis zur Novemberrevolution 1918.

Detail aus dem Geschichtsfries

A 7
Die Laube mit dem Kaak

In der Poststraße ist zunächst die → **Gerichtslaube** bemerkenswert. Als Teil des Rathauses – im Erdgeschoß wurde Gericht gehalten – ist sie um 1270 erbaut und 1485 um ein Obergeschoß erweitert worden. 1871 hat man sie nach Fertigstellung des Roten Rathauses abgetragen und unter Nutzung alter Bauteile als offenen Pavillon im Park von Ba-

Brunnen vor der Nikolaikirche

Nikolaikirche

belsberg aufgebaut. Das nun in der Poststraße entstandene Gebäude greift in weiten Teilen die Fassung von 1871 auf. Es beherbergt heute eine Biergaststätte und eine Weinstube. An der Außenfront der „Kaak", eine Vogelgestalt mit Menschengesicht und Eselsohren, Schandmal für jene, die einst von der mittelalterlichen Justiz an den Pranger gestellt wurden.

A 8
Berlins ältestes Bauwerk

Im Zentrum des neu aufgebauten Viertels steht die → **Nikolaikirche**, Berlins ältestes Bauwerk. Die vergoldete Wetterfahne trägt die Jahreszahl 1981 zur Erinnerung an den Beginn des Wiederaufbaus der durch Kriegseinwirkung zerstörten Kirche. Ihre erste urkundliche Erwähnung fand sie 1264. Damals wurde die bereits bestehende Feldsteinbasilika zu einer frühgotischen Hallenkirche umgebaut. Um 1380 wurde der Backsteinbau im spätgotischen Stil begonnen. Im Laufe der Jahrhunderte ist die Kirche noch mehrmals umgebaut und verändert worden. Erst 1876/78 erhielt die Nikolaikirche bei einer wegen massiver Bauschäden notwendig gewordenen Rekonstruktion nach Plänen des Architekten Hermann Blankenstein die heute weithin sichtbare Zwillingsturmfront in neogotischer Form. In der Kirche erfolgte am 2. November 1539 der Übertritt des Rates und der Bürgerschaft von Berlin und Cölln zur evangelischen Kirche und damit die Einführung der Reformation in Berlin. Am 8. Juni 1809 fand dort die Vereidigung der ersten Berliner Stadtverordneten statt. 1987 wurde in dem historischen Bauwerk das Stadtgeschichtliche Museum in der Nikolaikirche eröffnet.

In der Poststraße ist das Knoblauchsche Haus (Nr. 23) bemerkenswert, eines der wenigen historischen Gebäude des Viertels, die den Krieg überstanden haben. 1759 hatte es Johann Christian Knoblauch erbauen lassen, 1792 gründete hier sein Sohn die „Seidenband-Fabrik von Karl Knoblauch". Das Haus war einer der gesellschaftlichen Mittelpunkte des alten Berlin. Bei einem Umbau im Jahre 1835 erhielt es seine heutigen frühklassizistischen Formen. Heute befindet sich in den beiden oberen Etagen ein Museum, das über die vielfältigen Leistungen der Familie Knoblauch zur Entwicklung von Produktion, Handel und gesellschaftlichem Leben der Stadt Auskunft gibt. Im Erdgeschoß haben sich die Historischen Weinstuben etabliert (geöffnet ab 17 Uhr).

A 9
Der Stadt schönste Ecke

Am Ende der Poststraße, dort, wo sie auf den Mühlendamm trifft, ist das einst als „schönste Ecke Berlins" gepriesene → **Ephraim-Palais** wieder aufgebaut worden. Friedrich Wilhelm Diterichs hatte es 1761/66 für Veitel Heine Ephraim, den Bankier, Fabrikanten und Hofjuwelier Friedrichs II., erbaut. Es gehört mit seinen den Balkon tragenden toskanischen Säulen am Hauptportal, den mit vergoldeten Gittern geschmückten Balkons, den Putten und Vasen der Attika sowie der Kopie einer von Andreas Schlüter geschaffenen Decke aus dem ehemaligen Wartenbergpalais zu den bedeutendsten architektonischen Sehenswürdigkeiten Berlins. Es war 1935 beim Bau der Mühlendammbrücke abgetragen worden, wurde unter Verwendung der damals sichergestellten Originalteile hier, nur wenige Meter von seinem ursprünglichen Standort entfernt, neu errichtet und wird seit 1987 als Ausstellungszentrum genutzt.

Blick vom Ephraimpalais

A 10
Ausstellung der Gewerke

Südlich der Nikolaikirche entstand zwischen Nikolaikirchplatz, Eiergasse und Mühlendamm ein Komplex von Gebäuden, die äußerlich den ehemals an dieser Stelle stehenden Häusern nachempfunden sind. Vom Mühlendamm aus zugänglich ist hier das → **Berliner Handwerkermuseum**, eine Einrichtung des Märkischen Museums, in der mit interessanten Exponaten die Entwicklung des Handwerks seit dem 13. Jahrhundert dokumentiert wird. Unweit davon die Gaststätte Zum Paddenwirt und das historische Etablissement Zur

Ephraimpalais

Rippe, so genannt nach dem alten Wirtshaus-Wahrzeichen, einer riesigen Rippe, die in die Hauswand eingelassen ist. Neu erbaut wurde am Nikolaikirchplatz 10 das Haus, in dem Gotthold Ephraim Lessing von 1752 bis 1755 lebte (die dort angebrachte Gedenktafel stammt allerdings von einem Gebäude am ehemaligen Königsgraben, wo Lessing von Mai 1765 bis zum April 1767 wohnte).

Umrundet man von hier aus die Nikolaikirche zu ihrer rechten Seite, so kommt man zur Probststraße, in der mehrere alte Bürgerhäuser aus dem 17. und 18. Jahrhundert original wiedererstanden. Dort steht auch das Gasthaus Zum Nußbaum, das – einer Inschrift am Kellerhals zufolge – 1571 erbaut worden sein soll und einst seinen Standort auf der Fischerinsel hatte. Es war das älteste erhaltene Haus von Alt-Cölln, in seinem Restaurant war Heinrich Zille Stammgast und hat es durch seine Zeichnungen berühmt gemacht. Im Kriege ist es total zerstört worden.

Restaurant
Zum Nußbaum

Das Haus, in dem sich heute die Theodor-Fontane-Apotheke befindet, stand einst auch nicht an dieser Stelle, sondern an der Ecke Poststraße/Rathausstraße. Am Ende der Propststraße wurde 1987 am Ufer der Spree die Skulptur „St. Georg im Kampf mit dem Drachen" aufgestellt. Diese Bronzeplastik hatte August Kiss, ein Schüler Christian Daniel Rauchs, im Jahre 1853 geschaffen. Sie stand ursprünglich auf dem Hof des Berliner

Stadtschlosses und wurde 1951 im Volkspark Friedrichshain aufgestellt.
Nach dem Abstecher in das Nikolaiviertel wendet sich die Route dem → **Marx-Engels-Forum** zu. Auf der weitläufigen Freifläche zwischen Spree und Spandauer Straße wurde am 4. April 1986 das Denkmal-Ensemble für die Begründer der wissenschaftlichen Weltanschauung der Arbeiterklasse eingeweiht. Es besteht aus einer von Ludwig Engelhardt geschaffenen Bronzeplastik, die Karl Marx und Friedrich Engels in doppelter Lebens-

A 11
Denkmal
für Marx und Engels

Blick auf das
Marx-Engels-Forum

Marx-Engels-Denkmal

größe darstellt, ohne dem Denkmal unbeseelte Monumentalität zu verleihen. Eine Abgrenzung bilden fünf Marmorwände von Werner Stötzer und Bronzereliefs von Margot Middel, die das Ringen der Menschheit um Befreiung von Unterdrükkung und Ausbeutung und ein glückerfülltes Leben darstellen. Vor der Plastik stehen Stelen aus Edelstahl, in die mittels eines völlig neuartigen Verfahrens 144 Fotos eingeätzt sind, die Ereignisse, Persönlichkeiten und Sinnbilder der deutschen und internationalen Arbeiterbewegung dokumentieren. Das älteste dieser Bilddokumente stammt aus dem Jahre 1852 und zeigt Manufakturarbeiter in England.

A 12
Brunnen von Begas

Auf dem Freigelände vor dem Fernsehturm fällt nun zunächst der → **Neptunbrunnen** auf. Er ist einer der ältesten Brunnen der Hauptstadt. Geschaffen hat ihn Reinhold Begas, der die Idee für

Neptunbrunnen

das neobarocke Wasserspiel aus Rom mitbrachte. Am 1. 11. 1891 wurde der Brunnen in der Achse der Breiten Straße auf dem Schloßplatz aufgestellt, ein Geschenk der Stadt für Kaiser Wilhelm II., von dem aber nie geliebt. Am heutigen Standort sprudelt der Brunnen seit 1969. Er ist 10 Meter hoch, der Durchmesser des Beckens beträgt 18 Meter. Obenauf Neptun, der Herrscher des Meeres (von dem der Berliner Volksmund sagt, er sei „ewig berauscht“ und habe unverkennbar „drei Zacken“), umgeben von seinem Hofstaat (lauter „jrüne Jungs“) und inmitten der vier am Schalenrand sitzenden bronzenen Damen, die die Ströme Rhein, Elbe, Oder und Weichsel verkörpern (und den ganzen Tag „den Rand halten“).

Marienkirche

A 13

St. Marien
mit dem Totentanz

Von den Kirchen aus den frühen Jahren der Städte Berlin und Cölln ist neben der wiederaufgebauten Nikolaikirche nur die → **Marienkirche** erhalten geblieben. Früher dicht von Gebäuden umgeben, steht sie seit Ende des 19. Jahrhunderts frei auf der Fläche vor dem Fernsehturm. Der Grundstein zur damaligen Kirche „Unserer Lieben Frauen“ ist etwa 1270 gelegt worden, erste urkundliche Erwähnung fand sie als St. Marien im Jahre 1292. Gegen Ende des 14. Jahrhunderts erhielt sie in etwa ihre heutige Gestalt. Der Bau des Turmes allerdings, mit dem 1418 begonnen worden war, wurde erst gegen Ende des Jahrhunderts vollendet. 1514 brannte er vollständig aus, und erst 1538 konnte der Schaden durch Aufsetzen einer neuen Turmspitze behoben werden. 1661 traf der Blitz den Turm, er brannte lichterloh. Im Taufbuch der Kirche ist zu lesen: „... auch funden sich bald Leute, die fleißig Milch und Waßer zu trugen, daß es gelöscht wurde“. Ins Reich der Legende gehört die Behauptung, der Feldmarschall Otto von Sparr habe von seinen Artilleristen die brennende Turmspitze abschießen lassen. In Wirklichkeit wurde sie abgetragen und 1666 vom kurfürstlichen Hofbaumeister Michael Matthias Smids durch eine andere ersetzt. Als später auch diese von wiederholten Blitzschlägen getroffen und so baufällig geworden war, daß sie 1788 entfernt werden mußte, schuf Carl Gotthard Langhans d.Ä. einen neuen Turmhelm, der 1790 eingeweiht wurde und bis heute erhalten ist.

Taufbecken in der Marienkirche, 1437

Blick in die Marienkirche

Besonders bemerkenswert ist die Innenausstattung der Marienkirche. In der Turmhalle wurde 1860 bei einer Renovierung durch Friedrich August Stüler der spätgotische „Totentanz" freigelegt. Auf einer Gesamtlänge von 22 Metern führt der Tod auf dieser Darstellung jeden der 28 Ständevertreter zum Reigen: die weltliche Reihe reicht vom Kaiser bis zum Narren, die geistliche vom Papst bis zum Küster. Eine für die Entstehungszeit (vermutlich um 1484/85) kühne politische Aussage: Die Gleichheit vor dem Tod bedeutet auch die Gleichheit der Menschen im Leben. In deftigen Beischriften werden die abgebildeten Stände verspottet, allein Kaufleute und Handwerker kommen glimpflich davon, sie waren vermutlich auch Auftraggeber für dieses Werk eines unbekannt gebliebenen Künstlers.

Ein bronzenes Taufbecken stammt aus dem Jahre 1437, und die marmorne Kanzel (an einem nördlichen Langhauspfeiler) wurde 1703 von Andreas Schlüter geschaffen, sie ist eines seiner Meisterwerke. Wegen ihrer hervorragenden Akustik ist die Marienkirche Anziehungspunkt für ein breites Publikum bei zahlreichen Orgelkonzerten. Die Orgel stammt aus dem Jahre 1723, auf ihr hat während seines Besuches bei Friedrich II. im Jahre 1747 auch Johann Sebastian Bach gespielt. Im Laufe der Jahre ist die Orgel mehrmals umgebaut worden.

Am Portal der Kirche steht ein unscheinbares Steinkreuz. Im Jahre 1325 entlud sich nahe dieser

Hauptportal der Marienkirche mit Sühnekreuz

Stelle der Volkszorn über einen 1324 vom Papst Johannes XXII. gegen Kaiser Ludwig von Bayern verhängten Bannfluch, der auch die Berliner traf. Eine tobende Menge knüppelte den Propst Nicolaus von Bernau, einen Parteigänger des Papstes, nieder und verbrannte ihn auf dem Neuen Markt (etwa in Höhe des Neptunbrunnens vor der Kirche in Richtung Spandauer Straße). Diese Tat wurde den Bürgern von Berlin und Cölln erst vom Nachfolger des Papstes Johannes im Jahre 1347 verziehen, sie mußten ein hohes Sühnegeld zahlen und zu Ehren des Propstes besagtes Sühnekreuz errichten.

Der Weg führt nun durch die Brunnenanlage am Fuße des Fernsehturms. Diese Wasserspiele sind die größten der Stadt und zugleich die technisch aufwendigsten. Vom Frühjahr bis in den Herbst hinein sprudeln die Fontänen in einer symmetrisch angeordneten Folge von Brunnenbecken beiderseits einer breiten Mittelpromenade. Nach Einbruch der Dunkelheit von 296 farbigen Unterwasserscheinwerfern angestrahlt, sprühen einmal in der Stunde 560 Düsen in einem harmonisch abgestimmten Programm reichlich zehn Minuten lang.

Fernseh- und UKW-Turm

A 14

Neues Wahrzeichen Berlins

Zum nächsten Ziel bedarf es eines Blickes nach oben. Einmalig im Zentrum einer Stadt, wurde von 1965 bis 1969 am Bahnhof Alexanderplatz nach einer Gestaltungsidee von Professor Hermann Henselmann der → **Fernseh- und UKW-Turm** erbaut. Er hat eine Höhe von 365 Metern und wurde damit zum dominierenden Bauwerk der Stadt und zu einem neuen Wahrzeichen Berlins. In 203 Meter Höhe hat der Besucher der Aussichtsplattform einen reizvollen Blick auf die Hauptstadt, bei günstiger Witterung kann man vom Turm bis zu 40 Kilometer weit blicken. Eine Etage über der Aussichtsplattform befindet sich das Tele-Café mit 200 Plätzen. In einer Stunde bewegt man sich dort, bequem am Tisch sitzend, auf einer Drehscheibe einmal um die Achse des Turmes. Für Interessierte sei vermerkt: Gewicht des Turmes 26000 Tonnen, Durchmesser von Turmfuß und Kugel je 32 Meter, Nottreppe im Turmschaft 986 Stufen. Empor gelangt man mit zwei Schnellaufzügen (sechs Meter in der Sekunde). Die Umbauung des Teleriesen wurde in recht eigenwilliger Architektur 1972 vollendet. Zweigeschossige Pavillonbauten bieten neben der großzügigen Eingangshalle zum Turm eine Ausstellungsfläche von 2400 Quadratmetern und Plätze in Tanzcafé, Speiserestaurant, Selbstbedienungsgaststätte und anderen gastronomischen Einrichtungen. Ein Informationszentrum der Berlin-Information mit Vorführungsraum ist zu ebener Erde eingerichtet.

Durch einen Fußgängertunnel gelangt man zur anderen Straßenseite der Karl-Liebknecht-Straße

A 15
Markthalle und Marktbrunnen

mit ihren Geschäftskolonnaden und dem Eingang zur → **Markthalle**. Bereits 1868 war in Berlin – dem Beispiel anderer Großstädte folgend – eine Markthalle nahe der Weidendammer Brücke eröffnet worden. Deren wirtschaftlicher Mißerfolg jedoch – schon nach einem Jahr machte sie Pleite – ließ den Berliner Magistrat lange zögern, eine erneute Konzession für eine Markthalle zu erteilen. Erst als die ständig steigende Bevölkerungszahl nach neuen Zentren der Versorgung verlangte und der stärker werdende Verkehr die Märkte auf Straßen und

Karl-Liebknecht-Straße mit Berliner Markthalle

Plätzen zum Hindernis werden ließ, entschloß man sich zum Bau einer Zentralmarkthalle an dieser Stelle. 1886 wurde sie eröffnet, hatte direkten Anschluß an die 1883 fertiggestellte Stadtbahn, besaß einen Großhandels- und einen Einzelhandelsteil und war bis 1967 noch in Betrieb. Bei Aufbau der neuen Wohnbauten in der Karl-Liebknecht-Straße wurde dann auf dem Gelände der alten Großmarkthalle und unter Einbeziehung der Ladengeschoßbereiche der Neubauten die jetzige Markthalle erbaut und 1969 ihrer Bestimmung übergeben. Sie umfaßt eine Gesamtfläche von 11 300 Quatratmetern, wovon 5 650 Quadratmeter Verkaufsfläche sind. Zwischen der Markthalle und dem S-Bahn-Bogen etabliert sich in der wärmeren Jahreszeit ein Sommermarkt, auf dem nach alter Tradition Waren an offenen Ständen angeboten werden. Auch die unter den Gleisen im Stadtbahnbogen eingebauten Geschäfte stellen dann zum Teil Verkaufsstände vor ihren Läden auf. Zier dieses Sommermarktes ist der Marktbrunnen des Bildhauers Gerhard Thieme, der auch den Tröpfel-

Berliner Markt
an der Markthalle

brunnen in den Rathauspassagen schuf. Hier stellt er Berliner Originale aus der Marktszene vor: Wurstmaxe, Blumenfrau und Stoffverkäufer.
Die weiterführende Route läuft, der Karl-Liebknecht-Straße folgend, unter der Bahnüberführung entlang, vorbei am Verwaltungsgebäude der Berliner Verkehrsbetriebe links in der Dircksenstraße. Der siebengeschossige Stahlskelettbau

Blick auf die
Kreuzung
Karl-Liebknecht-Straße/
Karl-Marx-Allee/
Memhardstraße

wurde 1929/30 von Alfred Grenander, u. a. beteiligt am Bau der Berliner U-Bahn (z. B. in der Schönhauser Allee), im Stil der Neuen Sachlichkeit errichtet. Die sich diesem BVB-Gebäude anpassenden Wohnbauten mit den kleinen Geschäften im Erdgeschoß bilden den Abschluß des Alexanderplatzgebietes nach Nordwesten hin. An ihnen vorbei kommt man zur Memhardstraße und erblickt jenseits in der Karl-Liebknecht-Straße das Gebäude des → **Berliner Verlages**, des größten Zeitungs- und Zeitschriftenverlages der DDR. Dem 1973 errichteten, 17geschossigen, fast 100 Meter langen Gebäude ist zum Alexanderplatz hin der pavillonartige Bau des Pressecafés vorgelagert. Ein breiter farbiger Fries aus Industrieemaille wurde von dem Maler Willi Neubert gestaltet. Durch den Fußgängertunnel erreicht man die schräg gegenüberliegende Straßenseite mit dem Haus der Elektroenergie (Sitz zentraler Verwaltungen der Elektroindustrie, im Erdgeschoß Spezialgeschäfte für Schallplatten, Uhren, Radio- und Fernsehgeräte und für Foto-Kino-Optik).

A 16
Haus der Presse

Am Ende der Wegstrecke erhebt sich das → **Haus des Reisens**, ein 17geschossiges Bürohaus, Sitz der Generaldirektion des Reisebüros der DDR, mit kunstvoll gestalteten Publikumsetagen zu ebener Erde und im ersten Geschoß. Ein großflächiges

A 17
Zentrale des Reisens

Kupferrelief am Haus des Reisens

Relief in Kupfertreibarbeit von Professor Walter Womacka („Der Mensch überwindet Raum und Zeit") bereichert künstlerisch die Fassade in der Hans-Beimler-Straße. Weiter geht es durch ein zweites Fußgängertunnelsystem, die U-Bahn-Linie nach Friedrichsfelde mit einer Rolltreppe unterquerend, zum → **Haus des Lehrers** an der Ostseite des Platzes. Etwa an dem Ort, wo 1908 bis 1945 das Lehrervereinshaus stand, wurde dieser erste Neubau am Alexanderplatz errichtet. Das Entwurfskollektiv stand unter Leitung von Professor Hermann Henselmann. 1964 war das Haus des Lehrers fertiggestellt, ein Kultur-, Bildungs- und

A 18
Erster Neubau am Alex

Haus des Lehrers

Informationszentrum für Lehrer und Erzieher. Zwölf Geschosse zählt das Gebäude, zwei davon verstecken sich hinter einem 125 Meter langen und 7 Meter hohen Bildfries „Unser Leben“ aus Glas-, Emaille-, Keramik- und Metallelementen. Auch dieses Kunstwerk stammt von Professor Womacka. Es spiegelt in zahlreichen Motiven das gesellschaftliche Leben des Landes wider. Das Haus birgt neben der Pädagogischen Zentralbibliothek mehrere Seminar- und Versammlungsräume sowie ein Café und ein Restaurant im 1. und 2. Obergeschoß. Die Eingangshalle wird als Ausstellungsraum genutzt.

Bildfries am Haus des Lehrers

Architektonisch dem Hochhaus zugeordnet, schließt sich zur Alexanderstraße hin die → **Kongreßhalle** mit 1 000 Plätzen an. Unter ihrer Aluminiumkuppel finden alljährlich nationale und internationale Kongresse, wissenschaftliche, politische und kulturelle Großveranstaltungen von Rang statt. Bis zur Errichtung des Palastes der Republik tagte in diesen Räumen auch häufig die Volkskammer der DDR. Der Weg führt nun über die Alexanderstraße hinweg wieder zur Fußgängerzone des Alexanderplatzes. Dabei wird der Au-

A 19
Kongreßzentrum

Blick auf die Kongreßhalle

totunnel überquert, der seit 1969 den Verkehr zwischen der Hans-Beimler-Straße und der Grunerstraße auf rund 300 Meter Länge aufnimmt.
Ein Hochbeet rundet an dieser Seite den Alexanderplatz ab. Mit über 125 Metern erstreckt sich an seinem Rand die längste Sitzbank Europas.
An der Weltzeituhr endet die Route, und wer noch ein wenig Alex-Atmosphäre genießen möchte, dem sei ein Besuch des im Stil der 20er Jahre eingerichteten Berliner Kaffeehauses empfohlen.

ab S-Bahnhof Marx-Engels-Platz

Zwischen Heilig-Geist-Kapelle und Marstall

● S-Bahnhof Marx-Engels-Platz ● Spandauer Straße
● Karl-Liebknecht-Straße ● Spreeterrassen
● Marx-Engels-Platz ● Lustgarten ● Bodestraße
● Friedrichsbrücke ● Burgstraße

Die Route schließt den Palast der Republik und den Marx-Engels-Platz mit angrenzenden historischen Gebäuden ein. Sie beginnt an einem der ältesten S-Bahnhöfe Berlins und führt sogleich zu einem der ältesten Gebäude der Stadt, der Heilig-Geist-Kapelle. Unter Kolonnaden finden sich Zugänge zu den Einrichtungen des modernen Palasthotels, über die Spree geht es an der Liebknechtbrücke. Erste Bekanntschaft mit dem Palast der Republik kann man dann von seiner Wasserseite aus machen. Weiter geht der Weg zum Neuen Marstall, der vom kaiserlichen Pferdestall zur Kulturstätte wurde, und zum Gebäude des Staatsrates der DDR mit dem Portal IV des Berliner Schlosses, von dessen Balkon Karl Liebknecht 1918 die sozialistische Republik ausrief. Den Marx-Engels-Platz überquerend, kommt man zum Haupteingang des Palastes des Volkes, der jedem Besucher gastfreundlich geöffnet ist. Auf dem weiteren Weg liegt der Lustgarten mit dem Dom und dem Alten Museum, vor dem wieder die große Granitschale ihren Platz gefunden hat. Einen König auf seinem Roß läßt die Route vor der Nationalgalerie links liegen und führt über die Friedrichsbrücke zum Anfangsteil des Weges.

Wanderzeit:

etwa 2 Stunden
Hinzurechnen sollte man die Zeit für einen längeren Aufenthalt im Palast der Republik. Möglich sind auch die Besichtigung des Domes, des Alten Museums und der Nationalgalerie.

Route B

Ansicht des Lustgartens vom Westen, J. G. Rosenberg, 1790

Spiegelung des Doms in den Fenstern des Palastes der Republik

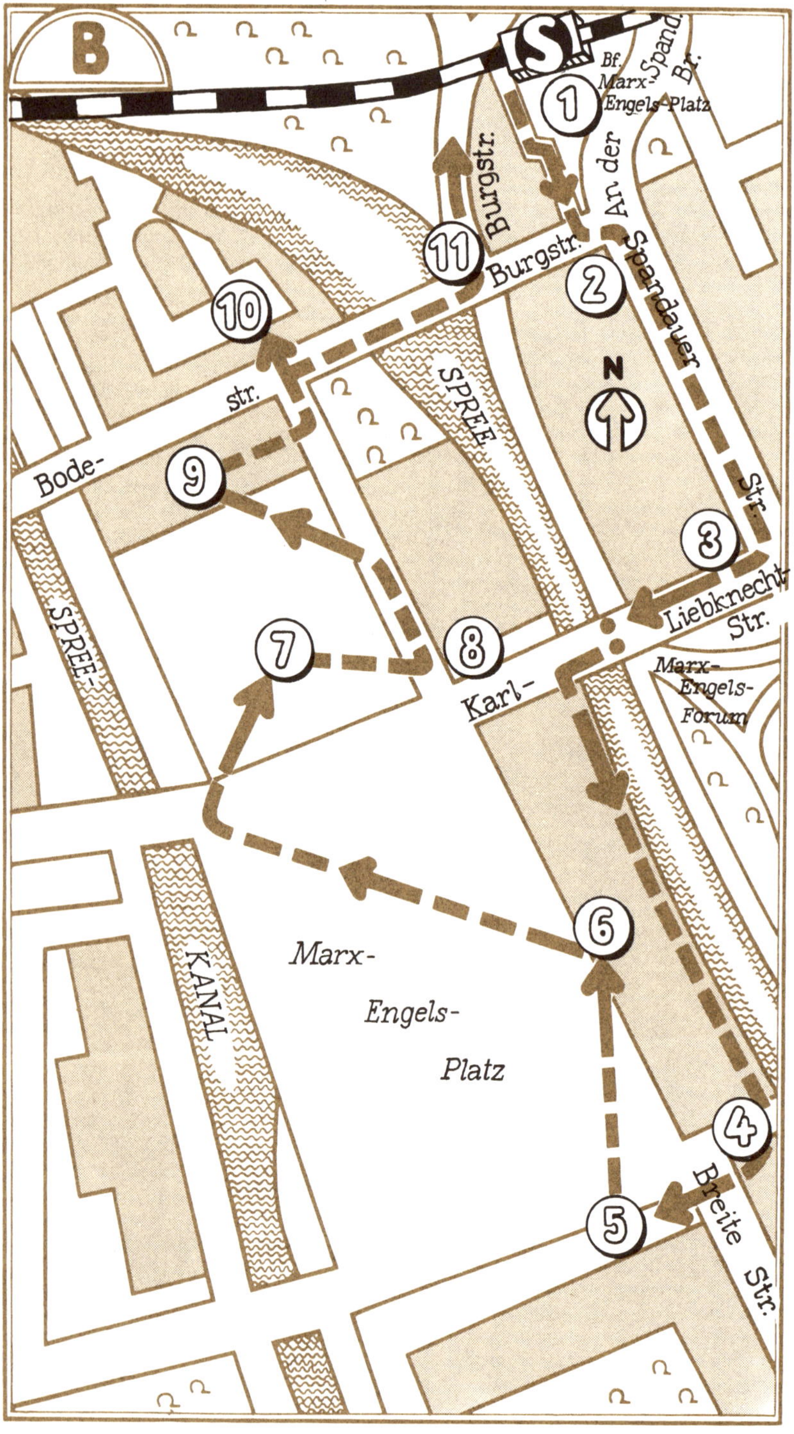
B
S
Bf. Marx-Engels-Platz
Spand. Br.
An der Spandauer Str.
Burgstr.
Burgstr.
SPREE
N
Bode-str.
Liebknecht-Str.
Karl-
Marx-Engels-Forum
SPREE-
KANAL
Marx-Engels-Platz
Breite Str.
1
2
3
4
5
6
7
8
9
10
11

Am 7. Februar 1882 wurde nach neunjähriger Bauzeit die 12 Kilometer lange, die Stadt etwa in Ost-West-Richtung querende Stadtbahn eingeweiht. Mit der einige Jahre zuvor entstandenen Ringbahn verbunden, erschloß sie die Innenstadt dem Schnellbahnverkehr. Etwa zwischen den Bahnhöfen Jannowitzbrücke und Friedrichstraße folgte die hier als Viadukt angelegte Bahnlinie dem Verlauf des Berliner Grabens der Memhardtschen Befestigung (dem ehemaligen Königs- und dem Zwirngraben), der einfach zugeschüttet worden war. Noch heute ist die kurvenreiche Strecke so eine Erinnerung an den Verlauf der befestigten Stadtgrenze. Einem der vielen Bögen paßt sich der → **S-Bahnhof Marx-Engels-Platz** an, der zwischen den Stationen Alexanderplatz und Friedrichstraße liegt und früher Bahnhof Börse hieß. Anders als die gleichzeitig errichteten, später jedoch umge-

B 1
Bahnhof auf dem Festungsgraben

Schmuckelemente am S-Bahnhof Marx-Engels-Platz

bauten anderen Bahnhöfe der Stadtbahn hat der Bahnhof Marx-Engels-Platz ganz sein ursprüngliches Aussehen erhalten. Er steht unter Denkmalschutz und wurde in jüngster Zeit grundlegend restauriert. Die zweigeschossige Fassade aus rotem Ziegelmauerwerk ist durch Pilaster gegliedert. Als typischer Bau der Gründerzeit wartet das Bahnhofsgebäude mit reichen Schmuckelementen, mit Bögen und Gesimsen auf. Ziegelformsteine umrahmen mit mannigfaltigen Ornamenten die Rundfenster und werden wiederum von farblich abgesetzten Mosaikfeldern flankiert. Den Entwurf für diesen Bahnhof und auch für den inzwischen mehrfach umgebauten Bahnhof Friedrichstraße lieferte Johannes Vollmer.
Vom Bahnhof Marx-Engels-Platz führt die Route in südlicher Richtung zunächst auf den mit einer Grünfläche versehenen Vorplatz. An dieser Stelle hatte bis zur Zerstörung im Kriege die Garnisonkirche gestanden, deren Ruine 1960 abgetragen worden war. Rechts des Weges, an der Einmündung zur Burgstraße, blieb das Pfarrhaus der Kirche er-

Heilig-Geist-Kapelle

halten, ein Barockgebäude des ausgehenden 18. Jahrhunderts, 1875 umgebaut. Eine Gedenktafel verkündet, daß in diesem Hause der längst vergessene „Volksschriftsteller" Emil Frommel, der zugleich Hof- und Garnisonsprediger war, von 1870 bis 1896 gewohnt hat.
Die Burgstraße überquerend, gelangt man auf der Route in die Spandauer Straße, eine der ältesten und einstmals wichtigsten Straßen Berlins, die vom Molkenmarkt zum Spandauer Tor, dem nördlichen Ausgang der alten Stadt, führte. Sie war reich an stattlichen Bürgerhäusern, die jedoch – soweit sie nicht bereits im 19. Jahrhundert abgerissen worden waren – dem Kriege zum Opfer fielen. Hier gab es die Apotheke Zum weißen Schwan, in der Theodor Fontane in den Jahren 1836 bis 1840 als Lehrling und Gehilfe tätig war. In einem Haus, das wenige Schritte davon entfernt stand, war 1791 der Komponist Giacomo Meyerbeer geboren worden, in einem anderen nahegelegenen hatten Gotthold Ephraim Lessing, Friedrich Nicolai und Moses Mendelssohn gewohnt.

Von den vielen bemerkenswerten alten Gebäuden der Spandauer Straße ist – außer dem Roten Rathaus, das mit einer Seitenfront an die Straße grenzt – nur das älteste in unsere Zeit überkommen. Es ist die → **Heilig-Geist-Kapelle** des gleichnamigen Spitals, das um 1272 erstmals urkundliche Erwähnung fand. Der gotische Backsteinbau der Kapelle entstand wahrscheinlich 1313. Ihr Saal, so darf man annehmen, war zunächst flach gedeckt, dann wurde ihm im Jahre 1476 das bis heute gut erhaltene Sterngewölbe aufgesetzt. Beim großen Stadtbrand 1380 ist die Kapelle verschont geblieben, sie überstand auch die schreckliche Explosion des Pulverturms nahe dem Spandauer Tor, die am 12. August 1720 nicht nur 73 Tote und 40 Verwundete forderte, sondern auch große Zerstörungen anrichtete. Nur der beschädigte Westturm mußte abgetragen werden.

B 2
Baudenkmal
aus dem Mittelalter

Palasthotel

Dann allerdings wäre sie zu Beginn des 20. Jahrhunderts fast einem Magistratsbeschluß zum Opfer gefallen. Dem Einspruch von Kunsthistorikern und engagierten Bürgern ist es zu danken, daß Berlins wohl schönstes ganz erhaltenes mittelalterliches Baudenkmal nicht abgerissen, sondern 1905/06 nur in den neuen Bau der Handelshochschule einbezogen wurde. Die Kapelle diente als Hörsaal und ist heute Mensa der Sektion Wirtschaftswissenschaften der Humboldt-Universität, die das gesamte Gebäude übernommen hat. Eine Restaurierung des Innenraumes ist vorgesehen, der äußere Baukörper wurde 1979 restauriert.
Vorbei an einer Grünanlage, deren Gestaltung die Wirkung des mittelalterlichen Bauwerks unterstützt, kommt man zum Komplex des exquisiten → **Palasthotels**, einem 5-Sterne-Luxus-Hotel mit 600 vollklimatisierten Zimmern und Appartements sowie zwölf verschiedenen Restaurants und Bars, von denen die meisten auch dem Stadtgast offenstehen, mit Verkaufs- und Serviceeinrichtungen. Von der Spandauer Straße aus zu-

Theaterkassen
am Palasthotel

B 3
Palasthotel
an der Spree

gänglich sind die Theaterkasse, das Reisebüro und das Büro der Interflug, von der rechts abbiegenden Karl-Liebknecht-Straße aus (unter den Kolonnaden) Boutiquen und gastronomische Einrichtungen wie die Berliner Bierkneipe Nante Eck, die Grillbar und das Selbstbedienungsrestaurant Quick, das Restaurant Jade, das mit Besonderheiten der fernöstlichen Küche aufwartet, das Palast Café und (bereits am Spreeufer) die gemütliche Domklause und die Nachtbar Sinus.
An der Spree führt unter der Liebknechtbrücke ein bequemer Durchgang zur anderen Straßenseite. Dort überquert die Route die Brücke und biegt links an der Wasserseite des Palastes der Republik

Blick auf
das Palasthotel
über die
Liebknechtbrücke

Erinnerungstafel
am Marstall

Marstall

ab. (Von der Terrasse aus ist ein Zugang zum Palast der Republik möglich, hier liegen auch die Eingänge zum Jugendtreff, zum Spreebowling und zu einer Wein- und einer Bierstube). Eine kurze Treppe am Ende der Terrasse führt empor zur Straße, auf deren gegenüberliegender Seite der → **Neue Marstall** steht. Er wurde 1896 bis 1902 durch den Hofarchitekten Ernst von Ihne für 300 Pferde und die Kaleschen und Schlitten des kaiserlichen Hofes erbaut. Am Hauptportal erinnert eine Bronzetafel daran, daß Rote Matrosen und Sparta-

B 4
Vom Pferdestall
zur Galerie

kuskämpfer während der Novemberrevolution 1918 den Marstall als Sitz der Volksmarinedivision und Tagungsstätte des Revolutionskomitees gegen eine Übermacht reaktionärer Truppen erfolgreich verteidigten. Nach Zerstörungen im zweiten Weltkrieg ist der Marstall bis 1968 im Äußeren restauriert worden. Im Erdgeschoß befinden sich heute Ausstellungsräume der Neuen Berliner Galerie, im Spreeflügel Magazinräume des Stadtarchivs und der Stadtbibliothek.

Gebäude
des Staatsrates
der DDR

Nach rechts, die Breite Straße überquerend, gelangt man zum Gebäude des → **Staatsrates der DDR**. Es wurde 1962 bis 1964 nach einem Entwurf des Kollektivs Roland Korn/Hans-Erich Bogatzky erbaut und schließt den Marx-Engels-Platz nach Süden hin zwischen Breite Straße und Spreekanal ab. (Den heutigen Vorplatz nahm bis zur Zerstörung im zweiten Weltkrieg ein Warenhaus ein, das wegen seiner roten Sandstein- und Ziegelfassade nur „Das rote Schloß" hieß).

B 5
Schloßportal
am Staatsratsgebäude

Dem Treppenhaus des Staatsratsgebäudes ist das ehemals nach der Lustgartenseite gelegene Portal

Portal IV des Berliner Schlosses am Staatsratsgebäude

IV des Berliner Stadtschlosses vorgeblendet worden. Es ist das Portal, von dessen Balkon aus Karl Liebknecht am 9. November 1918 die sozialistische Republik ausgerufen hat. Alle plastischen Teile, mit Ausnahme der stark zerschossenen Plattenverkleidung, sind restaurierte Originalteile des um 1713 (als Wiederholung eines zuvor von Andreas Schlüter geschaffenen anderen Portals) unter Leitung von Johann Friedrich Eosander von Göthe fertiggestellten Schloßportals. Von den repräsentativen Kunstwerken der Innenausstattung des Staatsratsgebäudes sind besonders die farbigen Glasfenster im Treppenhaus (Professor Walter Womacka), die geätzte Stahlwand im Sitzungssaal (Professor Fritz Kühn) und der 45 Meter lange Fries aus Meißner Porzellan (Professor Günter Brendel) im Bankettsaal hervorzuheben.
Vom Gebäude des Staatsrates aus führt die Route nun quer über den Marx-Engels-Platz. Dieses Gelände wurde einst zum größten Teil vom Berliner Schloß eingenommen, in dem die Hohenzollern nahezu 500 Jahre residiert hatten. 1443 war dazu der Grundstein gelegt worden, im letzten Kriege wurde es zerstört und 1950 seine Ruine abgetragen. Der freigewordene Platz wurde eingeebnet und erhielt im Jahre 1951 den Namen Marx-Engels-Platz. Bei der 1961 vom Berliner Magistrat be-

Berliner Schloß, 1935

schlossenen Neugestaltung des Stadtzentrums schenkte man der Umbauung des Platzes besondere Aufmerksamkeit. Ihre Krönung fand sie mit dem Bau des → **Palastes der Republik**. Nach einer Bauzeit von knapp tausend Tagen wurde der repräsentative Gebäudekomplex (180 Meter breit und 85 Meter tief) am 23. April 1976 der Öffentlichkeit übergeben. Im Gebäude befinden sich neben dem Plenarsaal der Volkskammer (787 Plätze) und den von der obersten Volksvertretung genutzten Konferenz- und Arbeitsräumen allein 13 allen Besuchern zugängliche Restaurants mit 1500 Plätzen, darunter ein Jugendtreff und Bowlingbahnen, mehrere kleine Bars und Espressos, Wein- und Bierstuben. Größter der rund 1000 Räume des Palastes ist der Große Saal, der bei Veranstaltungen maximal 5000 Besucher aufnehmen kann. 250 Plätze hat das TiP, das kleine Theater im Palast. Am Entwurf und am Bau des Palastes waren viele Kollektive aus Berlin und aus der Republik beteiligt, projektiert hat das Gebäude ein Architektenkollektiv unter Leitung von Heinz Graffunder, die Planung erfolgte durch die Aufbauleitung Sondervorhaben Berlin unter der Direktion von Ehrhard Gißke.

B 6
Der Palast des Volkes

Foyer im Palast

Die Route über den Marx-Engels-Platz führt geradewegs zum Haupteingang an der 180 Meter breiten Hauptfront, deren Fassade aus Naturstein, Aluminium und sonnenreflektierendem Thermoglas besteht. Hier gelangt man über eine Treppe direkt ins Hauptfoyer, in dessen 42 Meter breiter und 85 Meter langer Halle zunächst die fünf Meter hohe Gläserne Blume den Blick auf sich zieht. Fahrtreppen (insgesamt 16 gibt es in diesem Haus) führen zu den höhergelegenen Geschossen und auch zu der Galerie des Palastes mit großflächigen Wandbildern von Künstlern der DDR oder hinab zu den Geschossen mit zahlreichen Serviceeinrichtungen, z. B. den Garderoben für 5000 Kleidungsstücke, dem Postamt, einem Buch- und Zeitschriftenstand sowie Verkaufsstellen für Souvenirs und kunstgewerbliche Erzeugnisse.

Gläserne Blume
im Foyer

Nach der Besichtigung des Palastes der Republik empfiehlt sich ein Weg über den Marx-Engels-Platz zur Marx-Engels-Brücke (siehe Route C), wo man die Straße überqueren kann. Der Weg führt nun durch den → **Lustgarten.** Auf diesem Platz ließ Kurfürst Friedrich Wilhelm 1653 mit erheblichem Kostenaufwand einen Garten nach holländischem Vorbild anlegen, der – wie ein Chronist berichtete – „ehedem mit allerlei Nutz- und Ziergewächsen, darunter mit den ersten Kartoffeln bepflanzt, aber auch mit heiteren Marmorbildern zwischen Pomeranzenbäumchen geschmückt" war. König Friedrich Wilhelm I., der Soldatenkönig, ließ den heiteren Garten 1730 einebnen und machte daraus einen Exerzierplatz. Später wurde er wieder gärtnerisch gestaltet.

B 7
Der heitere Garten

1935 machten ihn dann die Nazis zu einem gepflasterten Aufmarschgelände, auf dem sie 1942 eine antisowjetische Hetzausstellung aufbauten. Widerstandskämpfer der Gruppe um den jüdischen Kommunisten Herbert Baum setzten die Ausstellung in Brand. Zum Gedenken an diese mutige Tat und die von den Faschisten ermordeten Angehörigen der Baum-Gruppe wurde im Lustgarten ein Gedenkstein gesetzt.

Gedenkstein für die
Widerstandsgruppe
um Herbert Baum

B 8
Prunksärge
in der Domgruft

Der → **Dom** ist in den Jahren 1894 bis 1905 erbaut worden. Diesem Bau gingen jahrzehntelange Bemühungen der Hohenzollern, vor allem von Friedrich Wilhelm IV., voraus, den trotz Schinkels Umbau wenig attraktiven Bau von Johann Boumann (1747 bis 1750 unter Mitwirkung Friedrichs II. und G. W. von Knobelsdorff errichtet) durch einen für jene Zeit repräsentativen Neubau zu ersetzen. Die Arbeiten am von Friedrich August Stüler begonnenen neuen Dom unterbrach die 48er Revolution. Politische Ereignisse und finanzielle Schwierigkeiten ließen den Weiterbau nicht zu. Als im März 1893 begonnen wurde, den alten Dom abzureißen, wurden auch die Anfänge des Stüler-Doms zwi-

Dom

schen Dom und Altem Museum mit beseitigt. Von 1894 bis 1905 entstand dann der historistische Kuppelbau nach Entwürfen der Brüder Julius Carl und Otto Raschdorff. Bedeutende Kunstschätze aus dem alten Dom sind in den neuen übernommen worden, zum Beispiel der Taufstein von Christian Daniel Rauch aus dem Jahre 1833 und die nach Schinkels Anregungen geschaffene Altarwand. In der Domgruft befinden sich 90 Sarkophage und Grabmäler brandenburgischer Kurfürsten, preußischer Könige und anderer Angehöriger des Hauses Hohenzollern, bedeutende Zeugnisse der Kunst der berühmten Vischer-Familie, des Andreas Schlüter und anderer. Nach einem schweren Luftangriff im Februar 1945, bei dem auch das Schloß zerstört worden war, brannte der Dom aus. Mit seiner Wiederherstellung ist 1975 begonnen worden.

B 9
Eine Meisterleistung Schinkels

Die Nordseite des Lustgartens schließt der klassizistische Bau des → **Alten Museums** ab. Er gilt als bedeutendste städtebauliche Leistung des Architekten Karl Friedrich Schinkel. Die 87 Meter breite Hauptfront öffnet sich mit einer von 18 ionischen Säulen getragenen Vorhalle zum Lustgarten hin, die über eine Freitreppe mit 21 Stufen zu erreichen ist. Erst nach dem Tode Schinkels wurden die von seinem Entwurf abweichenden Figurengruppen rechts und links der Freitreppe aufgestellt, die von August Kiss gestaltete „Amazone mit einem Tiger kämpfend" und der „Löwenbändiger" von Albert

Altes Museum am Lustgarten

Wolff. Unter einer der wirkungsvollsten Treppenanlagen hindurch gelangt der Besucher in den zentralen Raum des Museums, die von Schinkel nach dem Vorbild des römischen Pantheons entworfene Rotunde. In dieser sollte übrigens nach Schinkels Vorstellungen eine Granitschale Platz finden. Sie wurde von Christian Gottlieb Cantian 1826/29 aus einem 225 Tonnen schweren Findling aus den Rauenschen Bergen gearbeitet und mühevoll nach Berlin transportiert. Doch mit einem Durchmesser von nahezu sieben Metern und einem Gewicht von 76 Tonnen erwies sie sich als zu mächtig für den geplanten Zweck. Sie fand daher ihren Platz vor dem Museum im Lustgarten, wo sie heute – nachdem sie während der Nazizeit vom Platz verbannt worden war – wieder aufgestellt worden ist.
Das Alte Museum war im Kriege vollständig ausgebrannt. Nach aufwendigen Sicherungs- und Vorarbeiten ab 1953 begann 1958 der Wiederaufbau des Gebäudes. Während die Fassade und die Rotunde in originaler Form wiedererstanden, erfolgte der Ausbau der übrigen Räume unter Berücksichtigung modernster Gesichtspunkte der Ausstellungsgestaltung. 1966 konnte das Museum wieder eröffnet werden. In ihm werden Werke der Malerei, Plastik und Grafik des 20. Jahrhunderts gezeigt, es finden dort repräsentative Ausstellungen zeitgenössischer Kunst des In- und Auslands sowie Sonderausstellungen unterschiedlichster künstlerischer Thematik statt.

B 10
Denkmal nationaler Kunst

Die Route wendet sich vom Alten Museum aus nach rechts und führt durch die Bodestraße an den Kolonnaden vor der → **Nationalgalerie** entlang. Das Museum war 1861 durch eine Stiftung von 262 Gemälden zeitgenössischer Maler durch den Konsul Joachim Wagener begründet worden. 1867 bis 1876 erbaute Johann Heinrich Strack nach

Nationalgalerie

Plänen von Friedrich August Stüler das Gebäude als „Denkmal nationaler Kunst". Heute werden in dem – nach schwerer Zerstörung in historischer Form wiederaufgebauten – Museum Gemälde und Plastiken aus der Zeit vom Ende des 18. Jahrhunderts bis zum frühen 20. Jahrhundert gezeigt. Auf der Freifläche sind Bildwerke aus der Sammlung der Nationalgalerie aufgestellt, u. a. Werke von Louis Tuaillon („Amazone zu Pferde"), Constantin Meunier und August Gaul. Auf dem oberen Absatz der Freitreppe des Museums fällt das bronzene Reiterstandbild Friedrich Wilhelms IV. auf, das 1886 von Alexander Calandrelli geschaffen worden ist.

B 11
Nur für Fußgänger

Die Route führt nun über die → **Friedrichsbrücke**. An dieser Stelle war 1719 als erste die Große Pomeranzenbrücke erbaut worden, benannt nach dem Pomeranzen- und Gewürzhaus im angrenzenden Lustgarten. Sie war aus Holz und wurde später durch eine steinerne Zugbrücke ersetzt, die wiederum mehrmals durch An- und Umbauten verändert wurde. Nach der Zerstörung der Brücke im zweiten Weltkrieg errichtete man zu den III. Weltfestspielen, die 1951 in Berlin stattfanden, ein hölzernes Provisorium, das 1982 durch eine moderne Spannbetonbrücke ersetzt wurde, die nur Fußgängern vorbehalten ist. Geländer, Obelisken und Laternen der historischen Brücke wurden in den Neubau einbezogen.

An der Burgstraße erblickt man rechts das Bankett- und Kongreßzentrum des Palasthotels, das Raum für 780 Teilnehmer bietet und mit modernster Konferenztechnik aufwartet. Hier endet diese Route. Man gelangt nun entweder durch die Burgstraße wieder zum Ausgangspunkt, dem S-Bahnhof Marx-Engels-Platz, oder, wenn man sich nach rechts wendet, zur Karl-Liebknecht-Straße und weiter zum Alexanderplatz.

ab Marx-Engels-Brücke

Zwischen Zeughaus und Brandenburger Tor

● Marx-Engels-Brücke ● Unter den Linden (Nordseite) ● Kastanienwäldchen ● Schadowstraße ● Brandenburger Tor ● Unter den Linden (Südseite) ● Bebelplatz ● Marx-Engels-Brücke

Diese Route führt durch die berühmteste und schönste Straße der Hauptstadt: Unter den Linden. 60 Meter breit und 1390 Meter lang ist die Prachtstraße, in der historisch bedeutsame Gebäude mit schlichten Neubauten abwechseln. Das erste Haus am Wege ist auch das älteste erhaltene dieses Boulevards – das Zeughaus, heute Museum für Deutsche Geschichte. Nicht weniger bekannt sind andere Stationen wie die Neue Wache und die Staatsbibliothek, das Haus des Bildhauers Schadow in der angrenzenden Straße, die seinen Namen trägt, und das Brandenburger Tor, für das er die Quadriga schuf. Eine architektonische Besonderheit bildet das heutige Lindenforum mit der Deutschen Staatsoper, der Universität, der St.-Hedwigs-Kathedrale und der „Kommode", der ehemaligen Königlichen Bibliothek. Moderne Bauten für Botschaften und Ministerien, Verwaltungen und Gaststätten passen sich dem historisch gewachsenen Bild der Linden an.
Die Route beginnt und endet an der Marx-Engels-Brücke. Dorthin gelangt man entweder mit dem Bus der Linie 57 oder zu Fuß auf kurzem Wege vom Alexanderplatz oder von der S-Bahn-Station Marx-Engels-Platz her.

Wanderzeit:

etwa 2 Stunden
Nicht berücksichtigt ist dabei ein Besuch des Museums für Deutsche Geschichte oder des Hauses der Deutsch-Sowjetischen Freundschaft bzw. anderer Kulturstätten.

Route C

Brandenburger Tor,
um 1870

Blick in die Straße
Unter den Linden

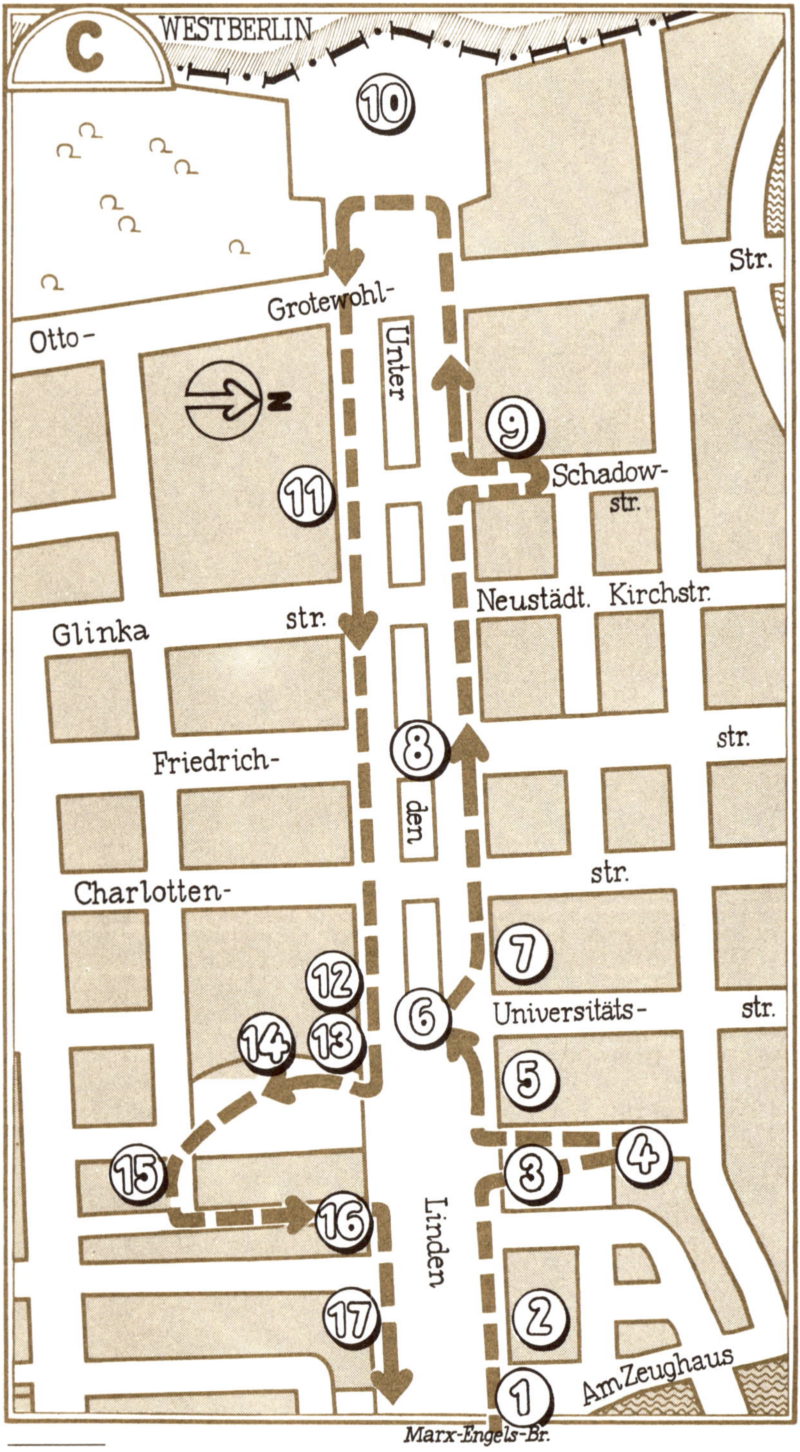
C
WESTBERLIN
Otto-
Grotewohl-
Str.
Unter
den
Linden
Schadow-
str.
Neustädt. Kirchstr.
Glinka
str.
Friedrich-
str.
Charlotten-
str.
Universitäts-
str.
Am Zeughaus
Marx-Engels-Br.
N
1
2
3
4
5
6
7
8
9
10
11
12
13
14
15
16
17

In alten Berliner Schullesebüchern wurde dereinst die rührende Geschichte von der Kurfürstengattin Dorothea abgedruckt, die im Jahre 1673 vor die Tore der Stadt gegangen sein soll, um dort mit eigener Hand die ersten Linden in den Sand zu setzen. Damit habe sie den Grundstein für Berlins berühmteste Straße gelegt.
So schön die Geschichte auch klingt, so falsch ist sie. Wahr ist vielmehr, daß schon 1573 der damalige Kurfürst Johann Georg einen Reit- und Jagdweg durch den Tiergarten, der damals noch bis dahin reichte, wo heute das Zeughaus steht, hatte anlegen lassen. Nach dem Dreißigjährigen Krieg wurde der Reitweg befestigt und 1647 auf Anordnung des Kurfürsten Friedrich Wilhelm nach holländischem Vorbild in einer Länge von 942 Metern mit Linden bepflanzt. Seine Gattin, eben jene Dorothea, war in ganz anderer Weise mit den Linden

Unter den Linden, um 1830

verbunden. Nachdem der Kurfürst ihr das damals noch außerhalb der Stadt gelegene Gebiet zur Nutzung überlassen hatte, ließ die geschäftstüchtige Dame das Land 1673 durch den Festungsbaumeister J. E. Blesendorf in Parzellen aufteilen und verkaufte es als Baugrund. Immerhin erreichte sie damit, daß ein neuer Stadtteil vor den Toren entstand und die Lindenallee nicht nur ihren ersten Namen Neustädtische Allee, sondern auch bald den Ruf einer Flanierstraße erhielt. Dennoch mußte noch 1690 der nachfolgende Kurfürst zum Schutze der Anlagen befehlen, „daß die Bürger ihre Schweine unter den Linden besser einpferchen, weil diese durch ihr ungeniertes Wühlen die eingepflanzten Bäume beschädigen". Hundert Jahre später hatte die Straße Unter den Linden schon ihr charakteristisches Gesicht bekommen, das man heute noch erkennen kann.

C 1
Brücke mit Geschichte

Die Route beginnt an der → **Marx-Engels-Brücke**. Sie zählt zu den schönsten der Stadt. Als 1819 ein Brückenneubau an dieser Stelle notwendig geworden war, legte Karl Friedrich Schinkel dafür ei-

Marx-Engels-Brücke, Brüstungsfeld

nen glänzenden Plan vor. Die Brücke wurde ab 1821 gebaut und 1823 feierlich eröffnet, obgleich weder die Pflasterung vollendet noch eine sichere Brüstung angebracht worden war. So brach denn auch bei dem Gedränge am Abend des 28. November, dem wegen der erwarteten Ankunft der künftigen preußischen Kronprinzessin Elisabeth von Bayern vorgezogenen Einweihungstag, das hölzerne Notgeländer und 22 Berliner ertranken in der Spree. Erst viel später wurde nach Schinkels Entwürfen ein künstlerisch gestaltetes Geländer aus Eisenguß angebracht, und erst zwischen 1853 und 1857 setzte man acht Figurengruppen, in Anlehnung an Schinkels Vorstellungen nach Motiven aus der griechischen Mythologie, auf die Postamente. Die Berliner nannten deshalb die Brücke bald nur „Puppenbrücke". Im Kriege wurden die Figuren ausgelagert, 1981 aus Berlin (West) zurückgeführt und nach sorgfältiger Restauration wieder aufgestellt.

„Nike, einen verwundeten Krieger stützend", Skulpturengruppe der Marx-Engels-Brücke

Einen ausgefallenen Namen hatte bereits die erste Brücke über den Spreearm, der damals noch Cöllnischer Stadtgraben hieß. 1573 hatte Kurfürst Johann Georg hier eine hölzerne Zugbrücke bauen lassen, um von seinem Schloß aus zur Jagd in den nahen Tiergarten gelangen zu können. Sie sollte Neue Brücke heißen, doch wurde sie bald im Volksmund und später auch offiziell Hundebrücke genannt, weil sich dort die Jagdgesellschaften mit ihren Hunden sammelten. Um den Schiffsverkehr zu ermöglichen, wurde die Hundebrücke 1736 in eine weiterhin hölzerne Klappbrücke umgebaut. Die aber war dann 1819 so baufällig geworden, daß sie gesperrt und eine Notbrücke angelegt werden mußte, bis sie 1824 durch Schinkels stolze Schloßbrücke ersetzt wurde. Von der sagte der „Neue Fremdenführer Berlins" aus dem Jahre 1836: „Die Schloßbrücke, die Cölln mit dem Friedrichswerder verbindet, ist 145 Fuß lang und 96 Fuß breit, so daß sieben Wagen nebeneinander fahren können."

Von der Brücke aus führt die Route zunächst auf der rechten Straßenseite in Richtung Brandenburger Tor. Gleich rechts standen in früher Zeit Wirtschaftsgebäude und später das Wohnhaus des Oberjägermeisters am kurfürstlichen Hof. Anfang der neunziger Jahre des 17. Jahrhunderts wurde beschlossen, an dieser Stelle ein → **Zeughaus** zu bauen. „28. Mai 1695 Nachmittags umb 2 Uhr wardt der Erste Steyn am neuen Zeughausz von Ihro Churf. Durchl. unter Lösung 3er Stücke festgelegt" heißt es auf der Gründungsurkunde des bedeutenden Hauses.

C 2
Zeugnis der Geschichte – Museum der Geschichte

Es gilt als wahrscheinlich, daß der französische Architekt Nicolas Francois Blondel, 1657 bis 1658 Ge-

Museum für Deutsche Geschichte (Zeughaus)

sandter Ludwigs XIV. am brandenburgischen Hof, Urheber des ersten Entwurfs für das Zeughaus war. Zumindest besteht große Ähnlichkeit zwischen seinem Louvre-Entwurf und der Zeughausfassade. Erst neun Jahre nach Blondels Tod begann der Oberbaudirektor Johann Arnold Nering, dessen eigenes Wohnhaus übrigens dem Zeughaus weichen mußte, mit dem Bau. Nach seinem plötzlichen Tod im Oktober 1695 führte Martin Grünberg den Bau weiter und übergab 1698 die Leitung an Andreas Schlüter, der (ebenso wie sein das Zeughaus im Äußeren vollendender Nachfolger Jean de Bodt) wesentlichen Anteil an der architektonisch bedeutsamen Ausführung des Gebäudes hatte, in dem heute das Museum für Deutsche Geschichte untergebracht ist. Unter Schlüters Leitung entstand auch der plastische Schmuck; sein eigenes Werk sind die berühmten Masken sterbender Krieger im Innenhof, eine Anklage gegen den Krieg und seine Schrecken.
Das Zeughaus, ursprünglich Waffenarsenal und Aufbewahrungsort von Kriegstrophäen, wurde

„Sterbender Krieger" – Maske im Schlüterhof

Historische Kanonen im Schlüterhof

erst 1730 im Innern endgültig fertig und hatte übrigens bis dahin keine Treppen. Die Soldaten, die im Obergeschoß in ständiger Bereitschaft lagen (um eventuelle innere Unruhen schnell unterdrücken zu können), mußten sich daher lange Zeit an Strickleitern herablassen.
In den Jahren zwischen 1817 bis 1821 wurde das Zeughaus unter Leitung von Karl Friedrich Schinkel vollständig restauriert, und man bereitete sich darauf vor, es später als Militärmuseum der Öffentlichkeit zugänglich zu machen. Zuvor jedoch betraten Zivilisten erstmals ohne Erlaubnis die Hallen: Im Juni 1848 stürmten revolutionäre Handwerker und Arbeiter das Zeughaus, bewaffneten sich mit bis dahin streng geheim gehaltenen Zündnadelgewehren zum Kampf gegen die königliche Unterdrückung.
Friedrich Hitzig führte 1877 bis 1880 den geplanten Umbau zum Museum und zur Ruhmeshalle der preußischen Armee durch. Im zweiten Weltkrieg wurde das Zeughaus so schwer beschädigt, daß sein Wiederaufbau sich vom 1. Juni 1949 an über mehr als fünfzehn Jahre hinzog. Erst 1965 waren alle Arbeiten abgeschlossen. Nur der Einbau einer völlig neuen Stahlkonstruktion im Innern ermöglichte es, den ursprünglichen Zustand der Fassade zu bewahren. Bereits 1953 wurde das Haus der Öffentlichkeit als zentrales Geschichtsmuseum der DDR übergeben und mit einer Sonderausstellung zum Karl-Marx-Jahr in den bis dahin fertiggestellten Räumen eröffnet. Die Ausstellungen verdeutlichen vor allem die humanistischen und revolutionären Traditionen des deutschen Volkes. Im Haus befindet sich auch die Gedenkstätte „Lenin in Berlin", und während des Sommers finden im restaurierten Schlüterhof häufig Serenadenkonzerte statt.

Konzert im Schlüterhof

Friedrich Nicolai schrieb 1786 in seiner Stadtbeschreibung, das Zeughaus sei „eins der schönsten Gebäude Europas". Ganz sicher ist es das älteste erhaltene Gebäude in der Prachtstraße Unter den Linden.
Unmittelbar neben dem Museum für Deutsche Geschichte befindet sich das → **Mahnmal für die Opfer des Faschismus und Militarismus**, erbaut als Neue Wache von Karl Friedrich Schinkel und gerühmt als beeindruckendes Bauwerk des deutschen Klassizismus. An dieser Stelle stand vor gut

C 3
Ewige Flamme
in der Neuen Wache

Neue Wache –
Mahnmal für die Opfer des Faschismus und Militarismus

zweihundert Jahren eine kleine Kanonierwache an einem Festungsgraben, der einst die Linden kreuzte. 1815 wurde Schinkel beauftragt, die Wache neu zu gestalten. Er überbrückte den Graben in voller Straßenbreite (vorher hatte es nur eine relativ schmale Brücke gegeben) und baute 1816 bis 1818 in das Kastanienwäldchen ein Gebäude in Form eines römischen Kastells mit dorischem Portikus. Ihrem ursprünglichen Zweck als Wache diente sie bis 1918. Hier lieferte ein vom „Hauptmann von Köpenick", dem Schuster Wilhelm Voigt, vergattertes Wachkommando übrigens am 16. Oktober 1906 gegen 19 Uhr den „verhafteten" Köpenicker Bürgermeister Dr. Georg Langerhans und seinen Stadtkassenrendanten von Wiltberg ein. Stadtkommandant Kuno von Moltke ließ die beiden Herren umgehend frei, der falsche Hauptmann jedoch war vorerst unauffindbar.
Unter der Leitung des Architekten Heinrich Tessenow wurde die Neue Wache 1930/31 zu einem Ehrenmal für die Gefallenen des ersten Weltkrieges umgebaut. In der Ehrenhalle wurde ein zwei Meter hoher schwarzer Granitfindling aufgestellt. Nach dem zweiten Weltkrieg, in dem auch die Neue Wa-

Ewige Flamme im Mahnmal, davor die Gräber des Unbekannten Widerstandskämpfers und des Unbekannten Soldaten

che schwer beschädigt worden war, weihte man die Stätte 1957 als Mahnmal für die Opfer des Faschismus und Militarismus ein. 1969 erhielt sie im Innern ein völlig neues Aussehen. An die Stelle des Granitblockes kam im Ehrenraum ein Kristallwürfel mit der Ewigen Flamme. Davor sind Urnen mit den sterblichen Überresten des Unbekannten Widerstandskämpfers und des Unbekannten Soldaten beigesetzt. Hier bewahrt man auch blutgetränkte Erde aus faschistischen Konzentrationslagern und von Schlachtfeldern des zweiten Weltkrieges auf: Erde aus den Lagern Buchenwald, Auschwitz, Sachsenhausen, Dachau, Ravensbrück, Nordhausen-Dora, Theresienstadt, Netzweiler-Stutthof und Mauthausen, Erde von den Schlachtfeldern bei Moskau und Leningrad, aus Stalingrad, Warschau und Prag, aus der Normandie, aus Narvik, Monte Cassino und Berlin. Auf Ehrenwache stehen Soldaten der Nationalen Volksarmee der DDR. Halbstündlich erfolgt die Wachablösung der Ehrenposten. Der große Wachaufzug findet jeden Mittwoch und an Staatsfeiertagen um 14.30 Uhr statt.

C 4
Vom Kammerdienerpalais zum Haus der Freundschaft

Hinter dem Ehrenmal befindet sich das → **Zentrale Haus der Deutsch-Sowjetischen Freundschaft**, das 1751 bis 1753 als Palais des königlichen Kammerdieners Donner von Christian Friedrich Feldmann erbaut worden war. Ende des 18. Jahrhunderts zog dort das preußische Finanzministerium ein, und das Haus wurde zugleich Wohnsitz des jeweiligen Finanzministers. Als solcher bewohnte es in den Jahren 1804 bis 1807 auch Freiherr vom Stein. Große Teile des Gebäudes erhielten bei einem umfassenden Umbau durch Heinrich Bürde und Hermann von der Hude im Jahre 1861 ihre heutige Form. Der klassizistische Saal im Erdgeschoß jedoch, der heute als Musiksalon genutzt wird, wurde erst 1934 eingebaut. Er stammt aus dem sogenannten Weydinger-Haus, und ihm lag ein Entwurf Schinkels zugrunde.

Zentrales Haus der Deutsch-Sowjetischen Freundschaft

Links neben dem Gebäude schließt sich die ehemalige Singakademie an, das heutige Maxim Gorki Theater. Das Gebäude wurde auf Anregung des Musikprofessors und ehemaligen Maurermeisters Carl Friedrich Zelter errichtet, der seit 1800 Direktor der Singakademie war. Erbaut hat es 1825 bis 1827 der Architekt Karl Theodor Ottmer unter Benutzung Schinkelscher Entwürfe. Hier dirigierte 1829 Felix Mendelssohn Bartholdy die lang verschollene Matthäuspassion von Johann Sebastian Bach, und Franz Liszt gab 1842 sein erstes Berliner Konzert. Hier tagte aber auch die provisorische preußische Nationalversammlung, deren Sitzung im September 1848 u. a. von Karl Marx besucht worden ist. Nach dem letzten Krieg wurde die Fassade des Gebäudes restauriert und das Innere zum Theater umgestaltet.

Maxim Gorki Theater, die frühere Singakademie

Zurückgekehrt zur Straße Unter den Linden, führt der Weg nach rechts zur → **Humboldt-Universität**. Ursprünglich sollte an dieser Stelle im 18. Jahrhundert ein neues Stadtschloß des Königs errichtet werden, dann jedoch baute Johann Boumann d. Ä. in den Jahren 1748 bis 1753 hier ein Palais für den Prinzen Heinrich, den Bruder Friedrichs II., das jedoch erst 1766 vollendet wurde. Es entstand in Anlehnung an einen Knobelsdorffschen Entwurf für das Königsschloß und unter Verwendung von Skizzen Friedrichs II. Das Palais bestand ursprüng-

C 5
Universität
statt Prinzensitz

Humboldt-Universität mit Denkmal Wilhelm von Humboldts

lich nur aus den um den offenen Ehrenhof gruppierten Flügeln mit dem Mitteltrakt. Die rückwärtigen Flügel wurden von Ludwig Hoffmann in den Jahren 1913 bis 1920 angebaut. Der Ehrenhof der heutigen Universität korrespondiert harmonisch mit dem offenen Bebelplatz jenseits der Linden.

1810 wurde das Palais der neugegründeten Berliner Universität zur Nutzung übergeben. Ihr Begründer war Wilhelm von Humboldt, dessen Marmordenkmal (geschaffen von Paul Otto) links vom Haupteingang steht. Rechts erhebt sich das Denkmal für Alexander von Humboldt, den großen Naturforscher (dieses Denkmal schuf Reinhold Begas).

An der Berliner Universität zu lehren oder zu lernen, galt von Anfang an als Auszeichnung. Bedeutende Wissenschaftler verschafften ihr bald Weltruhm. Der Philosoph Fichte war 1811/12 ihr gewählter Rektor, Persönlichkeiten wie Schleiermacher, Hegel, Feuerbach und die Brüder Humboldt machten sie zu einer progressiv eingestellten Lehrstätte, an der neben den philosophischen

Denkmal Alexander von Humboldts

Fächern auch den naturwissenschaftlichen große Aufmerksamkeit gewidmet wurde. Friedrich Engels, der während seiner Militärzeit 1841/42 an der Universität hospitierte, sagte: „Es ist der Ruhm der Berliner Universität, daß keine so sehr wie sie in der Gedankenbewegung der Zeit steht und sich so zur Arena der geistigen Kämpfe gemacht hat." Hier studierte von 1836 bis 1841 auch Karl Marx, dessen Büste in der Eingangshalle steht.
Ihre wissenschaftliche Bedeutung jedoch verlor die Berliner Universität in der Zeit des faschistischen Ungeistes. 234 ihrer Lehrer wurden vertrieben, viele davon ermordet. Die Zerschlagung des Faschismus bedeutete auch für diese Universität einen neuen Anfang. Trotz starker Zerstörungen wurde bereits am 29. Januar 1946 der Lehrbetrieb wieder aufgenommen. Heute studieren mehr als 14000 Studenten an dieser Lehrstätte.

C 6
Rauchs großes Werk

Auf der Mittelpromenade der Straße Unter den Linden steht das → **Reiterstandbild Friedrichs II.** Dazu war 1840 der Grundstein gelegt worden (allerdings acht Meter westlich des heutigen Stand-

Figurengruppe am Standbild Friedrichs II.

Reiterstandbild Friedrichs II.

ortes), und 1851 wurde das Denkmal enthüllt, das als bedeutendstes Werk des Bildhauers Christian Daniel Rauch gilt. 150 Figuren schmücken den Sockel des im ganzen 13,5 Meter hohen Denkmals, Darstellungen von Persönlichkeiten aus der Zeit Friedrichs II., Angehörige des Königshauses, Militärs, aber auch (und das bezeichnenderweise unterm Hinterteil des Pferdes) Künstler und Wissenschaftler. Nach dem Kriege, den das Denkmal unbeschadet überstanden hat, fand es dreißig Jahre lang seinen Platz im Park von Sanssouci in Potsdam, bis es 1980 wieder Unter den Linden aufgestellt wurde.

C 7
Marstall, Akademien, Bibliothek

Nach dem Überqueren der Universitätsstraße führt der Weg zur → **Deutschen Staatsbibliothek**. An dieser Stelle hatte einst ein Marstall, ein königlicher Stall für 800 Pferde, gestanden. Dort bekamen die 1696 gegründete Akademie der Künste und die 1700 gegründete Akademie der Wissenschaften vom König Räume zugewiesen. Im Roten Saal hielt 1807/08 Johann Gottlieb Fichte seine berühmten „Reden an die deutsche Nation" und rief damit zur nationalen Befreiung auf. Vor dem Haus stand bis 1870 Berlins einzige Normaluhr, die von einem Uhrmacher reguliert wurde, der sich an jedem Sonntagvormittag mit seinem Taschenchronometer zum Uhrenvergleich einfand. 1902 wurde der Marstall abgerissen und an seiner Stelle nach Plänen des Architekten Ernst von Ihne der bombastische Neubau der Staatsbibliothek errichtet, der 1914 vollendet worden ist. In den Jahren 1982 bis 1984 ist die Fassade umfassend rekonstruiert worden, und an Stelle des kriegszerstörten Kuppellesesaals entstanden 1984 vier Büchertürme, die von weitem über den Dächern der Altbausubstanz sichtbar sind.
Der ganze Komplex hat Ausmaße von 106 Metern mal 170 Metern und besitzt sechs Innenhöfe, von denen der repräsentative Eingangshof von der

Innenhof
der Deutschen
Staatsbibliothek

Straße Unter den Linden aus leicht zu erreichen ist. Ihn ziert ein malerischer Springbrunnen, eine Plastik und ein Reliefstein zu Brechts „Fragen eines lesenden Arbeiters", geschaffen von Werner Stötzer. Die Deutsche Staatsbibliothek ist die größte deutsche Bibliothek und besitzt, ungeachtet der Kriegsverluste und obwohl umfangreiche Teile der im zweiten Weltkrieg ausgelagerten Bestände bislang noch nicht aus Westberlin zurückgekehrt sind, zahlreiche Kostbarkeiten des nationalen und internationalen wissenschaftlichen und kulturellen Erbes, zum Beispiel das Original von Beethovens 9. Sinfonie.

Jenseits der Charlottenstraße befindet sich das Bulgarische Kulturzentrum in einem der wenigen Häuser dieser Straße, die den Krieg überstanden haben. Es war 1865 bis 1876 als erstes Hotel mit internationalem Niveau in Berlin erbaut worden und trug – bis es 1910 zu einem Bürohaus umgebaut wurde – den schönen Namen Grandhotel de Róme. Ursprünglich hatte an der Lindenecke ein um 1790 von Georg Christian Unger errichtetes Wohnhaus gestanden. In den Jahren 1865 bis 1866 bauten Ende und Böckmann den nördlichen Teil des für damalige Begriffe „Riesenhotels" an der Ecke Mittelstraße. Nach Abriß des Unger-Baues folgte der Aufbau des südlichen Teils an den Linden. Auch das Nebenhaus Nr. 12, in dem heute das Komitee der Antifaschistischen Widerstandskämpfer seinen Sitz hat, wurde im Kriege nur relativ wenig beschädigt.

C 8
Bei „Kranzler" an der Ecke

Nächster Punkt der Route ist die bekannte → **Kreuzung mit der Friedrichstraße** (siehe auch Route G). Hier, wo die Prachtstraße und die Vergnügungsstraße aufeinanderstießen, ballte sich einst der Verkehr. Man muß bedenken, daß die Friedrichstraße damals nur einen sehr engen Durchlaß bot, denn die heutigen Freiflächen an dieser Kreuzung waren bis an den Straßenrand bebaut. An diesem Knotenpunkt etablierten sich schon sehr früh vielbesuchte Cafés und Restaurants. Dort, wo 1964/65 das Interhotel Unter den Linden erbaut wurde, fand man bis zu dem Zeitpunkt, da Bomben und Granaten die Häuser zerstörten (vor allem beim Großangriff anglo-amerikanischer Bomber am 3. Februar 1945 wurden viele Gebäude der Straße vernichtet), das Hotel und Café Victoria (zuvor, um 1820, hatte es an dieser Ecke das „Bureau der Lohnlakaien" gegeben). An der anderen, südöstlichen Straßenecke, wo – ebenfalls 1964/65 – das Lindencorso mit Restaurant, Café, Espresso, Tanz- und Nachtbar erbaut worden ist, machte das 1877 gegründete Café Bauer in einem Neubau von Ende und Böckmann dem Kranzler Konkurrenz, das sich gegenüber befand (an der Stelle, die heute vom Eckgebäude des Grand Hotels eingenommen

Interhotel Unter den Linden

Kreuzung Friedrichstraße/ Unter den Linden, um 1900

wird). Kranzler, von dem österreichischen Zuckerbäcker Johann Georg Kranzler 1825 gegründet und 1834 an diese Ecke verlegt, war das wohl prominenteste Etablissement dieser Art in Berlin, ein Treffpunkt der Müßiggänger und der Lebewelt.
Das einzig erhaltene Gebäude aus der Zeit vor dem Krieg ist an dieser Kreuzung das Haus der Schweiz. Dieses Bürohaus war erst 1936 in Stahlmontagebauweise errichtet worden. Auffällig der Arkadengang längs der Friedrichstraße.

Haus der Schweiz

Die wohlbekannte Kreuzung ist nahezu der Grenzpunkt zwischen der Straße der höfischen Bauten und Palais und der zunächst vorwiegend durch bürgerliche Häuser geprägten, dann sich seit etwa 1871 entwickelnden Geschäftsstraße im westlichen Teil der Linden. Hier entstanden Bürohäuser, Banken, Hotels, sogar ein Theater und vor allem nach dem ersten Weltkrieg Luxusgeschäfte in immer größerer Zahl. 1925 zählte man Unter den Linden: 19 Reisebüros, 18 Automobilgeschäfte, 17 Juweliere, 15 Modeateliers, 13 Zigarrenläden, 6 Kunsthandlungen, 6 Banken, 5 Cafés, 4 Restaurants, 2 Hotels, 3 Blumen-, 2 Schokoladen- und 2 Papierläden, 2 Optiker, 1 Zeitungsbüro, 1 Parfümerie, 1 Apotheke, 1 medizinische Buchhandlung, 1 Feinkostgeschäft, 1 Lampenladen und 1 Geldschrankgeschäft. Der Krieg hat von all dem nichts übriggelassen. Von den 64 Gebäuden, die einst zwischen Brandenburger Tor und Universität standen, waren 1945 nur noch 13 erhalten geblieben.
Eines dieser Häuser ist der ehemalige Zollernhof, in dem sich heute der Zentralrat der FDJ befindet. 1910 bis 1911 war das Gebäude von Bruno Paul und Kurt Berndt als Bürohaus errichtet worden. 1939 hat man es unter Einbeziehung des Nachbarhauses erweitert.
Die Route kreuzt, nachdem das Büro des Bulgarischen Fremdenverkehrsamtes Balkan-Tourist passiert wurde, die Neustädtische Kirchstraße und man gelangt in ein Gebiet, das nach der Zerstörung im letzten Krieg neu aufgebaut worden ist. 1958 hatten die Regierung der DDR und der Magistrat von Berlin einen städtebaulichen Ideenwettbewerb ausgeschrieben, der u. a. auch die Straße Unter den Linden betraf. Zu seinen Bedingungen gehörte die Wahrung des „Lindenstatuts", das vorschreibt, in dieser Straße keine Gebäude zu errichten, die höher als 18 bis 22 Meter sind. Dieser Bedingung paßt sich das 1962 bis 1965 erbaute Ministerium für Außenwirtschaft der DDR an. In seinem Erdgeschoß befindet sich an der Ecke Schadowstraße das Café Egon Erwin Kisch, benannt nach dem „rasenden Reporter", der während seiner Berliner Zeit in einer nahegelegenen Zeitungsredaktion tätig war.

Erinnerungstafel an Egon Erwin Kisch

An dieser Stelle biegt der Weg nach rechts in die Schadowstraße ein, die bis 1836 Kleine Wallstraße hieß. Hier ist auf der linken Seite das Haus Nr. 10/11 von historischem Interesse. 1805 wurde es als zweistöckiges → **Wohnhaus für den Bildhauer Johann Gottfried Schadow** erbaut, der u. a. die Quadriga auf dem Brandenburger Tor erschaffen hat. Nach seinem Tode ist dem Haus durch seinen Sohn Felix ein weiteres Geschoß aufgesetzt worden. Plastischer Schmuck belebt die Fassade des

C 9
Schadows Wohnhaus

Porträtrelief
am Schadow-Haus

Wandbild mit
Familienangehörigen
und Freunden
Schadows von
Eduard Bendemann,
1837

Erinnerungstafel
an Johann Gottfried
Schadow

klassizistischen Gebäudes. Hervorzuheben sind das Relief mit der Büste Schadows (1851 von Hermann Schievelbein geschaffen) und die Reliefs mit symbolischen Darstellungen der Entwicklung der bildenden Künste, die von Schadow selbst und von seinen Schülern stammen. Im Hausflur sind Abgüsse von Werken des Meisters, darunter Aktstudien, und zwei Werke von Friedrich Tieck angebracht. An der Außenfront befindet sich weiterhin eine Erinnerungsplakette für Schadow. Das Haus war im zweiten Weltkrieg beschädigt und ist bis 1956 wiederhergestellt worden.
Zurückgekehrt zur Straße Unter den Linden, geht es nun rechts herum weiter, vorbei am Gebäude des Außenhandelsunternehmens Textilcommerz, in dem sich auch die sehenswerte Galerie Unter den Linden befindet. An dieser Stelle gab es früher

das 1890 errichtete Hotel Minerva, das Restaurant Hiller und auf dem Hof das 1868 durch Initiative des bekannten Zoologen Alfred Brehm errichtete erste Aquarium Berlins.
In Richtung Brandenburger Tor folgt nun die 65 Meter lange Front der Botschaft der Volksrepublik Polen. Äußerer Schmuck des Hauses ist die von Fritz Kühn entworfene Gitterwand aus 224 geätzten Aluminiumscheiben, die die Form von Lindenblättern haben. Keines davon wiederholt sich in seiner Ausführung, und nur eines trägt das Abbild eines kleinen Vögelchens.
Ebenfalls 65 Meter lang ist die Fassade der Botschaft der Ungarischen Republik, die den Gebäudeblock zur Otto-Grotewohl-Straße hin abschließt. Das 1966 seiner Bestimmung übergebene sechsgeschossige Bauwerk wurde von einem Kollektiv ungarischer und deutscher Architekten entworfen.
An der Otto-Grotewohl-Straße, der früheren Wilhelmstraße, überquert der Weg die Linden und führt auf der Südseite zurück zum Ausgangspunkt.

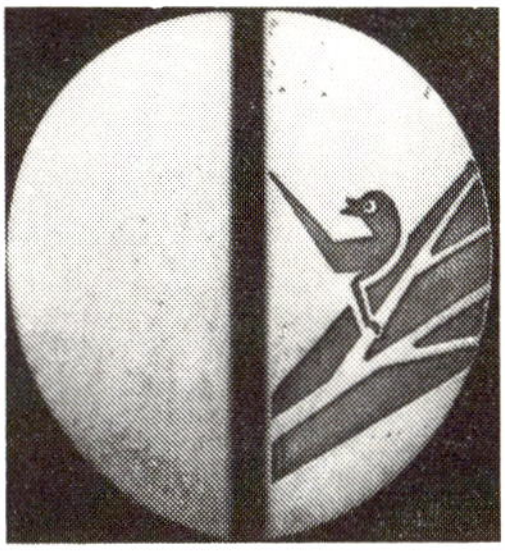

Detail
des Fassadenschmucks
der Botschaft
der VR Polen

Altes Brandenburger
Tor, erbaut 1738,
Stich von Daniel
Chodowiecki, 1764

C 10
Das Tor des Friedens

Zunächst aber ist hier eine gute Gelegenheit, das seit fast zweihundert Jahren weltbekannte Wahrzeichen Berlins, das → **Brandenburger Tor**, zu betrachten. Am 16. August 1789 trug ein Minister von Woellner auf einer Tagung der Akademie der Künste zu Berlin seinen Plan zur „Verschönerung der Residenzstädte Berlin und Potsdam durch Errichtung vortrefflicher Gebäude" vor. Zugleich wurde das Modell eines neuen, bereits im Bau befindlichen Tores vorgestellt, das nach dem Vorbild der Propyläen auf der Athener Akropolis von Carl Gotthard Langhans d. Ä. entworfen worden war. 1788 war das alte Brandenburger Tor abgerissen worden, 1789 begann der Neubau, und am 6. August 1791 wurde es ohne Feierlichkeiten seiner Bestimmung übergeben. Das 26 Meter hohe, 65,5 Meter breite Tor mit seinen fünf Durchfahrten trug damals noch keinen künstlerischen Schmuck und auch keinen Siegeswagen. Es leuchtete lediglich in einem fahlen Weiß, denn der Minister Woellner hatte angewiesen, die Sandsteine mit Käsekitt zu dichten und mit Kalk zu streichen. Bis dahin hatten die Baukosten 110902 Thaler, 20 Groschen und 10 Pfennig betragen. Erst 1789 hatte eine Konferenz mit dem Baumeister Langhans, dem Bildhauer Schadow und dem Kupferschmied Jury über die Ausführung der Friedensgöttin stattgefunden. 1793 wurde die etwa fünf Meter hohe Quadriga nach Schadows Entwurf in der Potsdamer Werkstatt des Kupferschmiedes Emanuel Jury fertiggestellt und auf dem Wasserweg nach Berlin transportiert. 1794 war der baukünstlerische Schmuck des Tores vollendet. Das Brandenburger Tor sollte nach dem Willen seiner Schöpfer immer ein Tor des Friedens sein, doch war sein Schicksal oft mit dem Kriege verknüpft. 1806, nach Napoleons Einmarsch in Berlin, wurde die Quadriga – in 12 Kisten verpackt – als Kriegsbeute nach Paris geschafft, dort acht Jahre später von preußischen Truppen zurückerobert und im Triumphzug wieder nach Berlin gebracht. Am 30. Juni 1814 stand die Victoria mit dem Vierergespann wieder auf dem Brandenburger Tor. Mit der Niederlegung der Stadtmauer (Zollgrenze) verlor das Tor 1865 seine Funktion und stand beidseitig frei. Die Flügelbauten wurden daraufhin von Johann Heinrich Strack in heutiger Form umgestaltet. 1945 war die Quadriga vollständig zerstört. Nur ein Pferdekopf des Originals ist erhalten geblieben, man kann ihn im Märkischen Museum besichtigen. Die in Kupfer getriebene Figur mußte vollständig neu geschaffen werden und konnte 1958 wieder ihren Platz auf dem inzwischen gründlich restaurierten und von allen Kriegsschäden befreiten Brandenburger Tor einnehmen.

Wiederaufbau des Brandenburger Tores nach den zweiten Weltkrieg

Brandenburger Tor heute

Das zunächstliegende Gebäude auf der Südseite der Linden, an dem die Route vorbeiführt, ist das 1964 errichtete Ministerium für Volksbildung. Es hat einen traditionellen Platz, denn auf dem gleichen Grundstück stand das 1879 bis 1883 von Professor Bernhard Kühn erbaute Dienstgebäude des „Ministeriums der geistlichen, Unterrichts- und Medicinalangelegenheiten“, in dessen Räumen übrigens nach dem ersten Weltkrieg auch der Depeschensaal des Berliner Lokalanzeigers untergebracht war. Heute befinden sich im Erdgeschoß des fünfstöckigen Verwaltungsgebäudes die Universitätsbuchhandlung und eine Lehrmittelausstellung. Neben dem Volksbildungsministerium ist ein Geschäftshaus aus dem Jahre 1908 erhalten geblieben, an dem eine Gedenktafel an Karl Friedrich Schinkel erinnert, der von 1821 bis 1836 in dem 1907 abgerissenen Vorgängerbau dieses Hauses gewohnt hatte.

C 11
Erster Neubau: Botschaft der UdSSR

Das erste Bauwerk, das nach dem Kriege in der Straße Unter den Linden neu erbaut wurde, entstand ab 1950 auf dem anschließenden Gelände. Nach Plänen sowjetischer Architekten wurde in zweijähriger Bauzeit das repräsentative Gebäude der → **Botschaft der UdSSR** errichtet. An gleicher Stelle hatte das 1765 von Johann Boumann errichtete Palais der Prinzessin Amalie, später des Prinzen von Kurland gestanden, das Zar Nikolaus I. im Jahre 1837 erwarb und nach Umbau durch Eduard Knoblauch (1840) als seine Botschaft einrichtete. Bis 1917 war es Privatbesitz des jeweiligen Zaren von Rußland, dann wurde es Sitz der ersten sowjetischen Botschaft. 1945 blieb davon nur eine Ruine. Die neue sowjetische Botschaft öffnet sich

Botschaft der UdSSR

zur Straße hin mit einem Ehrenhof, knüpft damit an Traditionen der Palais des 18. Jahrhunderts an und schafft eine reizvolle Unterbrechung der geschlossenen Straßenfront. 1963 wurde der Gebäudekomplex bis zur Glinkastraße hin durch Anbauten im sachlich-modernen Stil erweitert. In ihnen befinden sich die Büros der sowjetischen Handelsvertretung, des Reisebüros Intourist und der Fluggesellschaft Aeroflot.
Jenseits der Glinkastraße wurde 1966 nach Entwurf der Kollektive Schmidt und Dübel ein durchgehender Häuserblock geschaffen, der 187 Meter lang ist und bis zur Friedrichstraße reicht. An der Glinkastraße wird ein Teil durch Verwaltungsräume der Komischen Oper (siehe Route G) genutzt, im Erdgeschoß befindet sich dort das Besucherbüro der Komischen Oper. Dem schließt sich eine Reihe repräsentativer Läden an, u. a. ein Kunstsalon und eine Spezialverkaufsstelle für Meißner Porzellan. Nahe der Friedrichstraße befindet sich das Französische Kulturzentrum in der DDR, und den Abschluß der Front bildet das Grand Hotel (siehe Route G).

Kunstsalon
Unter den Linden

Nach dem Überqueren der Friedrichstraße passiert die Route das Lindencorso und die Bauakademie der DDR, der sich ein erhaltenes Gebäude aus der Zeit um die Jahrhundertwende anschließt, in dem sich die Buchhandlung Das sowjetische Buch befindet. Der Vorgängerbau von 1785 beherbergte Ende des 19. Jahrhunderts Meinhardts Hotel. Auch das Eckhaus jenseits der Charlottenstraße, Unter den Linden 13, ist ein Gebäude, das den letzten Krieg überstanden hat. Heute Haus der Gewerkschaft, beherbergt es u. a. die Zentralbibliothek der Gewerkschaften. Es war ab 1921 für die mächtige Disconto-Gesellschaft errichtet worden, die es sich erlauben konnte, das Lindenstatut zu verletzen und ein alle anderen Gebäude der Straße überragendes Haus zu bauen, von dem eine diensteifrige Presse berichtete, es seien dort „Decken, Türen und selbst der Fahrstuhl aus Eisen".
Die Vorgeschichte dieses Baues bietet einen kleinen Ausschnitt Kapitalismusgeschichte: 1872 bezog die Preußische Central-Bodencredit-AG ihr von Wilhelm Neumann errichtetes Gebäude Unter den Linden 34 (heute Teil von Nr. 15), ein Jahr später war ihr Gebäude Hinter der Katholischen Kirche 2 (heute steht dort das Funktionsgebäude der Staatsoper) von Hermann Ende und Wilhelm Böckmann fertiggestellt. Die Geschäfte der 1869 gegründeten Bank, deren Verwaltungsrat fast vier Jahrzehnte lang der Pariser Baron Rothschild angehörte, florierten offensichtlich. 1894 kaufte sie daher das 1875 errichtete Wohnhaus Unter den Linden 33 (heute ebenfalls Teil von Nr. 15) hinzu und erweiterte damit ihren Besitz Unter den Linden beträchtlich. Nun hatte sich aber auf dem nebenliegenden Grundstück Nr. 35 (heute Nr. 13) die 1851 gegründete Disconto-Gesellschaft ebenfalls ein Bankhaus errichten lassen (1889 bis 1892). Diese Disconto-Gesellschaft expandierte beträchtlich und hatte im Jahre 1914 endlich ihre Konkurrenten „im Griff". Die Central-Bodencredit-AG mußte ihre Lindengrundstücke an die Disconto verkaufen. Nach dem „Bomben"-Geschäft des ersten Weltkrieges ließ diese Gesellschaft 1921 bis 1923 nach dem Abriß der alten Gebäude ihren Mammutkomplex errichten, in dem bis 1945 die Fäden größter internationaler Finanzoperationen zusammenliefen.

C 12
Gouverneurshaus füllte Baulücke

Auch das Haus Unter den Linden 11, das sogenannte → **Gouverneurshaus**, hat eine eigene Geschichte. Ursprünglich stand es einmal ganz woanders, nämlich in der Rathausstraße (an der Ecke zur Jüdenstraße). 1721 war es dort von Friedrich Wilhelm Diterichs unter Mitarbeit von Martin Heinrich Böhme erbaut worden, diente seit 1732 als Sitz des Gouverneurs von Berlin und schließ-

Fensterbekrönung an der Fassade des Gouverneurshauses

Gouverneurshaus

lich seit 1808 als Domizil des Stadtgerichts. Es überstand mit seiner wertvollen Barockfassade den Krieg. Als die Linden wieder aufgebaut wurden, setzte man in eine Baulücke ein Gebäude mit der Kopie der Fassade des Gouverneursgebäudes. An dieser Stelle hatte ursprünglich das Niederländische Palais, ein von Andreas Krüger 1753 errichtetes Gebäude, gestanden, das im Kriege vollständig zerstört worden war. Lediglich die Freitreppe konnte geborgen und an Stelle einer Toreinfahrt des Gouverneurshauses übernommen werden. In der Rathausstraße blieb übrigens das Originalgebäude bis zur Neugestaltung jener Straße im Jahre 1968 stehen, so daß die Fassade des Gouverneurshauses in Berlin einige Zeit zweimal existierte.

C 13
Palais des Kaisers

Die Ecke zum Bebelplatz hin wird vom → **Alten Palais** eingenommen. Auf dem Grundstück des ehemaligen Palais Schwedt, des Weilerschen Hauses, das 1829 in den Besitz des Prinzen Wilhelm (der später wegen seines brutalen Vorgehens gegen die Revolutionäre des Jahres 1848 „Kartätschenprinz“ genannt wurde) gekommen war, errichtete Karl Ferdinand Langhans d. J. in den Jahren 1834 bis 1837 ein Palais, das der Kronprinz auch noch als erster deutscher Kaiser bis 1888 bewohnte. Dann stand es lange Zeit leer, wurde nach 1919 museal genutzt und brannte im zweiten Weltkrieg

Altes Palais

völlig aus. Es wurde rekonstruiert und wird seit 1961 wie das benachbarte Gouverneurshaus von der Humboldt-Universität genutzt.
Der Bebelplatz ist das räumliche Zentrum des heutigen Lindenforums, dessen Gestalt auf Vorstellungen von Friedrich II. und Georg Wenzeslaus von Knobelsdorff aus ihrer gemeinsamen Rheinsberger Zeit zurückgeht. Ihr Plan konnte jedoch, nicht zuletzt weil die Finanzierungen der Kriege Friedrichs vorrangig waren, nicht verwirklicht werden. Das reizvolle Neben- und Miteinander unterschiedlicher Baustile gibt dem Platz heute seine besondere Note.
Statt des geplanten Gebäudes einer Akademie der Wissenschaften entstand 1775 bis 1780 als westliche Bebauung des Platzes die von den Berlinern treffend → **Kommode** genannte ehemalige Königliche Bibliothek, heute Institutsgebäude der Humboldt-Universität. Den Plänen des Architekten

C 14
Kommode
mit Wiener Fassade

Kommode

Blick auf das Lindenforum mit Deutscher Staatsoper und St.-Hedwigs-Kathedrale

Georg Christian Unger lag der Entwurf von Joseph Emanuel Fischer von Erlach für den Michaeltrakt der Wiener Hofburg zugrunde, dessen Ausführung 1730 eingestellt worden war. So kam es, daß die modifizierte Berliner Kopie, erbaut unter Leitung von Georg Friedrich Boumann d. J., älter ist als das 1893 fertiggestellte, leicht veränderte Wiener Original.
Eine Gedenktafel am 1965 bis 1969 nach völliger Zerstörung (nur die schwer in Mitleidenschaft gezogene Fassade war erhalten geblieben) wieder aufgebauten Gebäude kündet davon, daß sich hier in der ehemaligen Königlichen Bibliothek am 11. August 1895 Wladimir Iljitsch Lenin als Leser eintragen ließ. Eine andere Tafel auf dieser Seite des Platzes erinnert am Alten Palais mahnend an die Geschehnisse am 10. Mai 1933, als im Jahr ihrer Machtergreifung an dieser Stelle die Faschisten öffentlich das furchtbare Spektakel der Bücherverbrennung inszenierten.
Südlich wird der Platz vom ehemaligen Gebäude der Dresdner Bank abgeschlossen, das 1923 auf-

gestockt und damit in ein krasses Mißverhältnis zur benachbarten → **St.-Hedwigs-Kathedrale** gebracht worden war. Daß Friedrich II. die Form der ersten katholischen Bischofskirche nach einer umgestülpten Teetasse bestimmt habe, ist nur eine Legende. Und ein noch heute kolportierter Irrtum ist auch, der französische Architekt Jean Laurent Legeay habe die Kirche entworfen oder am Entwurf mitgewirkt. Vielmehr war es Knobelsdorff, nach dessen am römischen Pantheon angelehnten und von Friedrich II. inspirierten Entwurf im Jahre 1747 Johann Boumann d. Ä. diesen Bau begann. Wegen chronischen Geldmangels 1778 provisorisch fertiggestellt, wurde er erst 1886/87 von Max Hasak vollendet. Nach einem Bombenangriff am 2. März 1943 brannte die Kirche völlig aus. Mit veränderter Kuppelumrißlinie wurde sie, im Inneren modern gestaltet, von 1952 bis 1963 wieder aufgebaut. Gleichzeitig wurde die ursprüngliche Raumwirkung des Platzes durch Abtragen der zwei aufgestockten Geschosse des Bankgebäudes wieder hergestellt.

C 15
Kathedrale nach römischem Vorbild

Architektonischer Mittelpunkt des Ensembles und Meisterwerk Knobelsdorffs ist das 1741 bis 1743 errichtete Haus der → **Deutschen Staatsoper**. Allerdings wurde dieses erste Theatergebäude Berlins so oft umgebaut, daß zuletzt nur wenig von der alten Form erkennbar war. In der Nacht vom 9. auf den 10. April 1941 wurde das Opernhaus durch Bombentreffer schwer beschädigt. Aus propagandistischen Gründen ließen die faschistischen Machthaber das traditionsreiche Haus trotz angespannter militärischer und ökonomischer Lage zur 200. Jahrfeier seiner Eröffnung wiederherstellen. Am 3. Februar 1945 schien dann jedoch nach einem schweren Luftangriff das Schicksal des Hauses endgültig besiegelt. Aber es entstand 1952 bis 1955 nach einem Entwurf Richard Paulicks in Annäherung an die originale Gestalt neu. Nach einem Staatsakt in Anwesenheit des Präsidenten der DDR, Wilhelm Pieck, bei dem Kulturminister Johannes R. Becher die Festansprache hielt, hob sich am Abend des 4. September 1955 der Vorhang zu einer Aufführung von Richard Wagners „Die Meistersinger von Nürnberg".

C 16
Berlins erstes Theater

„Eiserner Ritter" vor der Staatsoper

Der Weg führt nun zu einer Grünfläche, auf der seit 1964 die von Christian Daniel Rauch zwischen 1822 und 1855 geschaffenen Denkmale von Feldherren der Befreiungskriege stehen. Vorn das nach Schinkels Skizzen gestaltete Marmorstandbild des Gerhard Johann David von Scharnhorst (früher neben der Neuen Wache), im Hintergrund die Bronzestandbilder von Johann Ludwig Graf York von Wartenburg und von August Wilhelm Anton Graf Neithardt von Gneisenau und in ihrer Mitte das Standbild des Generalfeldmarschalls Gebhard Leberecht von Blücher (den der Volksmund sagen läßt : „Auf meinen Ofen laß ich keinen 'rauf!"). Ein Teil der Grünanlage war früher, durch eine Mauer abgeschlossen, als Garten des Prinzessinnenpalais königlicher Besitz. Der Barockbau des Palais, 1733 von Friedrich Wilhelm Diterichs durch Vereinigung zweier Wohnhäuser geschaffen und 1810/11 durch den Kopfbau an den Linden vollendet, erhielt seinen Namen, als 1811 die drei Töchter Friedrich Wilhelms III. dort einzogen. 1962 bis 1964 wurde das kriegszerstörte Palais nach Abbruch der Ruine unter der Leitung von Richard Paulick rekonstruiert und beherbergt seitdem das Operncafé.

Standbild General Blüchers

Durch einen Übergang in der Oberwallstraße ist das Prinzessinnenpalais mit dem ehemaligen Kronprinzenpalais, heute → **Palais Unter den Linden**, verbunden. Nach totaler Zerstörung am 23. November 1943 wurde das Palais als letzter der historischen Bauten der Linden in den Jahren 1968 bis 1969 wieder aufgebaut. Es dient heute der Hauptstadt als Gästehaus. 1732 hatte Philipp Ger-

C 17
Gästehaus der Hauptstadt

Operncafé

lach hier ein altes Bürgerhaus von 1663 umgebaut, Karl Friedrich Schinkel hatte einen Teil der Inneneinrichtung erneuert und Heinrich Strack d. Ä. ihm 1856/57 die endgültige Gestalt mit neuer Fassade gegeben. Nach 1919 wurden viele der damals königlichen oder kaiserlichen Besitztümer einer neuen Bestimmung zugeführt. In das Kronprinzenpalais und in das Prinzessinnenpalais gelangten Abteilungen der Nationalgalerie. Es wurde dort die Galerie des 20. Jahrhunderts eröffnet, und es gab Sonderschauen moderner Kunst. Als die Nazis an die Macht gelangten, wurde das Haus von ihnen sofort geschlossen. 164 Gemälde, 27 Bildwerke und 326 Zeichnungen und Aquarelle be-

Palais
Unter den Linden

Denkmal
Freiherr vom Stein

deutender Künstler wurden als „entartet" beschlagnahmt, zum Teil ins Ausland verkauft und vielfach auch vernichtet.
Vorbei am Standbild für Karl Reichsfreiherr vom und zum Stein, das 1875 von Hermann Schievelbein geschaffen worden war und ursprünglich am Dönhoffplatz in der Leipziger Straße seinen Standort hatte, führt nun das letzte Stück der Route zum Ministerium für Auswärtige Angelegenheiten der DDR, dessen Gebäude seit 1967 die Linden nach Osten hin abschließt. Der 145 Meter lange und 45 Meter hohe Block an der Spree steht auf dem Platz, der einstmals von der Schinkelschen Bauakademie eingenommen wurde. Jener 1835 errichtete Backsteinbau galt als eine der reifsten Schöpfungen des großen Baumeisters, der dort auch seine Wohnung hatte. Im Kriege ist die Bauakademie schwer beschädigt worden, sie wurde dann abgetragen.
Die Route hat nun wieder die Marx-Engels-Brücke erreicht und endet hier. Von hier aus kommt man über die Karl-Liebknecht-Straße oder die Rathaus-

straße, auch quer über das Marx-Engels-Forum und die Freifläche um den Fernsehturm bequem zum Alexanderplatz, kann durch die von der Karl-Liebknecht-Straße abzweigende Spandauer Straße (hinter dem Palasthotel) den S-Bahnhof Marx-Engels-Platz erreichen, aber auch die durch die Straße Unter den Linden führende Buslinie 57 nutzen, um schnell zum Alexanderplatz oder zum Bahnhof Friedrichstraße zu gelangen.

ab Alexanderplatz

Zwischen Klosterkirche und Märkischem Museum

● Alexanderplatz ● Grunerstraße ● Littenstraße ● Waisenstraße ● Jüdenstraße ● Molkenmarkt ● Mühlendammbrücke ● Brüderstraße ● Sperlingsgasse ● Friedrichsgracht ● Gertraudenbrücke ● Wallstraße ● Köllnischer Park

Diese Route führt in die ältesten Teile der Stadt. Vom zentral gelegenen Alexanderplatz geht es dorthin, wo einst die Flekken Berlin und Cölln lagen. Die Mühlendammbrücke kennzeichnet die Stelle, an der eine Furt durch die hier verzweigte Spree schon vor Jahrtausenden einen günstigen Übergang bot. In der Brüderstraße findet man zwei der ältesten Wohnhäuser Berlins. Über den Spreearm führt die Jungfernbrücke, eine malerische Zugbrücke aus vergangener Zeit, und stromaufwärts tragen zwei Brücken den Namen, der Heiligen Gertraude, der Schutzpatronin der Spitäler und fahrenden Schüler. Ein sorgfältig restaurierter Häuserkomplex an der Scharrenstraße vermittelt ein wenig von der Atmosphäre, wie sie hier, in einem der ältesten Teile der Großstadt Berlin noch vor dem Kriege anzutreffen war. Mit der Wallstraße folgt die Route der ehemaligen Stadtbefestigung bis zum Köllnischen Park, wo ein Überrest der Wehranlagen noch heute zu besichtigen ist. Das größte Regionalmuseum der DDR, das Märkische Museum, ist Endpunkt dieser Route.

Wanderzeit:

etwa 2 Stunden
Empfehlenswert ist ein Besuch im Märkischen Museum, wo man sich über die historische Entwicklung Berlins informieren kann; dazu sollte man zusätzlich noch etwa ein bis zwei Stunden einplanen.

Route D

Städtische Sparkasse
und Mühlen
auf dem Mühlendamm,
um 1900

Zur letzten Instanz,
Rückfront

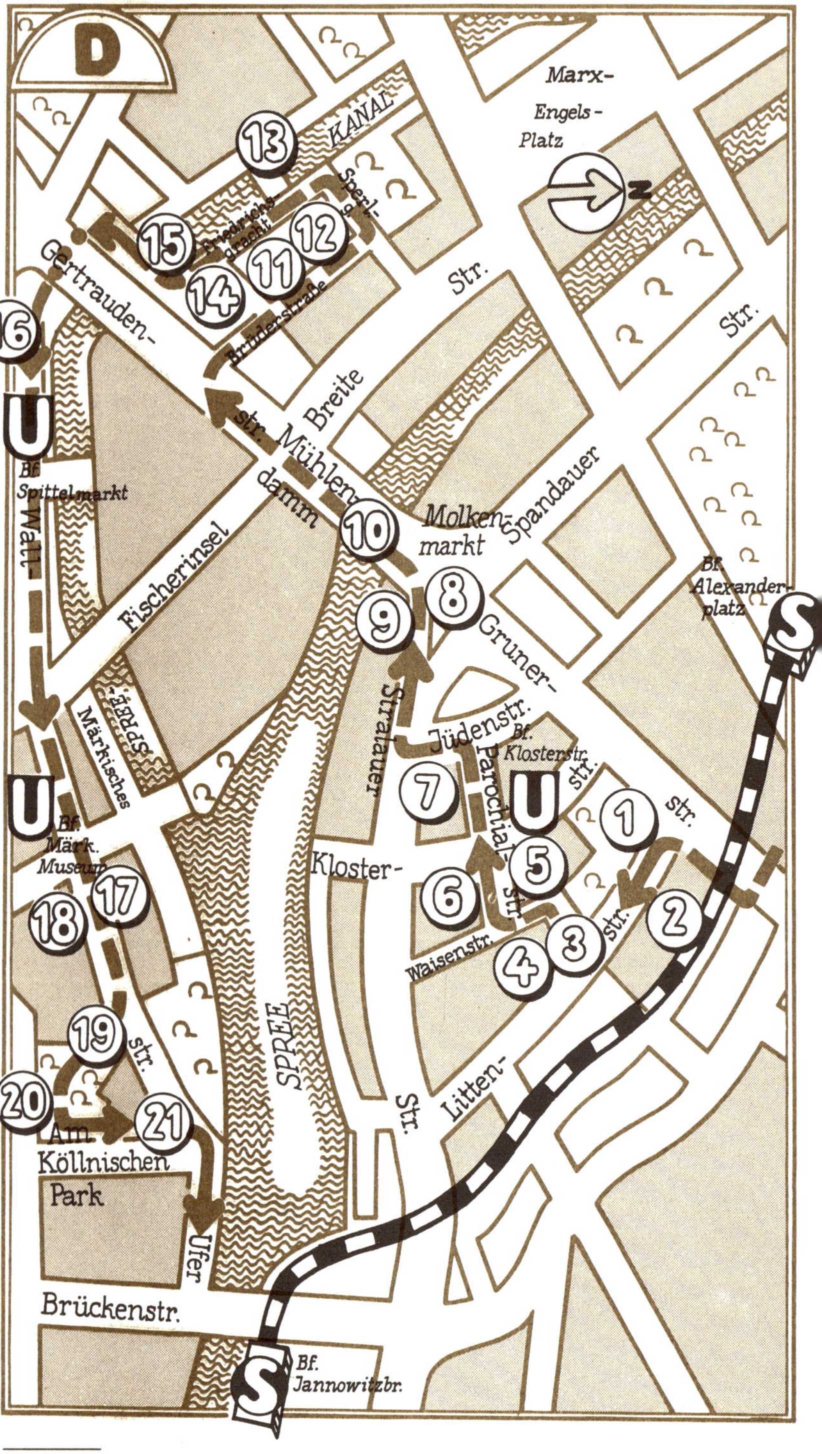
D
Marx-
Engels-
Platz
N
KANAL
13
Sperl-
g.
Friedrichs-
gracht
15
12
11
14
Brüderstraße
Gertrauden-
str.
Str.
Breite
Mühlen-
damm
16
U
Bf.
Spittelmarkt
Wall-
Fischerinsel
10
Molken-
markt
Spandauer
Str.
Bf.
Alexander-
platz
S
9
8
Gruner-
Stralauer
Jüdenstr.
Bf.
Klosterstr.
str.
Parochial-
str.
SPREE-
Märkisches
U
Bf.
Märk.
Museum
7
U
1
str.
Kloster-
6
5
2
17
18
str.
Waisenstr.
4
3
SPREE
19
str.
Litten-
Str.
20
21
Am
Köllnischen
Park
Ufer
Brückenstr.
S
Bf.
Jannowitzbr.

Diese Route nimmt ihren Anfang gegenüber dem Haus des Lehrers und der Kongreßhalle am U-Bahn-Ausgang neben der Buchhandlung am Alexanderplatz. Dort wird zunächst die Grunerstraße und damit der Autotunnel überschritten, der den vom Mühlendamm kommenden Verkehr seit 1969 unter der Karl-Marx-Allee hindurch in die Hans-Beimler-Straße leitet. Jenseits der Grunerstraße breitet sich eine Freifläche aus.
In den Jahren 1886 bis 1890 war an dieser Stelle nach einem Entwurf des Stadtbaurats Hermann

Blick auf Grunerstraße/Littenstraße, links: Gerichtsgebäude
rechts: Ruine der Klosterkirche

Blankenstein das Berliner Polizeipräsidium errichtet worden, ein roter Ziegelbau, der preußische Macht und Ordnung verkörpern sollte, aber nur zu bald als Symbol der Willkür und des Terrors traurige Berühmtheit erlangte. Viele klassenbewußte Arbeiter wurden von des Kaisers Polizei „auf den Alex" gebracht. Auch Karl Liebknecht war hier nach seiner Rede auf einer Friedenskundgebung am 1. Mai 1916 inhaftiert und mißhandelt worden. Zu einer wahren Folterhölle jedoch wurde das Polizeipräsidium vom ersten Tage der faschistischen Herrschaft an. Für viele aufrechte Antifaschisten war es die erste Station eines langen Leidensweges, und nicht wenige sind bereits hier ermordet worden.

Das im Kriege zerstörte Gebäude wurde abgetragen und ein Parkplatz angelegt. Einmal im Jahr allerdings ist Parkverbot. Dann, im November/Dezember, findet auf diesem Platz der traditionelle Berliner Weihnachtsmarkt statt.
Die Grunerstraße entlang, führt der Weg unter der S-Bahn-Überführung hindurch zur Littenstraße, wo auf der gegenüberliegenden Straßenseite in einer Grünanlage die Ruine der → **Klosterkirche** steht. Es sind die Reste des nach der Nikolaikirche ältesten Sakralbaus in Berlin. Etwa zwischen

D 1
Kirche, Kloster und Gymnasium

1250 und 1265 ist die Franziskaner-Klosterkirche als dreischiffige Basilika erbaut worden. Sie war Teil einer Klosteranlage, die (zwischen 1516 und 1519 fertiggestellt) nach der Reformation zum großen Teil zerfallen ist. Im 16. Jahrhundert kam ein gewisser Leonhard Thurneysser nach Berlin, ein Arzt, Alchimist und Astrologe, der als Wunderdoktor berühmt war und unzweifelhaft über beachtliche naturwissenschaftliche Kenntnisse verfügte. Er richtete in den ihm vom Kurfürsten überlassenen Teilen des alten Franziskanerklosters Laboratorien ein und auch die erste Druckerei Berlins. 1574 wurde in den alten Gemäuern das „Berlinische Gymnasium zum grauen Kloster" eingerichtet, das über Jahrhunderte hinweg Berlins bedeutendste Bildungsstätte war. Schüler waren dort u. a. Karl Friedrich Schinkel und Otto von Bismarck. Im Kriege wurde das Kloster restlos zerstört. Die Kirche, noch im April 1945 von einer Luftmine getroffen, ist als Ruine mahnendes Denkmal. 1982 unter der Beteiligung vieler freiwilliger Helfer der Gesellschaft für Denkmalpflege gründlich in-

Ruine der Klosterkirche

Chor der Klosterkirche

Treppenhaus
im Stadtgericht

standgesetzt, beherbergt sie oft bedeutende Freilichtausstellungen. Auf dem Gelände um die Ruine kann man übrigens auch zwei Säulenkapitelle aus den Jahren 1706 und 1713 besichtigen, die vom Eosanderportal des zerstörten Berliner Stadtschlosses stammen.

D 2
Gericht im Jugendstil

Der Klosterkirche gegenüber steht in der Littenstraße (Nr. 14/15) das → **Stadtgericht** Berlins. Es ist in den Jahren 1896 bis 1905 nach Entwürfen von Otto Schmalz errichtet worden und gilt als eines der interessantesten Bauwerke aus der Zeit des Jugendstils. Vorher hatte auf dem Gelände ein 1779 errichtetes Kadettenhaus gestanden, das 1880 dem Bau der S-Bahn weichen mußte. Auch dem Gerichtsgebäude mußte 1966 ein Flügel genommen werden, als zugunsten der neuen Verkehrslösung im Stadtzentrum die Grunerstraße verbreitert wurde. Erhalten blieben jedoch die mit Elementen des Jugendstils durchsetzte neobarocke Fassade und ebenso die weitläufigen Treppenhäuser, deren Linien in sich Jugendstil und böhmischen Barock vereinen.

An der Außenfront des Stadtgerichts erinnert eine Gedenktafel an Hans Litten, einen aufrechten antifaschistischen Kämpfer, der als Anwalt und Verteidiger der von der Reaktion Verfolgten geachtet war. Er wurde 1938 im Konzentrationslager Dachau ermordet.

Geht man die Littenstraße weiter, findet man rechterhand die Überreste der ältesten, aus Feldsteinen errichteten → **Stadtmauer**. Man nimmt an, daß sie zwischen 1260 und 1280 erbaut worden war und im 14. Jahrhundert ergänzt wurde. Sie

D 3
Mittelalterliche Wehrhaftigkeit

umgab beide Städte, Berlin und Cölln. In späteren Jahren wurden Häuser direkt an diese Stadtbegrenzung angebaut. So entstanden um 1680 die Häuser in der Waisenstraße. In einem altehrwürdigen Haus hat dort heute die Gaststätte → **Zur letzten Instanz** ihr Domizil, eine Altberliner Destille, in der so mancher Streit geschlichtet wurde, der im nahegelegenen Gericht keine Lösung fand. Zu den Gästen der historischen Gaststätte zählte einst auch der Zeichner Heinrich Zille, der sich auf der Sitzbank um den ehrwürdigen Majolika-Kachelofen sicherlich ebenso wohlfühlte wie der Gast heute.

Gaststätte Zur letzten Instanz

D 4
Destille an der Stadtmauer

Nun geht es durch die Parochialstraße bis zur Kreuzung mit der Klosterstraße. Rechts erblickt man hier das ehemalige Podewilssche Palais, in dem sich heute das → **Haus der jungen Talente** befindet, ein Klub der Berliner Jugend mit Arbeitsgemeinschaften unterschiedlichster Art, in dem auch Veranstaltungen und Ausstellungen stattfinden. Der dreistöckige barocke Putzbau wurde in den Jahren 1701 bis 1704 von Jean de Bodt errichtet, dem auch die Fertigstellung des Zeughauses Unter den Linden zu verdanken ist. Er baute dieses

D 5
Klub im Palais

Haus der jungen Talente

Schmiedeeisernes Gitter an der Freitreppe des Hauses der jungen Talente

Palais für den Hofrat Rademacher. Ab 1732 war es Wohnsitz des Staatsministers Heinrich von Podewils. Später gelangte das Haus in städtischen Besitz. Von 1875 bis 1880 war hier das Märkische Museum untergebracht, dann die Verwaltung der Städtischen Wasserwerke und schließlich das Bezirksamt Berlin-Mitte. In den Jahren 1952 bis 1954 wurde das im Krieg zerstörte Palais rekonstruiert und der Berliner Jugend übergeben. Nach einem Brand im Jahre 1967 ist es wiederum erneuert worden.

D 6
Verstummtes Glockenspiel

Links der Parochialstraße steht die → **Parochialkirche**. Mit ihrem Bau war 1695 begonnen worden, und entworfen hat sie Johann Arnold Nering, der den Bau des Zeughauses im gleichen Jahr begann. Vollendet wurde die Kirche 1703 durch Martin Grünberg nach einem vereinfachten Entwurf. Jean de Bodt entwarf den Plan für den Bau des Turmes der Parochialkirche in den Jahren 1713/14. Berühmt war ihr holländisches Glockenspiel, das alle halbe Stunde ein anderes Lied ertönen ließ. 1945 brannte die Kirche vollständig aus, eine Wiederherstellung ist vorgesehen.

D 7
Kommunalverwaltung unterm Kuppelturm

Geht man die Parochialstraße nach Überqueren der Klosterstraße weiter, kommt man zur Jüdenstraße. Ihr Name erinnert an den hier im Mittelalter befindlichen Großen Jüdenhof, das Ghetto an der Stadtmauer. Links das → **Stadthaus**, das in den Jahren 1902 bis 1911 nach Plänen des damaligen Stadtbaurates Ludwig Hoffmann erbaut worden war, weil es der Kommunalverwaltung im Roten Rathaus zu eng wurde. Architektonische Dominante des mit fünf Innenhöfen versehenen Gebäudes ist der an Gontards Türme an den Kirchen auf dem Platz der Akademie erinnernde Kuppelturm. In den Jahren 1960/61 wurde das im Kriege beschädigte Gebäude umfassend restauriert, es er-

Stadthaus, heute Sitz des Ministerrats der DDR

hielt u. a. eine völlig neue Dachkonstruktion. Heute ist das Stadthaus Amtssitz des Ministerrates der DDR. Im benachbarten Neuen Stadthaus (rechts der Parochialstraße) konstituierte sich 1945 der erste demokratische Magistrat Berlins.

D 8
Berlins erster Markt

Wo Spandauer und Stralauer Straße, wo Mühlendamm und Grunerstraße zusammentreffen, liegt der → **Molkenmarkt**, Berlins ältester Platz. Noch bevor die Schwesterstädte Berlin und Cölln urkundliche Erwähnung fanden (1244 und 1237), wurde an dieser Stelle schon Markt gehalten. Der Platz kam übrigens erst später zu seinem Namen, der von den „Mollen" (niederdeutsch = Mühlen)

Blick auf den Molkenmarkt, im Hintergrund das Nikolaiviertel

Ministerium für Kultur, ehemalige Münze

am Mühlendamm herrühren soll. Vorher nannte man ihn Alter Markt.
Rechts liegt das nach vollkommener Zerstörung wieder aufgebaute Nikolaiviertel (siehe Route A), links lag einst zwischen Markt und Spree der Krögel, eine Gasse zur Bucht an der Spree, wo Schiffe entladen und Waren gelagert wurden. Auch Berlins erstes Kaufmannshaus und das erste Badehaus sind dort eröffnet worden. Der später recht verwahrloste Krögel ist in den dreißiger Jahren abgerissen worden.
Von den im 18. Jahrhundert am Molkenmarkt erbauten Palais ist an dieser Stelle ein Teil erhalten. Hier steht ein Gebäudekomplex, dessen ältester Bestandteil das ehemalige → **Palais Schwerin** ist, ein um 1704 von Jean de Bodt errichtetes Haus für den Staatsminister Otto von Schwerin. Es wurde 1937 im Zusammenhang mit dem Neubau der Münze abgerissen und mehrere Meter hinter der alten Fluchtlinie wieder aufgebaut, wobei die plastischen Fassadenteile durch Kopien ersetzt wurden. Zierde des zur Spree hin anschließenden Gebäudetraktes (heute Ministerium für Kultur der DDR, früher Verwaltungsgebäude der Münze) ist eine Kopie des Frieses, der um 1800 von Gottfried Schadow für die Münze am Werderschen Markt angefertigt worden war. Er stellt die Geschichte der Münztechnik dar.

D 9
Das versetzte Palais

Detail aus dem Münzfries

Über die → **Mühlendammbrücke** führt der Weg vom früheren Berlin ins frühere Cölln. An dieser Stelle, der schmalsten zwischen Barnim und Teltow, hatte es schon sehr früh einen Übergang über die Spree gegeben. Zunächst eine Furt, dann wohl schon im 13. Jahrhundert eine erste Brücke zwischen beiden Städten, die mit einem Stau für die an ihrer Nordseite gelegenen Mühlen versehen war. 1892 wurde bei einer umfassenden Regulierung der Spree von Hermann Blankenstein eine Schleuse angelegt. Er ersetzte auch die alten, von

Mühlendamm

Ludwig Persius in Form turm- und zinnenbewehrter Kastelle errichteten Mühlengebäude durch neue, die jedoch ab 1935 einer städtebaulichen Umgestaltung zum Opfer fielen.
Geradeaus geht es bis zur Straße Fischerinsel. Dort führt ein Fußgängertunnel unter der Gertraudenstraße hinweg zur Einmündung der Breiten Straße (siehe Route F). An dieser Stelle, wo sich einst der Cöllnische Fischmarkt befand (neben dem Petriplatz ein Mittelpunkt der mittelalterlichen Schwesterstadt Berlins), führt der Weg noch vor dem Gebäude des Bauministeriums nach links, die Scharrenstraße entlang zur Brüderstraße.
Die Brüderstraße soll ihren Namen nach einem Dominikanerkloster in dieser Gegend bekommen haben. Zuvor hatte sie Domgasse geheißen. In ihr war das reiche Bürgertum, die Berliner Oberschicht, angesiedelt. Das unmittelbar an der Ecke gelegene Gebäude, in dem sich der Hochzeitsausstatter und eine Verkaufsstelle für Jugendmode befinden, ist jüngeren Datums. Es ist ein

Überbleibsel eines großen Warenhauskomplexes, den der Textilkaufmann Rudolph Hertzog zu Beginn des Jahrhunderts zwischen Breite Straße und Brüderstraße anlegen ließ. Die vorhandene Bausubstanz wurde dabei von ihm zum Umbau genutzt.
Von den prachtvollen Bürgerhäusern der Brüderstraße sind nur zwei erhalten geblieben, das Nicolai- und das Galgen-Haus. Sie zählen zu den ältesten Wohnhäusern Berlins.
Im Jahre 1787 kaufte der Berliner Schriftsteller und Verleger Christoph Friedrich Nicolai ein bereits betagtes Haus in der Brüderstraße 13 (es soll um 1670 errichtet worden sein), das Carl Friedrich Zelter, als Maurermeister und Architekt weniger bekannt denn als Direktor der Berliner Singakademie und als Freund Goethes, umbaute. Dabei erhielt das später als → **Nicolai-Haus** bekannte spätbarocke Bürgerhaus im wesentlichen seine heutige Gestalt. Nicolai machte es zu einem Treffpunkt der Geisteswelt. Gedenktafeln an der Außenwand erinnern an berühmte Bewohner (u. a. weilte und dichtete hier Theodor Körner). Im zweiten Weltkrieg wurde das Nicolai-Haus zerstört; im Jahre 1953 konnte das Vorderhaus, in den nachfolgenden Jahren auch der Seitenflügel und das Quergebäude wieder aufgebaut werden. Im Vorderhaus ist u. a. eine kunstvoll geschnitzte Treppe aus den ersten Jahren des 18. Jahrhunderts be-

D 11
Zelter baute Nicolai-Haus um

Detail der Treppe im Hause Brüderstraße 10

Nikolaihaus

Hof des Nikolaihauses, Brüderstraße 13

merkenswert, im Quergebäude eine klassizistische Treppe, deren Entwurf man Karl Friedrich Schinkel zuschreibt. Sie stammt aus dem ehemaligen Weydinger-Haus, das in der Unterwasserstraße stand und in den 30er Jahren wegen des Reichsbank-Neubaus abgerissen werden mußte. Auf dem malerischen Hof des Nicolai-Hauses finden an Sommerabenden volkstümliche Theateraufführungen statt, auch werden dort Kammerkonzerte durchgeführt. Es ist heute Sitz des Instituts für Denkmalpflege der DDR.

D 12
Vor der Tür stand ein Galgen

Brüderstraße 10 ist als → **Galgen-Haus** bekannt. Um 1688 war es für den Kammerrat von Happe errichtet worden und ab 1737 Propstei der Petrikirche und Bischofswohnsitz. Die Fassade wurde 1805 in klassizistischer Form verändert. Das stattliche Treppenhaus jedoch – einziges aus jenen Jahren erhaltenes – und die kunstvolle Stuckdecke im Erdgeschoßraum rechts stammen aus der Zeit der Errichtung des Gebäudes. Mit diesem Haus ist eine Berliner Sage verknüpft. Vor seiner Pforte soll einst – entsprechend einem königlichen Edikt von 1735 – ein Todesurteil an einem Dienstmädchen vollstreckt worden sein, das beschuldigt worden war, dem Minister Happe einen silbernen Löffel gestohlen zu haben. Später stellte sich die Unschuld des Mädchens heraus. Seitdem wurde das Haus Galgen-Haus genannt.

Das zwischen dem Nicolai- und dem Galgen-Haus gelegene Gebäude Nr. 11/12, das von der Staatlichen Versicherung der DDR genutzt wird, ist weitaus jüngeren Datums, es wurde um 1905 erbaut. Die Brüderstraße endet an der Sperlingsgasse. Es war dies im 16. Jahrhundert eine enge Gasse, angelegt, um bei Feuersgefahr schnell zum Wasser gelangen zu können. Sie hieß zunächst Spree-Gäßlein, dann Spree-Gasse und wurde schließlich im Jahre 1862 auf allerhöchste Kabinettorder zur Spree-Straße. In ihr wohnte 1854/56 der Dichter Wilhelm Raabe, der Verfasser der „Chronik der Sperlingsgasse". Ihm zu Ehren wurde die Straße 1931 letztmalig umgetauft und Sperlingsgasse genannt. Ihr links folgend, stößt man auf die Friedrichsgracht und die malerische → **Jungfernbrücke**. Sie ist die älteste erhaltene Brücke Berlins, eine Zugbrücke nach holländischem Vorbild, die

D 13
Malerische Jungfernbrücke

Blick auf die Jungfernbrücke

1798 erbaut worden ist. Im zweiten Weltkrieg beschädigt, ist sie 1954 restauriert worden.
Der Weg die Friedrichsgracht links entlang, führt an Wohnbauten vorbei, die als Komplex auch das Gesicht der Sperlingsgasse und der Scharrenstraße bestimmen. Die Höhe dieser Gebäude – wie auch die der Gebäude jenseits des Spreekanals – entspricht der historischen Fluchthöhe, so daß auch heute wieder der optische Eindruck der Jungfernbrücke nicht durch Disproportionen beeinträchtigt wird.
An der Scharrenstraße biegt nun die Route links ab und umrundet einen Block alter → **Wohn- und Geschäftshäuser** aus dem späten 19. Jahrhundert. Sie sind 1975/76 wiederhergestellt und neu erschlossen worden. Einst gehörten diese Häuser zur Wohnbebauung um die Petrikirche, die im Kriege vollständig zerstört wurde. Die neogotische Fassade des in den Jahren 1897/98 errichteten Eckhauses lehnte sich dem Baustil der Kirche

D 14
Alt-Cölln lädt ein

Gertraudenbrücke und Alt-Cöllner Schankstuben

an. Traditionsgemäß wurde in diesem Hause wieder eine Gold- und Juwelenhandlung eingerichtet. In den Erdgeschossen der übrigen Gebäude befinden sich Verkaufsstellen und verschiedene Lokalitäten, wozu auch die nach historischen Vorbildern ausgestatteten Alt-Cöllner Schankstuben gehören.

D 15
Gertraude schützt die Wanderer

Über den Spreearm führt an dieser Stelle die heute nur Fußgängern vorbehaltene → **Gertraudenbrücke**. Sie ist neben der Jungfernbrücke die wohl populärste Brücke Berlins. Ihren Namen verdankt sie dem einst am Spittelmarkt gelegenen Gertraudenhospital, ihre Popularität der 1895 von Rudolf Siemering geschaffenen, drei Meter hohen Bronzeplastik, die die Schutzpatronin der Spitäler und fahrenden Schüler darstellt. Das im Kriege beschädigte Standbild wurde von dem Berliner Bronzegießer Hans Füssel restauriert und steht seit 1954 wieder am alten Standort. Damals war die Brücke noch eine vom Verkehr überflutete Straßenbrücke. Im Jahre 1976 jedoch wurde eine zweite sechsspurige Brücke unmittelbar neben der alten Gertraudenbrücke eingeweiht, die den gesamten Fahrzeugverkehr aufnimmt.

Diese neue Gertraudenbrücke wird von einem Fußgängerdurchgang unterquert. Dann geht es, den Windungen des Spreearms folgend, in die Wallstraße. Diese Straße erinnert an die alte Stadtbefestigung und folgt deren ehemaligem Verlauf.

Ihr Beginn wird am Spittelmarkt von einem modernen Wohnblock, dem → **Spitteleck**, markiert, der in seiner Gestaltung die Beziehungen zu den Hochhäusern der Leipziger Straße und zu den angrenzenden Altbauten der Wallstraße berücksichtigt. Der monolithische Betonbau mit 295 Wohnungen wurde von einem Kollektiv des BMK Ingenieurhochbau Berlin unter Leitung von Eckart Schmidt entworfen, das dafür im Jahre 1986 mit dem Architekturpreis der Hauptstadt ausgezeichnet wurde.

D 16
Am Spitteleck

Spittelmarkt
mit Blick
auf Spitteleck

Blick über den
Spreekanal
auf die Wallstraße

In den angrenzenden Gebäuden waren bereits vor dem ersten Weltkrieg bedeutende Konfektionsfirmen konzentriert. Jenseits der einmündenden Neuen Grünstraße hat der VEB Oberbekleidung Berlin seine Niederlassung in einem um 1910 erbauten Geschäftshaus. Noch vor der Einmündung der Neuen Roßstraße haben die Ständige Bauausstellung der Bauakademie der DDR und die Bauinformation ihren Sitz im 1913 errichteten Eckgebäude und in dem sich mit seiner modernen Fassade den Altbauten harmonisch angepaßten Erweiterungsbau von 1979/80.
Auf der linken Straßenseite fällt die mit Terrakotta verkleidete Fassade des 1912 von Fritz Crzellitzer errichteten Gebäudes des Dietz Verlages (Wallstraße 76/79) auf. Hier hatte im Juli 1945 das Zentralkomitee der KPD seinen ersten Nachkriegssitz, bevor es in das „Haus der Einheit" in der heutigen Wilhelm-Pieck-Straße umzog (dort befindet sich jetzt das Institut für Marxismus-Leninismus). Links neben dem Gebäude des Dietz Verlages wurde 1987 eine Baulücke durch einen angepaßten Neubau geschlossen.
Hinter der Inselstraße links das → **Hermann-Schlimme-Haus.** Dieses Bürohaus, in dem heute der FDGB-Bezirksvorstand Berlin und einige Industriegewerkschaften ihren Sitz haben, ist in den Jahren 1922/23 nach Entwürfen der Architekten Max Taut und Franz Hoffmann für den Allgemeinen Deutschen Gewerkschaftsbund errichtet wor-

Fassadendetail am Dietz Verlag

D 17
Gebaut für die Gewerkschaft

Hermann-Schlimme-Haus

den. Sachlichkeit und Klarheit zeichnen besonders die Stahlbetonrahmenkonstruktion des Bauteils an der Ecke Wallstraße/Inselstraße aus. Von der ursprünglichen Konzeption abweichend, sind die ergänzenden Gebäudeteile, die in den Jahren 1930 bis 1932 von Walter Würzbach hinzugefügt wurden. Am 2. Mai 1933 wurde das Gewerkschaftshaus von den Faschisten überfallen und ausgeplündert.

Dem Haus des FDGB in der Wallstraße liegt ein Jugendwohnheim gegenüber. In diesem Gebäude, einem Rest des ehemaligen Gesamtkomplexes, befand sich einst das → **Cöllnische Gymnasium**, hervorgegangen aus der schon 1476 erwähnten Lateinschule von St. Petri und damit wohl älteste Schule Berlins. Das Gymnasium wurde u. a. auch von dem späteren Polarforscher Professor Dr. Alfred Wegener besucht, der 1912 die Theorie der Kontinentalverschiebung aufstellte. Eine Gedenktafel am Haus erinnert an diesen ehemaligen Schüler.

D 18
Wo der Polarforscher Schüler war

Wenige Meter weiter beginnt rechts der Köllnische Park, ursprünglich Bastion VII der Stadtbefestigung, später eine Gartenanlage und seit 1873 zu einem Freizeitpark umgestaltet. Noch an der Wallstraße steht hier das → **Zille-Denkmal**, geschaffen 1965 von Heinrich Drake. Im Park befindet sich ein

D 19
Zille zeichnet

Heinrich-Zille-Denkmal

Bärenzwinger, für den in den zwanziger Jahren die Stadt Bern das erste Wappentier gespendet hat. Den Südrand des Parks schließt ein mit einer Klinkerverblendung versehenes Gebäude ab. Es war in den Jahren 1931 bis 1933 nach einem Entwurf des Architekten Albert Gottheiner für die Zentralverwaltung der Allgemeinen Ortskrankenkasse Berlin errichtet worden. Heute hat dort die Bezirksparteischule der SED ihren Sitz. Dem Gebäude angegliedert sind die Neubauten der Parteihochschule Karl Marx.

D 20
Am Wusterhausischen Bär

Zum Märkischen Museum gehört das im Park an der Rückfront des Museums angelegte → **Lapidarium**, eine Freilichtausstellung mit Exponaten zur Berliner Kultur- und Kunstgeschichte. Besondere Aufmerksamkeit findet hier der Wusterhausische Bär, ein runder Backsteinturm mit Haube, 1718 als Teil der Stadtbefestigung erbaut und 1893 an diesen Ort versetzt, und – auf unverändertem

Wusterhausischer Bär

Altes Hauszeichen, ausgestellt im Lapidarium

Standort – der 1969 freigelegte Feldsteinsockel einer Windmühle, die um 1700 hier auf den Festungswällen erbaut worden war.

D 21
Das Museum der Mark

Das → **Märkische Museum** ist das größte Regionalmuseum der DDR. Im Jahre 1874 ist es auf Initiative des Arztes und Stadtverordneten Rudolf Virchow und des Stadtrates Ernst Friedel gegründet worden. 1908 bezog es das von Ludwig Hoffmann errichtete Gebäude am Köllnischen Park, das in seinem Baustil Elemente charakteristischer märkischer Bauwerke (z. B. der Katharinen-Kapelle in Brandenburg und der Bischofsburg in Wittstock) aufweist. Der am Haupteingang stehende Roland ist eine Nachbildung des Rolands von Brandenburg aus dem Jahre 1474. Als kulturhistorisches Museum der Hauptstadt dokumentiert das Märkische Museum mit seinen Exponaten die Stadtgeschichte von den ersten Spuren der

Märkisches Museum

Besiedlung des Berliner Raumes vor etwa 60000 Jahren bis in die sozialistische Gegenwart. Wertvolle Gemälde, Grafiken und Plastiken, ergänzt durch Stücke aus der Berliner Porzellanmanufaktur, berlinisch-brandenburgische Fayencen und Erzeugnisse des Eisenkunstgusses belegen die Entwicklung der Kunst in Berlin von der Gotik bis ins 20. Jahrhundert. Die Abteilung „Theater- und Literaturgeschichte" – wozu ein Zimmer mit Möbeln von Theodor Fontane und eine Gerhart-Hauptmann-Gedenkstätte zählen – umfaßt vier Jahrhunderte. Besonders beliebt bei den Besuchern ist die Ausstellung der Automatophone, mechanischer Musikinstrumente von der Spieldose bis zum Orchestrion. Mit dem Besuch des Märkischen Museums endet diese Wanderroute. Zurück zum Alexanderplatz gelangt man mittels der U-Bahn (Eingang zur Station Märkisches Museum in der Wallstraße) oder mit der S-Bahn vom jenseits der Spree gelegenen Bahnhof Jannowitzbrücke.

ab Bahnhof Friedrichstraße

Zwischen Admiralspalast und Charité

● Bahnhof Friedrichstraße ● Weidendammer Brücke ● Schiffbauerdamm ● Friedrichstraße ● Oranienburger Tor ● Chausseestraße ● Invalidenstraße ● Robert-Koch-Platz ● Hermann-Matern-Straße ● Schumannstraße ● Karlplatz ● Marienstraße ● Albrechtstraße ● Bahnhof Friedrichstraße

Diese Route führt in einen Teil des Stadtbezirks Mitte, der vor weniger als hundert Jahren noch außerhalb des Stadtgebiets lag. Am Oranienburger Tor verlief bis 1867 die Zollgrenze, davor lagen Friedhöfe, Felder und das „Feuerland", einst Berlins Zentrum der Schwerindustrie. Durch das noch heute dicht besiedelte Wohngebiet zieht sich die Chausseestraße, von der unser Wanderweg, an der Invalidenstraße abzweigend, zum Museum für Naturkunde und zu den alten und neuen Gebäuden der Charité führt. In der Hermann-Matern-Straße befanden sich Wohn- und Arbeitsstätten bedeutsamer Persönlichkeiten, in der Schumannstraße sind Bürgerhäuser aus der Zeit des Berliner Spätklassizismus und das Deutsche Theater mit den Kammerspielen beachtenswert. Vorbei am Nachfolger der von Bertolt Brecht besungenen „Pappel am Karlsplatz" führt der Weg dann durch die Marien- und die Albrechtstraße zurück zur Spree.
Zu erreichen ist der Ausgangspunkt der Wanderung mit der S-Bahn und den Buslinien 57, 59 und 78, mit den Straßenbahnen 22, 46, 70 und 71 (Fahrtrichtung Kupfergraben).

Wanderzeit:

etwa 2 ½ bis 3 Stunden
Für den Aufenthalt im Brecht-Haus und für den Besuch des Naturkundemuseums sind jeweils ein bis zwei Stunden hinzuzurechen.

Route E

Weidendammer Brücke
um 1900

Admiralspalast
am Bahnhof
Friedrichstraße

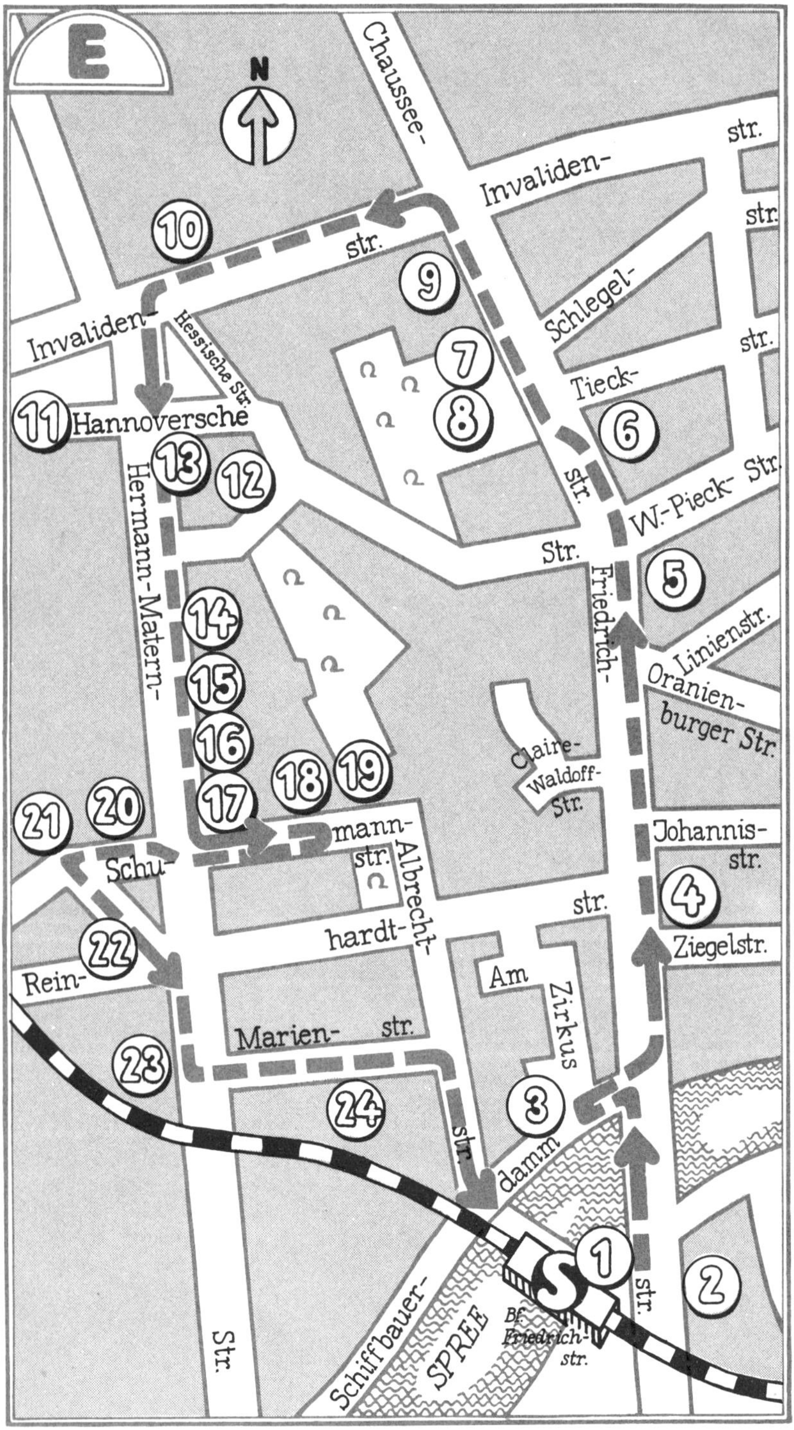
E
N
Chaussee-
Invaliden-
str.
str.
str.
Invaliden-
Hessische Str.
Schlegel-
str.
Tieck-
Hannoversche
Hermann-Matern-
str.
W.-Pieck- Str.
Str.
Friedrich-
Linienstr.
Oranienburger Str.
Claire-Waldoff-Str.
Johannis-str.
mann-str.
Albrecht-
Schu-
str.
hardt-
Ziegelstr.
Rein-
Am Zirkus
Marien- str.
str.
damm
Schiffbauer-
SPREE
Bf. Friedrich-str.
str.
Str.
S
1 2 3 4 5 6 7 8 9 10 11 12 13 14 15 16 17 18 19 20 21 22 23 24

Es gibt Straßen in Berlin, die sind den meisten Besuchern, bevor sie dorthin kommen, zumindest dem Namen nach schon bekannt. Die Friedrichstraße gehört dazu. Vor einhundertfünfzig Jahren war sie Berlins längste Straße, reichte quer durch die westliche Stadt von einem Tor (dem Halleschen) zum anderen (dem Oranienburger Tor). Einst hieß die Straße „Dammstraße" nach dem „mit Weiden bepflanzten Damme, der über den Wiesengrund von den Linden bis zur Weidendammer Brücke hin angelegt war".

Am 1. Mai 1882 wurde hier – nach neunjähriger Bauzeit und noch längerem Gerangel um die Streckenführung einer Stadtbahn – der „Zentralbahnhof" eröffnet, der später → **Bahnhof Friedrichstraße** genannt wurde. Er teilte quasi die lange Straße. Nach Süden, etwa bis zur Leipziger Straße hin, war sie zunächst eine Wohnstraße, mauserte sich dann um die Jahrhundertwende zu einem Zentrum des Fremdenverkehrs und des Amüsements. Luxusrestaurants und vornehme Cafés, Hotels und Nachtbars wechselten einander ab. Nach Norden zu – auf dem Weg, den diese Wanderroute vorschlägt – ging es zunächst durch eine wenig bebaute Gegend ins Berliner Industrierevier, das später durch ein Mietskasernenviertel abgelöst wurde, in dem neben Arbeitern auch Studenten der medizinischen und veterinärmedizinischen Fakultäten der Berliner Universität wohnten. Die Friedrichstraße stellte sich in ihrem Nordzipfel darauf ein; auf diesem Areal waren Bierquellen, Tingeltangel und Studentenkneipen konzentriert. Von all dem hat der zweite Weltkrieg kaum etwas übriggelassen. Bomben zerstörten die meisten der Häuser, in der Friedrichstraße wütete bis zum letzten Schuß des Krieges der Vernichtungswahn faschistischer Fanatiker. Unter der Überführung am S-Bahnhof erinnert eine Gedenktafel an den sinnlosen Tod zweier junger kriegsmüder Soldaten, die hier von der SS ermordet wurden.

E 1
Berlin Friedrichstraße

Hauszeichen der Distel

Rechts der Straße, die zur Weidendammer Brücke führt, steht der alte → **Admiralspalast**, in dem sich heute das Haus der Presse befindet, der Sitz des Verbandes der Journalisten der DDR und des Pres-

E 2
Admiralspalast – vom Bad zum Musical

Fassadendetail am Admiralspalast

seclubs. Hier hat auch das Berliner Kabarett Die Distel eine ständig ausverkaufte Spielstätte. An Stelle des 1873/74 errichteten ehemaligen „Admiralgartenbads" wurde der Admiralspalast 1910 von Heinrich Schweitzer und Alexander Diepenbrock mit einer prachtvollen Fassade aus Jannowitzer Granit und istrischem Kalkstein erbaut und als Varieté, Eispalast und luxuriös ausgestattetes Bad eröffnet. Er sollte eine Vergnügungsstätte für die Begüterten der aufstrebenden Großstadt sein; es wurde eine große Pleite. Erfolge feierte dage-

Metropol-Theater
im Hof
des Admiralspalastes

gen das 1923 eröffnete, durch den Hofeingang zu erreichende Musiktheater im Admiralspalast. Berühmt wurden die dort aufgeführten Haller-Revuen, für die Walter Kollo die Musik schrieb. Nach 1945 fand in diesem Theater zunächst die Deutsche Staatsoper eine Heimstatt, bis sie 1955 wieder das traditionelle Haus Unter den Linden beziehen konnte. Auch diente das Theater als Versammlungsstätte. Als entsprechend der Vereinbarung zwischen den beiden damals noch nicht vereinigten Arbeiterparteien überall gemeinsame Funktionärskonferenzen stattfanden, sprach am 19. September 1945 Wilhelm Pieck auf einer Großkundgebung im Admiralspalast und genau einen Monat später legte der neue, demokratische Magistrat der Hauptstadt dort Rechenschaft über das erste Jahr seiner Tätigkeit ab. Am 21. und 22. April 1946 schließlich tagte im Admiralspalast der historische Vereinigungsparteitag, auf dem sich KPD und SPD zur Sozialistischen Einheitspartei Deutschlands zusammenschlossen. Eine Gedenktafel im Durchgang erinnert an dieses bedeutsame Ereignis.
Heute hat hier das Metropol-Theater seinen Sitz. Dieses Operettentheater der Hauptstadt, das früher im 1892 in der Behrenstraße gegründeten Theater Unter den Linden (dem heutigen Domizil der Komischen Oper) residierte, hat sich als füh-

Blick von der Weidendammer Brücke zum Bode-Museum

rendes Haus ganz der Tradition des heiteren Musiktheaters verschrieben. Bei der Pflege der klassischen Operette und der Popularisierung des Musicals hat es sich große Verdienste erworben.
Mit der Weidendammer Brücke (1895/97 von Otto Stahn erbaut) überquert die Friedrichstraße die Spree. Geht von dort der Blick nach rechts, so fällt er auf die Friedrich-Engels-Kaserne (siehe Route F), links davon die Kuppel des Bode-Museums, einem Teil der Museumsinsel. Von der gegenüberliegenden Seite der Brücke geht links der Schiffbauerdamm ab. Ihm folgend, gelangt man zum → **Berliner Ensemble** am Bertolt-Brecht-Platz. Dort, wo noch im 18. Jahrhundert Schiffe auf Kiel gelegt wurden, entstand in den Jahren 1891 bis 1892 nach Entwurf von Heinrich Seeling das reich ausgestattete Neue Theater am Schiffbauerdamm. Im Jahr 1903 übernahm Max Reinhardt das Haus. Er ließ einen Orchesterraum und eine Drehbühne einbauen. Bereits in dem vorher unter seiner Leitung stehenden Kleinen Theater Unter den Linden hatte Gorkis „Nachtasyl" ausverkaufte Vorstellungen gehabt, im Theater am Schiffbauerdamm erlebte 1905 der russische Dichter eine solche Aufführung mit. In diesem Haus erfolgte am 31. August 1928 die Uraufführung von Brechts „Dreigroschenoper" als erste von insgesamt 250 aufeinanderfolgenden Aufführungen. An die theatergeschichtliche Bedeutung jener Tage knüpfte das Schicksal des Hauses in unseren Zeiten an. Als 1949 Bertolt Brecht und Helene Weigel mit ihrem neugebildeten Ensemble erstmals „Mutter Courage und ihre Kinder" aufführten (sie gastierten damals im Deutschen Theater), setzten sie neue Maßstäbe für die Theaterarbeit. Diese Inszenierung war Anlaß, dem jungen Schauspielerkollektiv ein eigenes Haus zu übergeben, das Theater am

E 3
Weltbekanntes BE

Berliner Ensemble

Schiffbauerdamm. Als Berliner Ensemble hat es seit 1954 Weltgeltung errungen. Auch nach dem Tode von Bertolt Brecht (1956) und Helene Weigel (1971) hat das Ensemble mit Inszenierungen zeitgenössischer wie klassischer Werke das Vermächtnis des Dramatikers in Ehren bewahrt.
Vor dem Theater wurde zum 90. Geburtstag Brechts am 10. Februar 1988 eine Denkmalanlage von Professor Fritz Cremer eingeweiht. Eine zwei Meter hohe Bronzeplastik zeigt den auf einer Bank sitzenden Brecht inmitten einer die Drehscheibe des Theaters symbolisierenden Kreisfläche. An ihren Rand sind die Verse des Gedichts „Fragen eines lesenden Arbeiters" und eine entsprechende Zeichnung Cremers eingemeißelt. Begrenzt wird das Denkmal von drei Stelen aus schwarzem Stein, verkörpernd die Brechtschen Prinzipien Philosophie, Ästhetik und Politik.
Links neben dem Theater befindet sich das von außen unscheinbare, jedoch von Feinschmeckern gerühmte Weinrestaurant Ganymed, rechts stand einst die erste Berliner Markthalle, 1867 von dem während der Berliner Gründerzeit berühmt und berüchtigt gewesenen Bethel Henry Strousberg begründet und wegen des sumpfigen Bodens auf 863 Pfählen errichtet. Später zog dort der Zirkus ein, bald darauf das Theater. Als Großes Schauspielhaus erlebte das Gebäude unter Max Reinhardt glanzvolle Premieren. 1945 war das Haus eine Ruine, aus der jedoch bald neues Leben sprießen sollte. Noch im gleichen Jahr etablierte sich dort ein Varieté, das später als Friedrichstadtpalast weithin berühmt wurde. 1980 jedoch mußte das Gebäude wegen Baufälligkeit geschlossen und später abgetragen werden.

Friedrichstadtpalast

E 4

Friedrichstadtpalast – Weltstadtvarieté

Ein neues, äußerst modernes und technisch vollkommenes Haus für den → **Friedrichstadtpalast** entstand in der Friedrichstraße 107. Am 28. April 1984, nach nur 39 Monaten Bauzeit, war es mit einer Galapremiere eröffnet worden. Das 110 Meter lange, 80 Meter breite und 20 Meter hohe, von einem 32 Meter hohen Bühnenturm überragte Gebäude (insgesamt 195 000 m^3 umbauter Raum) enthält als architektonischen Mittelpunkt die „Große Revue" mit 1900 Zuschauerplätzen und 24 Meter breiter Bühne. Ein Hubpodium von 18 Metern Durchmesser ermöglicht es, nach Wunsch ein Wasserbassin, eine Eisfläche oder eine Zirkusarena mit Tartanbelag auf die Vorbühne zu heben. Für ein nächtliches Showprogramm, aber auch für die Vorstellungen des kleinen Theaters „das Ei", steht die „Kleine Revue", ein intimes Galerietheater, zur Verfügung. Großzügig ausgestattete Foyers und ein umfangreicher Funktionstrakt mit Werkstätten, Übungsräumen und technischen sowie sozialen Einrichtungen runden den Bau ab.

Auf einer Freifläche rechts vom Haupteingang hat eine vom Bildhauer Reinhard Jacob geschaffene Bildstele der bekannten berlinischen Chansonette Claire Waldoff ihren Platz gefunden. Sie wurde am 22. Januar 1987, ihrem 30. Todestag, enthüllt. Gleichzeitig erhielt eine auf der gegenüberliegenden Straßenseite abzweigende, neue Straße den Namen der Künstlerin.

Erinnerung an Claire Waldoff

Nur wenige hundert Meter noch führt die Friedrichstraße nach Norden. Dieser letzte Abschnitt ist zugleich derjenige, auf dem zu beiden Seiten geschlossene Häuserfronten den Krieg überstanden haben. Auf der rechten Seite verdient das Haus Nr. 122 Aufmerksamkeit. Dort befindet sich eine kleine Gaststätte, die Urberliner City-Klause, vor der zwei „Eiserne Ritter" aufgestellt sind. Solche Figuren hatte man vor 200 Jahren – stets paarweise – an vielen Toreinfahrten postiert, wo sie als Prellböcke dafür sorgten, daß die Räder schwerfälliger Wagen nicht Wände und Ecken ramponierten. Häufig hatten sie ein so martialisches Aussehen wie die beiden hier erhaltenen, nicht selten aber waren es auch nur alte, ausgediente Geschützrohre. Die beiden Ritter von der trutzigen Gestalt (den früheren Stadtsoldaten nachgebildet) in der Friedrichstraße standen übrigens früher in einem Hof in der nahen Kalkscheunenstraße (hinter dem Neubau des Friedrichstadtpalastes) und erlebten ihren Umzug erst im Jahre 1980.

Im Nebenhaus (Friedrichstraße 113) hat der Verlag der Nation seinen Sitz. Dort gibt es eine besuchenswerte Buchhandlung, die Deutsche Bücherstube, und eine Verkaufsstelle für gediegene kunsthandwerkliche Erzeugnisse.

„Eiserner Ritter" vor der City-Klause

Oranienburger Tor, 1886

E 5
Stadtgrenze am Industrierevier

Rechts von der Friedrichstraße gehen dann die Oranienburger Straße und die Linienstraße ab (es ist dies übrigens der Ausgangspunkt der Route H). Hier zog sich einmal Berlins Stadtgrenze und schließlich bis 1869 die Zollmauer entlang. Erhalten blieb davon bis in die letzten Jahre des vorigen Jahrhunderts das → **Oranienburger Tor**, von dem heute noch der Name zeugt, den die Kreuzung mit der Wilhelm-Pieck-Straße trägt. Teile des alten, von Carl von Gontard 1788 erbauten Stadttores sind zwar noch erhalten, doch stehen sie heute nicht mehr in Berlin, sondern in Groß-Behnitz im Kreis Nauen. Der Industrielle August Borsig hatte, als das Tor dem Verkehr der sich ausbreitenden Stadt hinderlich geworden war und abgetragen wurde, den Zugang zu seinem Landgut damit geschmückt. Der Name dieses Mannes ist eng mit der Geschichte des Industriereviers verbunden, das einst hier vor den Toren der Stadt entstanden war. 1826 hatte Franz Anton Egells seine fünf Jahre zuvor gegründete Dampfmaschinenbaumanufaktur in die Chausseestraße verlegt und dort die Neue Berliner Eisengießerei aufgebaut. August Borsig, der seit 1827 Leiter der Egellschen Eisengießerei gewesen war, gründete 1837 eine eigene Maschinenbauanstalt unmittelbar am Oranienburger Tor, die sich rasch entwickelte. Bereits 1838 baute Borsig eine Dampfmaschine zum Betreiben der Wasserkünste im Potsdamer Schloß Sanssouci, 1841 produzierte er die erste Lokomotive für die Berlin-Anhaltische Bahn und ging dann zur Serienfertigung von Lokomotiven über. Im Jahre 1873 verließ die dreitausendste Lokomotive das Werk, in dem nun mehr als 1500 Arbeiter tätig waren. Das Areal vor dem Oranienburger Tor, wo sich neben Egell und Borsig u. a. auch Pflug, Wöhlert und Schwartzkopff niedergelassen hatten, wurde als Zentrum der Berliner Schwerindustrie vom Volksmund „Feuerland" genannt. Gegen Ende des 19. Jahrhunderts wurden die Fabrikanlagen wegen notwendig gewordener Erweiterungen und besserer Verkehrsanschlüsse in die

Schmied, Bronzefigur über dem Eingang zum Borsig-Haus

Borsig-Haus

Berliner Randgebiete verlegt. Vom Borsigschen Besitz blieb in der Chausseestraße 13 das → **Borsighaus** erhalten, das ehemalige Gebäude der Zentralverwaltung. 1899 war es von Reimer und Körte errichtet worden. Heute zählt es mit seiner eklektizistischen Sandsteinfassade, mit vielen Erkern und mit reich gestaltetem plastischen Schmuck und der lebensgroßen Bronzefigur eines Schmieds über der Durchfahrt zu den interessantesten der erhaltenen Gebäude der Chausseestraße. Ihm schräg gegenüber steht das Mietshaus → **Chausseestraße 125**. „In diesem Haus", so liest man auf einer Gedenktafel am Eingang, „arbeiteten und wohnten Bertolt Brecht von 1953 bis 1956 und Helene Weigel von 1953 bis 1971." Zum 80. Geburtstag Brechts wurde das Gebäude 1978

E 6
Das Haus mit dem Schmied

E 7
Zu Gast bei Brecht und Weigel

als Kultureinrichtung der Öffentlichkeit übergeben. Es enthält die originalgetreu hergerichteten Wohn- und Arbeitsräume des Dichters und seiner Lebensgefährtin, Räume für Vorträge, Lesungen und andere Veranstaltungen, die das Werk Brechts ehren, eine Buchhandlung und im Keller eine kleine Gaststätte. Vornehmlich angemeldeten Gruppen steht das Haus zur Besichtigung und für Treffen offen. In ihm befinden sich auch das Bertolt-Brecht- und das Helene-Weigel-Archiv sowie die theaterwissenschaftlichen Nachlässe der

Brecht-Haus, Hofansicht

Brecht-Mitarbeiterinnen Elisabeth Hauptmann und Ruth Berlau.

E 8
Friedhöfe, einst vor den Toren

Unmittelbar neben dem Brecht-Haus befindet sich der Zugang zum → **Dorotheenstädtischen Friedhof**. 1762 angelegt, befand er sich einst ebenso wie der 1780 begründete → **Französische Friedhof** vor den Toren der Stadt. Beide Begräbnisstätten lohnen einen längeren Besuch. Die Namen vieler Persönlichkeiten findet man auf den Grabsteinen: Hegel, Fichte, Schadow, Schinkel, Hufeland und viele andere sind hier bestattet worden und nach

Grabstätten von Helene Weigel und Bertolt Brecht auf dem Dorotheenstädtischen Friedhof

1945 auch Staatsmänner und Politiker wie Otto Nuschke, Hans Loch und Johannes Dieckmann, die Dichter Bert Brecht, Johannes R. Becher, der Komponist Hanns Eisler, die Schriftsteller Arnold Zweig, Heinrich Mann, Bodo Uhse und Anna Seghers, die Regisseure Erich Engel und Wolfgang Langhoff. Auf dem Französischen Friedhof, angelegt als Beisetzungsort der Mitglieder der Französischen Gemeinde, nachdem der Kirchhof am Gendarmenmarkt wegen des Baus des Turmes an der Französischen Kirche verlegt werden mußte, findet man die Ruhestätten vieler bedeutender Berliner. Der Maler Daniel Chodowiecki gehört dazu, die Schauspieler Ludwig Devrient und Heinrich Greif, oder die als Berliner Original bekannt gewordene Madame du Titre.

Statuette vom Grabmal J. G. Schadow auf dem Dorotheenstädtischen Friedhof

Geht man am Brecht-Haus vorbei die Chausseestraße weiter, gelangt man zu der Stelle, wo vor seiner Zerstörung im Kriege das Haus Nr. 121 stand, in dessen zweitem Geschoß Karl Liebknecht seine letzte Anwaltskanzlei hatte. Heute erhebt sich an dieser Stelle auf einer Freifläche ein → **Gedenkstein**, der daran erinnert, daß sich dort am 1. Januar 1916 die revolutionäre Linke zur Spartakusgruppe zusammenschloß, der Keimzelle der Kommunistischen Partei Deutschlands.

E 9
Gedenkstein für Spartakus

Weiter führt der Weg durch die Chausseestraße bis zur Kreuzung mit der Invalidenstraße. Hier biegt der Wanderweg links ab, führt vorbei an neuen Sektionsgebäuden der Berliner Universität zum → **Museum für Naturkunde**. Es wurde 1883 bis 1889 – wie die angrenzenden Bauten, das heutige Sektionsgebäude der Humboldt-Universität

E 10
Im Lichthof Saurier

Museum für Naturkunde

(Nr. 42) und das Ministerium für Geologie mit dem Zentralen Geologischen Institut (Nr. 44), von August Tiede – auf dem Gelände der 1873 aufgelösten Königlichen Eisengießerei vor dem Neuen Tor erbaut. Das Naturkundemuseum – bestehend aus dem Paläontologischen, dem Mineralogischen und dem Zoologischen Museum – birgt wertvolle Sammlungen, darunter viele Exemplare, die einmalig in der Welt sind. Neben den naturkundlichen Sammlungen von Leningrad, London, New York und Paris zählt das Berliner Natur-

Brachiosaurusskelett im Museum

kundemuseum zu den größten der Welt. Besondere Aufmerksamkeit findet hier das 12 Meter hohe Skelett des Brachiosaurus, das größte Saurierskelett, das jemals gefunden und ausgestellt worden ist.
Vor dem Museum überquert der Wanderweg übrigens einen Wasserlauf, der von vielen (vor allem alten) Berlinern heimlich geliebt, aber nur von wenigen an dieser Stelle wahrgenommen wird: die Panke. Dieses aus dem Norden kommende Bächlein ist hier gerade noch ein Rinnsal, und wenn man es oftmals nicht sieht, so liegt das daran, daß die Panke, je mehr sie sich ihrer Spreemündung nähert, desto öfter in unterirdische Kanäle verbannt wird.

E 11
Haus der Künste

Der Weg führt nun über den Robert-Koch-Platz, der rechts vom Gebäude der → **Akademie der Künste** begrenzt wird. 1904/06 war es von Ernst von Ihne als Haus für ärztliche Fortbildung in neobarocken Formen erbaut worden. 1950 wurde es bei der Neugründung der Akademie der Künste

Haus der Akademie der Künste der DDR

der DDR Sitz dieser Institution, die die Tradition der 1696 gegründeten „Mal-Bild- und Baukunst Academie" fortsetzt und sich damit als älteste deutsche Kulturinstitution ausweist.

In der Hermann-Matern-Straße erhebt sich gleich links der mächtige Neubau der Berliner → **Charité**. Mehr als 1000 Krankenhausbetten, 30 Stationen, 26 Operationssäle und fünf Intensivstationen enthält das 1982 eingeweihte Hochhaus des Chirurgisch Orientierten Zentrums in seinen 23 Etagen.

E 12
Hochhaus für die Chirurgie

Neubau der Charité mit Robert-Koch-Denkmal

Vor dem Neubau wurde am 24. März 1982, dem hundertsten Jahrestag der Entdeckung des Tuberkelbazillus, das → **Denkmal** des Arztes und Forschers Robert Koch nach seiner Restaurierung wiederenthüllt. Das Marmorsitzbild ist 1914/15 von Louis Tuaillon geschaffen worden und stand früher auf dem Robert-Koch-Platz. Nach dem Passieren des Charité-Neubaus findet man in der Hermann-Matern-Straße auf der linken Seite mehrere beachtenswerte Gebäude. Da ist zunächst das Haus → **Hermann-Matern-Straße 60**, in dem – damals war es die Luisenstraße 45 a – von Oktober 1838 bis zum März 1839 der Student Karl Marx wohnte. Es ist das einzige erhaltene seiner Berliner Quartiere. Im Nebenhaus (Nr. 58/59), das heute von der Akademie der Künste der DDR genutzt wird, hatte von 1949 bis 1976 die Volkskammer der DDR ihren Sitz.

E 13
Denkmal
für Robert Koch

E 14
Hier wohnte Marx

Im Haus → **Hermann-Matern-Straße 57**, dem ehemaligen Reichsgesundheitsamt, befanden sich von 1879 bis 1897 Dienstwohnung und Laboratorium von Robert Koch. (Eine Gedenkstätte für Robert Koch befindet sich heute im Institut für medizinische und allgemeine Mikrobiologie der Humboldt-Universität in der Clara-Zetkin-Straße 96.)

E 15
Robert Kochs
Laboratorium

Das im spätklassizistischen Stil erbaute Gebäude in der Hermann-Matern-Straße 56 ist 1839/40 von Ludwig Hesse als Lehrgebäude für die 1790 gegründete Tierarzneischule, die spätere → **Tierärztliche Hochschule**, erbaut worden. In seinem rückwärtigen, von der Panke durchflossenen Park wird noch heute vom Institut für Lebensmittelhygiene der Humboldt-Universität das 1789/90 von Carl Gotthard Langhans d. Ä. erbaute Anatomische Theater genutzt, das die Berliner Studenten „Trichinentempel“ nannten. Es war mit zu seiner Zeit

E 16
Hochschule
für Veterinäre

Anatomisches Theater
„Trichinentempel“

Historischer Hörsaal im Anatomischen Theater

modernsten Einrichtungen (z. B. Seziertische auf einer Plattform, die mittels hölzernen Räderwerks im Keller versenkt werden konnte) ausgestattet.

E 17
Lortzings letzte Wohnung

Am Haus → **Hermann-Matern-Straße 53** kündet eine Tafel davon, daß dort Albert Lortzing bis zu seinem Tode am 21. Januar 1851 gewohnt hat. Erst im Juli 1850 war der gerade wieder in Berlin Fuß fassende Komponist hier mit seiner Familie eingezogen. An der nächsten Ecke biegt der Weg für einen Abstecher nach links in die Schumannstraße ein. Noch bevor die dort beheimateten Theater erreicht werden, verdienen einige →

E 18
Klassizistische Wohnhauszeile

Bürgerhäuser Aufmerksamkeit: schlichte, vierstöckige Wohnhäuser aus der ersten Hälfte des vorigen Jahrhunderts, die noch eine geschlossene Wohnzeile bilden. Im Hause Nr. 15 wohnte ab etwa 1881 der Mediziner Carl Ludwig Schleich, der als einer der ersten Ärzte in Berlin Operationen bei örtlicher Betäubung ausführte. Schleich war ein Schüler Virchows und später Professor an der Berliner Universität.

Die Schumannstraße und ihr Umfeld waren schon seit jeher Stätten des Theaters. Zeitweise spielten dort sechs Bühnen. Zwei sind es heute: das Deutsche Theater und die Kammerspiele. Das → **Deutsche Theater** (Schumannstraße 13) war am

E 19
Die Bühne Max Reinhardts

29. September 1883 im prachtvoll umgebauten ehemaligen Friedrich-Wilhelmstädtischen Theater eröffnet worden. Von Anfang an traten dort erstklassige Schauspieler auf, und mit seinem Spielplan leitete es einen neuen Abschnitt in der Berliner Theatergeschichte ein. Unter der Leitung von Max Reinhardt (von 1905 bis 1932), der 1906 auch die Kammerspiele gründete, errang es Weltruf. In den Jahren 1979 bis 1983 wurden beide, nebeneinanderliegende Theatergebäude rekonstruiert und restauriert. Gegenüber den Theatern auf

Deutsches Theater
und Kammerspiele

einer nach 1945 geschaffenen Feifläche zwei Stelen von Eberhard Bachmann, um 1950 geschaffen: Otto Brahm, 1894 bis 1905 Intendant des Deutschen Theaters, und sein Nachfolger Max Reinhardt.

Der Weg führt nun durch die Schumannstraße zurück zur Hermann-Matern-Straße. Nach Überqueren dieser Straße rechts das → **Denkmal für Albrecht von Graefe**, das den Mittelpunkt einer von Martin Philipp Gropius und Heiner Schmieden 1880 bis 1882 geschaffenen Schauwand bildet. Graefe, der u. a. den Helmholtzschen Augenspiegel in die ärztliche Praxis einführte, war einer der

E 20
Denkmal
für einen Augenarzt

Albrecht-von-Graefe-
Denkmal

vielen hervorragenden Mediziner, die an der Berliner → **Charité** wirkten, deren alter Haupteingang sich am Ende der Schumannstraße befindet. 1710 ist der Grundstein für diese älteste medizinische Bildungseinrichtung Berlins gelegt worden. Allerdings war sie damals als Pest- und Seuchenhaus gegründet, aber nie als solches genutzt worden. Sie wurde vielmehr zunächst Garnisonslazarett und später Lehranstalt für Kriegswundärzte. Als 1810 die Berliner Universität gegründet worden war, gliederte man ihr die Charité an, und deren leitende Ärzte wurden zu Universitätsprofessoren berufen. Weltweiten Ruf errang die Charité als Stätte wissenschaftlichen Fortschritts. Dort lehrten und wirkten Gelehrte wie Rudolf Virchow, Hermann von Helmholtz, Robert Koch, Paul Ehrlich und Ferdinand Sauerbruch. 1945 war die gesamte Anlage ein Trümmerhaufen; 56 Prozent ihrer Gebäude waren vernichtet oder schwer beschädigt.

E 21
Das Pesthaus machte Medizingeschichte

Vom Eingang zur Charité führt die kurze Charitéstraße zum → **Karlplatz**, auf dem die von Bert Brecht besungene „Pappel am Karlplatz" inzwischen Nachfolger gefunden hat. Hier steht auch das 1910 von Fritz Klimsch geschaffene Denkmal für Rudolf Virchow, der nicht nur als Professor der Charité Hervorragendes leistete, sondern auch als Kommunalpolitiker, der sich als Stadtverordneter und Reichstagsabgeordneter für soziale Verbesserungen einsetzte. Seinem Wirken ist es zum Beispiel zu verdanken, daß Berlin endlich eine Kanalisation bekam, und auch die Gründung eines Heimatmuseums (des heutigen Märkischen Museums) hat er mit durchgesetzt. Politisch war er als Abgeordneter der liberalen Fortschrittspartei ein erbitterter Feind Bismarcks.

E 22
Virchow unter der Pappel

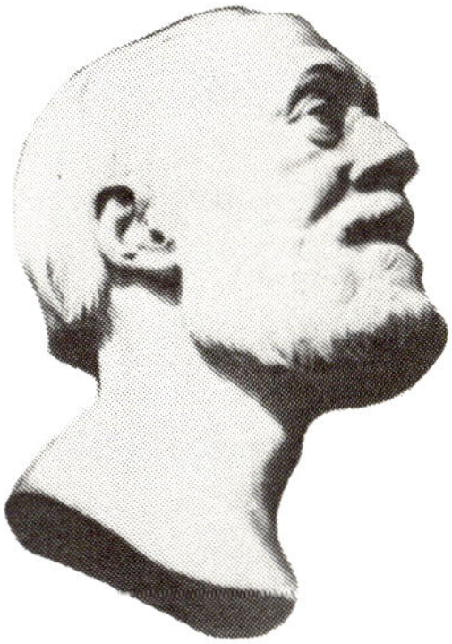

Denkmal für Rudolf Virchow

In dem Gebäude, das sich hinter dem Denkmal erhebt (Karlplatz 7), hat die Handwerkskammer ihren Sitz. Bemerkenswert sind dort die schmiedeeisernen Schmuckgitter vor den Fenstern, deren Motive handwerkliche Traditionen, aber auch Themen und Motive aus Märchen und Sagen aufgreifen, soweit sie das Handwerk berühren.

In unmittelbarer Nähe des Karlplatzes, kurz vor der S-Bahn-Überführung, steht das Gebäude des ehemaligen → **Bülowschen Palais**, dessen spätklassizistische Ausstattung aus dem Jahre 1848 stammt. Es beherbergt heute den Zentralen Klub der Gewerkschaft Kunst, der den Namen Die Möwe trägt.

E 23
Die Möwe im Palais

Ihm gegenüber beginnt die unter Denkmalschutz stehende → **Marienstraße** mit Gebäuden aus der ersten Hälfte des 19. Jahrhunderts. Das Profil der Straße, die in den Jahren 1970 bis 1973 sorgsam restauriert worden ist, wurde durch die Vorschriften der Bauordnung von 1853 geprägt, das heißt, die Gesimshöhe entspricht hier der Breite der Straße. Es ist der einzige nahezu

E 24
Marienstraße – breit wie hoch

„Eiserner Ritter“
am Haus
Marienstraße 2

Die Möwe

komplett erhaltene Straßenzug aus den Jahren 1830/40, lediglich die Häuser am Anfang und Ende der Straße wurden später durch Neubauten ersetzt. Im Eckhaus links hat in den Jahren von 1887 bis 1888 der japanische Erzähler, Dramatiker und Übersetzter Mori Ogai gewohnt. Eine Gedenktafel befindet sich am Eingang in der Hermann-Matern-Straße. Er war nicht nur einer der Mitbegründer der modernen japanischen Literatur, sondern übersetzte auch als erster Goethes „Faust“ sowie Werke von Lessing, Kleist und E. T. A. Hoffmann

Blick in die
Marienstraße

ins Japanische. Während seines Aufenthalts in Berlin studierte er (u. a. bei Robert Koch) Medizin. Seinem Andenken ist eine kleine Ausstellung in diesem Hause gewidmet.

Ein Klassiker der bildenden Kunst wohnte 1860/65 in der Marienstraße 22: Adolph Menzel, der berühmte Maler und Grafiker. In jenem Haus entstand sein Werk „Blick in den kleinen Hofgarten des Hauses".

Gelangt man an das Ende der Marienstraße, sollte man an der Ecke zur Albrechtstraße rechts das 1910 gegründete „Hospiz am Bahnhof Friedrichstraße" beachten, in dem 1954 u. a. der amerikanische Bürgerrechtskämpfer Martin Luther King während seines Aufenthalts in Berlin Quartier nahm.

Nun nähert sich der Weg wieder dem Bahnhof Friedrichstraße. Er führt, rechts abbiegend, durch die Albrechtstraße zum Schiffbauerdamm, wo vielleicht noch das Wein-ABC Aufmerksamkeit finden dürfte, eine gediegene Gaststätte, die ihrem Namen alle Ehre macht.

Die Spree überquert man dann über eine sehr eigentümliche Brücke. Sie hängt sozusagen unter der Bahnüberführung, und auf ihr befindet sich auch ein Zugang zum S-Bahnhof Friedrichstraße, dem Ausgangspunkt der Wanderung.

Gedenktafel
für Mori Ogai

ab Jannowitzbrücke

Zwischen Märkischem Ufer und Monbijoupark

● S-Bahnhof Jannowitzbrücke ● Märkisches Ufer ● Fischerinsel ● Breite Straße ● Werderstraße ● Niederlagstraße ● Kupfergraben ● Monbijoupark

Diese Route führt im Zentrum Berlins entlang der Spree durch eine reizvolle Stadtlandschaft mit Wasserflächen, historischen Bauwerken, Parks und einladenden Uferpromenaden. Jahrhunderte Berliner Geschichte berührt man bei dieser Wanderung am Strand der Spree. Ausgangspunkt ist der S-Bahnhof Jannowitzbrücke, womit zugleich die günstigste Verkehrsverbindung genannt ist. Im weiten Bogen umschlingen die Spreearme eine langgestreckte Insel vom einstigen Fischerkietz bis zum Bode-Museum. Der Wanderweg führt am Märkischen Ufer entlang über Fischerinsel, Lange Straße, weiter über die Schleusenbrücke und von dort, vorbei am Schinkelmuseum in der Friedrichswerderschen Kirche, in Richtung Linden, dann entlang des Kupfergrabens, vorbei an Pergamon- und Bode-Museum durch den Monbijoupark. Baugeschichtlich interessante Brücken, historische Wohnhäuser sowie moderne Repräsentationsbauten zeugen von architektonischer und handwerklicher Kunst der Vergangenheit und großzügiger Stadtgestaltung in der Gegenwart. Endpunkt dieser Route ist der S-Bahnhof Marx-Engels-Platz.

Wanderzeit:

etwa 2 bis 3 Stunden
An dieser Route liegen bekannte Museen (Märkisches Museum, Schinkelmuseum, Museum für Deutsche Geschichte, Pergamon-Museum und Bode-Museum). Für den Besuch sind entsprechende Zeiten einzuplanen.

Route F

Schwebebahnentwurf für die Spreekreuzung Jannowitzbrücke

Mühlendammschleuse

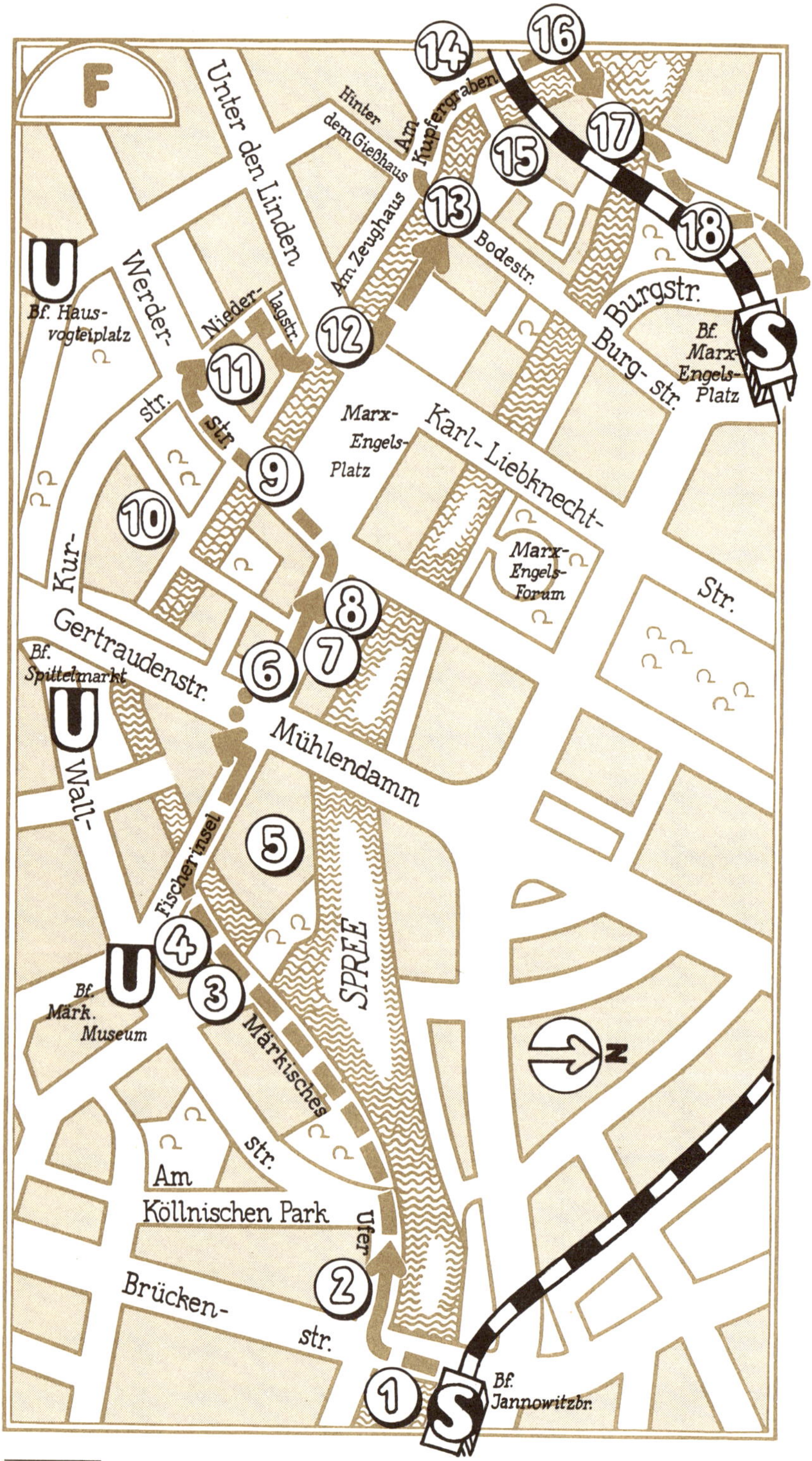
F
Unter den Linden
Hinter dem Gießhaus
Am Kupfergraben
Am Zeughaus
Bodestr.
Burgstr.
Burg-str.
Bf. Marx-Engels-Platz
Bf. Hausvogteiplatz
Werder-str.
Nieder-lagstr.
Marx-Engels-Platz
Karl-Liebknecht-Str.
Marx-Engels-Forum
Kur-
Gertraudenstr.
Bf. Spittelmarkt
Mühlendamm
Wall-
Fischerinsel
SPREE
Bf. Märk. Museum
Märkisches Ufer
str.
Am Köllnischen Park
Brücken-str.
Bf. Jannowitzbr.
N
1
2
3
4
5
6
7
8
9
10
11
12
13
14
15
16
17
18

Jannowitzbrücke um 1840

Am S-Bahnhof → **Jannowitzbrücke** geht es als erstes über die Brücke, nach der der Bahnhof benannt wurde, in Richtung Märkisches Ufer.

F 1
Herr Jannowitz kassierte Zoll

Ein geschäftstüchtiger Baumwollfabrikant namens Christian August Jannowitz erwirkte 1822 ihren Bau und einen einträglichen Brückenzoll. Viermal veränderte sie in ihrer bewegten Geschichte Gestalt und Größe. Ursprünglich war sie eine Holzbrücke. Reichlich sechs Jahrzehnte später entstand eine schmiedeeiserne Bogenkonstruktion. Ende der zwanziger Jahre mußte sich die „Alte Jannowitz" einer Verjüngungskur unterziehen. 1945 wurde sie von faschistischen Sprengkommandos zerstört und 1952 bis 1954 als Stahlkonstruktion neu errichtet. Von der Brücke hat man einen reizvollen Blick über das breite Spreebecken zur Fischerinsel, einer Etappe dieser Route, und zum neuen, repräsentativen Sitz des Bundesvorstandes des FDGB, Ecke Brückenstraße – Märkisches Ufer. Wenige Schritte weiter ist die Nr. 48 des Märkischen Ufers, das → **Marinehaus**, bemerkenswert. Hier befand sich, wie auch eine am Hause befindliche Gedenktafel verkündet, in der Zeit von Januar bis März 1919 der Stab der Volksmarinedivision, der bewaffneten Formation des revolutionären Arbeiter- und Soldatenrates,

F 2
Stabsquartier im Marinehaus

Märkisches Museum

Blick auf die Mühlendammschleuse

die in den Dezembertagen des Jahres 1918 Marstall und Schloß gegen schwere Angriffe konterrevolutionärer Truppen verteidigt hatte.
Der Weg biegt nun rechts ab. Stufen führen zur Promenade direkt am Wasser. Linker Hand verdecken Büsche und Bäume das Märkische Museum (in der Route D beschrieben). Rechts befindet sich das Roland-Ufer mit den dahinter liegenden Bauten des Stadtzentrums. Voraus, wo die Spree sich in einen schmalen und einen breiten Arm teilt, stehen Pappeln scheinbar mitten im Wasser. Sie wachsen auf einer der bahnsteigartigen Kammerseiten der Mühlendammschleuse. Sie sichert eine wichtige Verbindung im Wasserstraßennetz zwischen Oder und Elbe und vermittelt gleichzeitig ein wenig Hafenromantik inmitten des Häusermeeres. Entlang dem Märkischen Ufer führt der Weg vorbei an der Inselbrücke. Links reihen sich wiedererbaute alte Bürgerhäuser aneinander, deren Architektur diesen Teil der Uferpromenade besonders anziehend macht. Bis Ende der sechziger Jahre entstand hier ein Stück Alt-Berlin als Ensemble von acht Gebäuden aus dem 18. und 19. Jahrhundert. Eines der bekanntesten, das → **Otto-Nagel-Haus**, besteht aus zwei Gebäuden. Im Barockstil erbaut, gehören die Häuser Nr. 16 (um1790) und 18 (um 1730) zu den wenigen erhaltenen Kostbarkeiten der Berliner Baugeschichte. Die Gedenkstätte im Otto-Nagel-Haus beherbergt eine Gemäldegalerie und ist gleichzeitig eine lebendige Kulturstätte. Sie gibt Einblick in Leben und Werk des proletarisch-revolutionären Künstlers und sozialistischen Kulturpolitikers Otto Nagel.
Auch die Sammlung „Proletarisch-Revolutionäre und Antifaschistische Kunst“ der Nationalgalerie ist hier untergebracht.

Inselbrücke

F 3
Haus mit künstlerischer Tradition

Die Häuser Nr. 10 und 12, im Inneren miteinander verbunden, passen sich harmonisch dem abwechslungsreichen Bild des Märkischen Ufers an, obwohl sie ursprünglich gar nicht hierher gehörten. Beide Häuser wurden als Kopien von ihren ursprünglichen Standorten in Baulücken „verpflanzt". Für den dreigeschossigen Barockbau (Nr. 12) stand das Haus Friedrichsgracht 15 Pate.

Das → **Ermeler-Haus** (Nr. 10) ist das letzte Berliner Bürgerhaus des Rokoko mit einer frühklassizistischen Fassade. Es hat eine wechselvolle Geschichte, die mit seinem Umzug von der Breiten Straße Nr. 11 zum Märkischen Ufer abschloß.

Bereits 1567 wird ein Besitzer im Abgabenregister genannt. Im 18. Jahrhundert erwarb der Hoflieferant und Goldsticker Peter Friedrich Damm das Haus. Dieser ließ es umbauen, um mit dem preußischen Hofadel mitzuhalten. Die Räume wurden

F 4
Raabediele
im Ermeler-Haus

Märkisches Ufer

Rosenzimmer
im Ermeler-Haus

künstlerisch kostbar ausgestattet. Später kaufte der Tabakfabrikant Neumann das Gebäude. Dieser ließ die frühklassizistische Fassade mit einem Fries mit Darstellungen aus der Geschichte des Tabakgewerbes versehen.
Ebenfalls einem Tabakfabrikanten, Wilhelm Ermeler, ist der Erhalt dieses Hauses zu verdanken. 1824 kaufte er es für die damals recht hohe Summe von 40000 Talern.
Bis zum Jahre 1914 blieb es dann im Besitz der Familie. Lange Zeit war es auch geistig-kulturelles Zentrum bürgerlichen Gesellschaftslebens. Später richtete der Magistrat von Berlin, als neuer Eigentümer, eine Zweigstelle des Märkischen Museums dort ein. Im zweiten Weltkrieg stark beschädigt und 1952/53 restauriert, diente es dem Stadtarchiv und der Ratsbibliothek als Domizil.
Im Zuge der Neugestaltung der Breiten Straße wurde das Ermeler-Haus, nach umfangreichen Dokumentationen und der Sicherstellung wertvoller Ausstattungen und Details, mit originalgetreuer Fassade und zahlreichen historischen Innenräumen am neuen Standort aufgebaut. Ein Café, ein Weinrestaurant und die nachempfundene traditionsreiche Raabediele im Kellerbereich haben in diesem Haus ihr Domizil.

F 5
Hochhäuser im alten Kietz

Über die Fischerbrücke erreicht man die→**Fischerinsel**. Dort, wo sich einst der alte Fischerkietz ausbreitete, mußten die überalterten und verfallenen

Panorama von einem Wohnhochhaus im Fischerkietz gesehen

Fachwerkbauten, größtenteils im Krieg stark beschädigt, modernen Wohnhochhäusern weichen. Ein helles, lichtes Wohngebiet entstand hier mit 70 Meter hohen Bauten, und neben zahlreichen anderen Versorgungseinrichtungen beschließt die eigenwillig konstruierte Mehrzweckgaststätte Ahornblatt dieses Ensemble, nach der Dachkonstruktion mit fünf ausladenden Spitzen so genannt. Davor steht eine Stele mit 17 Bild- und Schrifttafeln. Berlintypische Motive erinnern an die Geschichte dieses Fleckchens, so die Fischerfrau von Kietz und eines der ältesten Stadtsiegel.
Ein Fußgängertunnel unterquert die Gertraudenstraße. Durch ihn gelangt man zur Breiten Straße und weiter in Richtung Marx-Engels-Platz. Die linke Seite der Straße nimmt der lange Gebäudekomplex des → **Ministeriums für Bauwesen** ein. Ihm folgt das Staatsratsgebäude. Betrachtenswert ist ein am Ministerium befindliches, über vier Stockwerke reichendes Emaillewandbild von Professor Walter Womacka. Zwischen Spreearm und Breite Straße ist auf der rechten Seite die Giebelbemalung interessant: Berliner Theater und Museen sind auf einer viele Quadratmeter großen Karte mit ihren typischen Ansichten dargestellt.

F 6
Bilderwand
am Ministerium

Die → **Berliner Stadtbibliothek** fügt sich als moderner Lückenbau (fertiggestellt 1966) zwischen die altehrwürdigen Gebäude. Weithin bekannt wurde das Eingangsportal mit 117 Varianten des

F 7
117mal A
aus aller Welt

A in Variationen

Buchstaben A in seiner historischen Entwicklung und Gestalt in den Schriftsprachen der Welt auf geschmiedeten Platten, ein Werk des Berliner Kunstschmiedes Professor Fritz Kühn.
Die Gründung der Berliner Stadtbibliothek am 6. 6. 1901 war das Ergebnis des nach dem Fall des Sozialistengesetzes in der Stadtverordnetenversammlung verstärkt geführten Kampfes um die Verbesserung des städtischen Bildungs- und

Büchereiwesens. Die ungeahnte Breitenwirkung einer von Hugo Heimann 1899 mit Unterstützung Paul Singers und August Bebels gegründeten öffentlichen und kostenlosen Bücherei und Lesehalle auf das Berliner Proletariat, ließ die Konservativen in Stadtverordnetenversammlung und Magistrat aus Furcht vor der weiteren ideologischen Wirksamkeit der Heimannschen Bibliothek ihren Standpunkt zugunsten einer öffentlichen kommunalen Bibliothek ändern.

Am 15. 10. 1907 wurde die Bibliothek in der Zimmerstraße 90/91 eröffnet. Der 1908 beschlossene Neubau scheiterte durch den Ausbruch des ersten Weltkrieges, 1921 bezog die Stadtbibliothek dann Räume des ehemaligen Marstalls. Staatliche Bildungspolitik in der sozialistischen Gesellschaft und die Wißbegier der Berliner erforderten den umfangreichen Ergänzungsneubau, entworfen

Ribbeckhaus und Marstall

von einem Kollektiv unter Leitung Heinz Mehlans. Für stadtgeschichtlich interessierte Besucher sind die umfangreichen Bestände der Ratsbibliothek im Querflügel (Hof) von besonderem Interesse.

F 8

Portal Baujahr 1624

Neben der Stadtbibliothek befindet sich ein Gebäude aus dem 17. Jahrhundert, das → **Ribbeckhaus**. Um die ganze schlichte Schönheit des Gebäudes zu erfassen, sollte sich der Betrachter einmal auf die andere Straßenseite begeben. Von dort überblickt man das einzige erhalten gebliebene Renaissance-Bauwerk der Hauptstadt mit seinen vier zierlichen Giebeln und dem mit Ornamenten und Figuren reich geschmückten Sandsteinportal aus dem Baujahr 1624. Im Jahre 1659 wurde das Ribbeckhaus in den Alten Marstall – den einzigen erhaltenen frühbarocken Bau Berlins – einbezogen. 1666 bis 1669 wurde er von Matthias Smids, einem aus Holland stammenden Baumeister und Unternehmer, errichtet. Der heutige

Portal
vom Ribbeckhaus

Alte war damals eigentlich der Neue Marstall, denn er entstand anstelle des 1665 abgebrannten. Nach erheblichen Zerstörungen im Krieg wurde er, genauso wie das Ribbeckhaus, mit großem Aufwand wiederhergestellt.

Der Weg führt nach links entlang dem Sitz des Staatsrates der DDR (siehe Route B) zur → **Schleusenbrücke**. Sie verbindet den Marx-Engels-Platz mit der Werderstraße und hat, wie alle Brücken in diesem Bereich der Stadt, eine jahrhundertealte Geschichte. Um 1550 befand sich hier die erste Schleuse der damaligen Doppelstadt. 1937 fand man bei Arbeiten an der Brücke vier Kupfertafeln, die mit den Jahreszahlen 1657, 1694, 1863 und 1897 auf Umbauten an der Brücke hinwiesen. Im „Cöllnischen Stadtbuch" wurde ein Übergang an dieser Stelle bereits im Jahre 1443 erwähnt.

F 9
Medaillons von
Kurt Schumacher

Aber diese Brücke ist nicht nur mit der fernen, sondern auch mit der jüngeren Geschichte verbunden. Davon zeugen die Werke des Bildhauers Kurt Schumacher.

Im dunklen Eisengeländer der Brücke kann man goldglänzende Medaillons entdecken, Reliefmotive mit historischen Ansichten des Territoriums im weiteren Bereich der Brücke aus den Jahren 1657 und 1774 sowie 1650 und 1688. Die beiden zu den zuletzt genannten Jahren gehörenden Medaillons schuf der antifaschistische Bildhauer Kurt Schumacher. Er kämpfte in den Reihen der Wider-

Medaillon an der Schleusenbrücke

standsgruppe Schulze-Boysen/Harnack. Die Nazis ließen ihn 1942 in Plötzensee hinrichten. Nur wenige Originale aus dem Schaffen des begabten Künstlers sind der Vernichtungswut der Faschisten entgangen. Die Medaillons an der Schleusenbrücke zählen dazu. Sie wurden bei der Suche nach Arbeiten Kurt Schumachers von seinen Mördern nicht entdeckt. Eine Gedenktafel an der Brücke weist den Betrachter auf das Werk des Künstlers hin und auf sein Opfer für eine glückliche Zukunft unseres Volkes.

Linker Hand zieht die langgestreckte Sandsteinfassade der ehemaligen Reichsbank hinter den weitläufigen Rasenflächen des Werderschen Marktes den Blick auf sich. Seit 1959 befindet sich hier der Sitz des Zentralkomitees der Sozialistischen Einheitspartei Deutschlands.

Der Weg führt weiter in Richtung Französische Straße zur → **Friedrichswerderschen Kirche**, die 1824 bis 1830 nach Plänen von Karl Friedrich Schinkel errichtet wurde. Er verschmolz bei diesem Bau Klassizismus mit Neogotik. In alter Schönheit wiederhergestellt, ist sie seit dem 750jährigen Stadtjubiläum der Öffentlichkeit als Schinkelmuseum zugänglich.

F 10
Schinkelmuseum in der Kirche

Unmittelbar davor, etwas versteckt unter einer weitausladenden Baumkrone, steht der von Bildhauer Hugo Lederer 1928 geschaffene → **Bärenbrunnen**, eine lebensvolle, sympathische Gestaltung des Berliner Wappentiers. Auf dem erhöht angeordneten Mittelteil sitzt eine Bärenmutter und beobachtet das Spiel ihrer Jungen.

F 11
Brunnen für Wappentiere

Über die Niederlagstraße rechts einbiegend, kreuzt der Weg dann die Straße Unter den Linden.

Friedrichswerdersche Kirche

Klassizistische Eisenarbeit am Eingang zur Kirche

Schinkelmuseum in der Friedrichswerderschen Kirche

Das Zeughaus in Richtung Wasserseite umschreitend, erreicht man die → **Marx-Engels-Brücke**, die nach Schinkels Plänen erbaut wurde. Sie zählt zu den schönsten Berlins (siehe Route C).

F 12
Schönste Schinkelbrücke

Über die Brücke hinweg und unmittelbar dann links in den Lustgarten einbiegend, führt der Weg zur → **Eisernen Brücke**. Im Verlaufe der Jahrhunderte wurde mehrfach um- und neugebaut, wobei meist auch das verwendete Material wechselte. Die unterschiedlichen Namen der Brücke werfen

F 13
Eine „Eiserne" im Steingewand

Blick auf die
Eiserne Brücke

ein Licht auf ihre wechselvolle Geschichte: „Brücke über den Durchschnitt bei der Treckschute", „Wallbrücke", „Hohe Brücke", „Kupferbrücke". Und als sie Ende des 18. Jahrhunderts als erste Brücke Berlins eine gußeiserne Konstruktion erhielt, wurde sie „Eiserne Brücke" genannt. 1825 ganz in Stein erbaut, wurde die Brücke mit einem hölzernen Klappendurchlaß und dem entsprechenden Überbau versehen. 1894 löste wiederum eine Eisenkonstruktion die bisherige Brükkengestaltung ab. Grund dafür war die darüber hinwegführende Pferdebahnlinie. Noch während des ersten Weltkrieges war eine verkehrsnotwendige weitere Veränderung der Brücke erforderlich.

Der Architekt Walter Köppen kombinierte die Eisenkonstruktion mit einem Steingewölbe. Die Beschädigungen im zweiten Weltkrieg wurden 1950 zunächst provisorisch beseitigt, und Ende der sechziger Jahre entstand die Brücke in ihrer alten Schönheit.

Scholle
als Brunnen

Der Weg führt weiter entlang der Straße Am Kupfergraben. Zu den schönsten erhalten gebliebenen barocken Wohngebäuden Berlins ist hier wohl das → **Haus Nr. 7** zu rechnen. Historiker vermuten, daß der Entwurf von Knobelsdorff stammt.

F 14
Das schönste
Barockhaus

Eine Gedenktafel erinnert an das Schaffen des Physikers Gustav Magnus, der hier seinen Wohnsitz hatte und um 1842 das erste physikalische Laboratorium Berlins darin einrichtete. Ab 1845 war hier der Sitz der von ihm gegründeten Physikalischen Gesellschaft. Neben anderen berühmten Persönlichkeiten arbeitete dort auch der Physiker Max Planck. Im Erdgeschoß des Hauses befindet sich die Bibliothek des Begründers der Quantentheorie. Von 1912 bis 1929 wohnte ein anderer

Magnushaus,
Kupfergraben 7

Prominenter des Berliner Geisteslebens im Obergeschoß: der berühmte Regisseur Max Reinhardt. Zum weltberühmten → **Pergamon-Museum**, rechter Hand, führt ein neuer Weg über den kanalartigen Spreearm. Diese Brücke gehört zu der neuen Eingangslösung des Museums mit dem modernen, in die historische Umgebung gut eingefügten Eingangspavillon. Der an gleicher Stelle ursprünglich vorgesehene Haupteingang wurde nie gebaut. Das Pergamon-Museum, das nach Plänen

F 15
Museum weltberühmt

Neuer Eingang
zum Pergamon-Museum

von Ludwig Hoffmann und Alfred Messel erbaut wurde, beherbergt das Vorderasiatische Museum, die Antiken-Sammlungen mit dem Pergamon-Altar, das Islamische Museum, die Ostasiatische Sammlung und das Museum für Volkskunde.

F 16
Bombardier Engels zum Gedenken

Auf der linken Seite des Weges befindet sich die → **Friedrich-Engels-Kaserne**. In dem 1773 errichteten Vorgängerbau leistete der Mitbegründer des Marxismus, Friedrich Engels, von 1841 bis 1842 beim Garde-Fuß-Artillerieregiment seinen Wehrdienst ab, als „Bombardier". Heute erfüllen Soldaten der Nationalen Volksarmee auch das militärische Vermächtnis Friedrich Engels als Hausherren dieser 1897 an gleicher Stelle neu errichteten Kaserne. Ein Mahnmal am Eingang erinnert an die Opfer von Anschlägen auf die Staatsgrenze der DDR.

F 17
Brücke als Museumseingang

An dieser Stelle überquert die schmale Monbijoubrücke die Spree. Im vorderen Teil hat sich die historische Gestalt nach dem Entwurf des Architekten Ernst von Ihne noch erhalten. In der Mitte stützt sich die Brücke auf die Spitze der Museumsinsel; dieser Abschnitt ist platzartig erweitert, zugleich Eingangsbereich des → **Bode-Museums**. Besonders beachtenswert sind hier vier Steinsäulen mit reich verzierten Lampen aus dem Neobarock. Das Museum wurde nach Wilhelm von Bode benannt (1956). Er war von 1872 bis 1929 an den Berliner Museen tätig und zuletzt deren Generaldirektor. Das Gebäude wurde 1897 bis 1904 nach Entwürfen von Ernst Eberhard von Ihne erbaut. Seine Mauern beherbergen das Ägyptische Museum, die Papyrussammlung, die Skulpturen-

Monbijoubrücke vor dem Eingang zum Bode-Museum

Spielplatz
im Monbijoupark

sammlung, die Gemäldegalerie, das Museum für Ur- und Frühgeschichte und das Münzkabinett.

Über die Brücke wird der → **Monbijou-Park** erreicht. Entlang dem Wasser schlängelt sich der Weg zum S-Bahnhof Marx-Engels-Platz, dem Ende dieser Wanderroute. Über 30000 Quadratmeter breitet sich das Parkgelände zwischen Spree und Oranienburger Straße aus. Hier befinden sich Spielplätze, ein Freibad für Kinder, Kleinsportanlagen, eine Gaststätte und schattige Ruheplätze. Monbijou – mein Kleinod, so stellte es sich einst den Höflingen dar, fernab vom „gemeinen Volk". Höfische Etikette bestimmte die Szene. 1703 bis 1710 erbaut Eosander von Göthe auf dem Terrain ein Rokokoschloßchen. Der königliche Garten barg Laubengänge, Springbrunnen, Orangerie, japanisches Lusthaus, einen chinesischen Glockenpavillon und ein römisches Bad. Im zweiten Weltkrieg wurden das Schloß und der Park zerstört.

F 18
Oase in der Stadt

Über die Oranienburger Straße gelangt man zum S-Bahnhof Marx-Engels-Platz, dem Ende der Route.

ab Bahnhof Friedrichstraße

Zwischen Handelszentrum und Spittelkolonnaden

● Friedrichstraße ● Clara-Zetkin-Straße ● Unter den Linden ● Behrenstraße ● Glinkastraße
● Johannes-Dieckmann-Straße ● Charlottenstraße
● Französische Straße ● Platz der Akademie
● Wilhelm-Külz-Straße ● Leipziger Straße ● Spittelmarkt

Diese Route führt durch einen Teil der Stadt, der einst vom Amüsement, vom Finanzkapital und vom Handel beherrscht war, der dicht gesäumt war von luxuriösen Cafés, extravaganten Restaurants, Amüsierbetrieben und Nachtlokalen. Heute entsteht dort in Anknüpfung an bewahrenswerte Traditionen ein neuer großstädtischer Zentrumsbereich. Ausgangspunkt ist der Bahnhof Friedrichstraße, und anfangs geht es vorbei an einem ehemaligen und zwei sehr modernen Hotels. An historischer Kreuzung passiert die Route die Linden und biegt dann in die Behrenstraße ein, wo sich ehemals die Großbanken niedergelassen hatten und heute die Komische Oper auf sympathischere Art Weltgeltung errungen hat. Durch die Glinkastraße geht es zu Barockbauten, die an den deutschen Philosophen Schleiermacher erinnern, und weiter zu einem Platz, der wieder zu den schönsten in Europa gezählt werden kann. Die Leipziger Straße mit ihren modernen Geschäften, reizvollen Gaststätten und den kunstvollen Kolonnaden führt zum Endpunkt der Route, dem Spittelmarkt.

Wanderzeit:

etwa 2 Stunden
Hinzuzurechnen ist Zeit für den Besuch des Hugenotten-Museums.

Route G

Schauspielhaus,
um 1910

Internationales
Handelszentrum

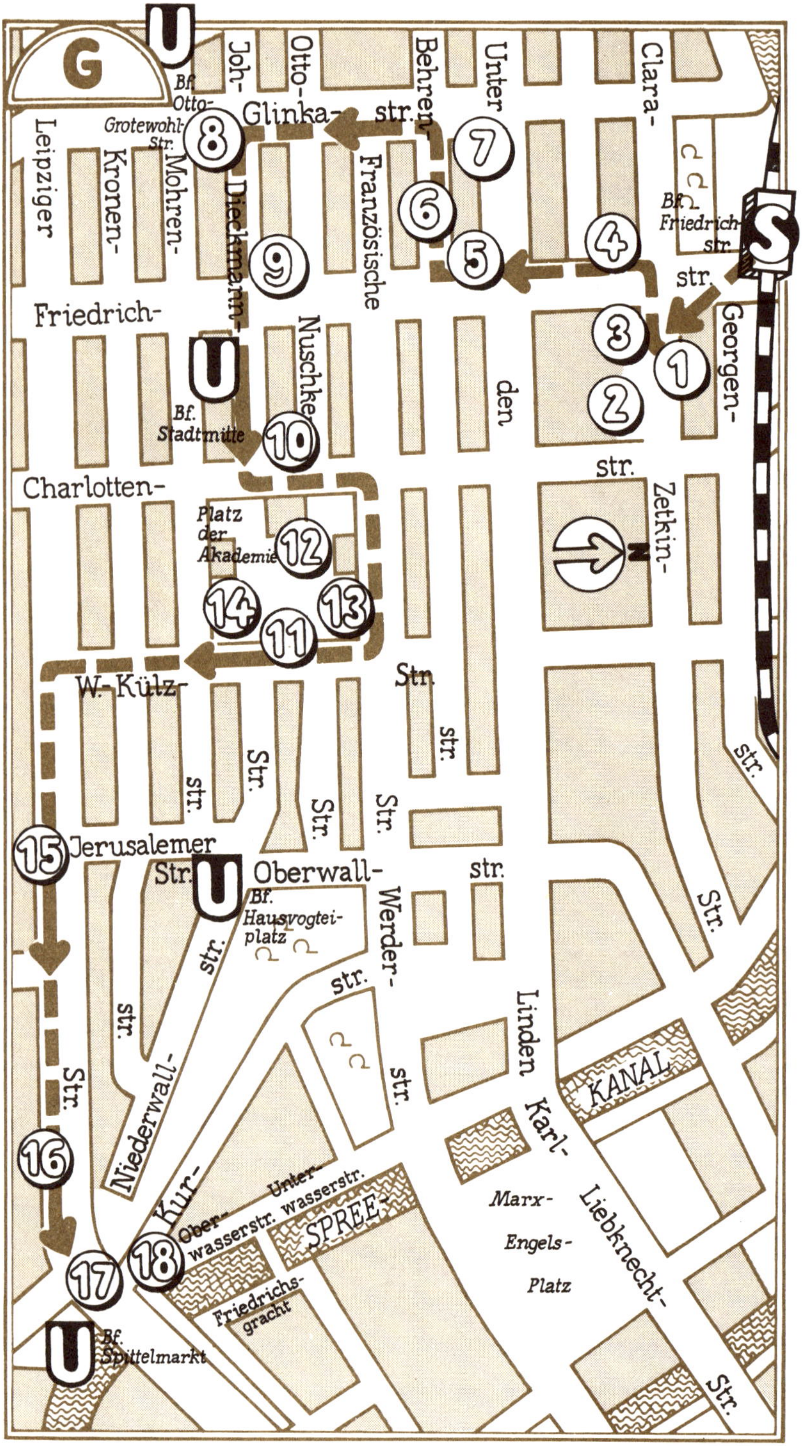
G
Bf. Otto-Grotewohl-Str.
Joh-
Otto-
Glinka-str.
Behren-
Unter
Clara-
Leipziger
Kronen-
Mohren-
Dieckmann-
Französische
Bf. Friedrich-str.
str.
Friedrich-
Nuschke-
den
Georgen-
Bf. Stadtmitte
str.
Zetkin-
Charlotten-
Platz der Akademie
N
W.-Külz-
Str.
Jerusalemer Str.
Oberwall-
Bf. Hausvogteiplatz
Werder-
Linden
KANAL
Niederwall-
Kur-
Karl-
Liebknecht-
Marx-Engels-Platz
Ober-wasserstr.
Unter-wasserstr.
SPREE
Friedrichsgracht
Bf. Spittelmarkt

Bahnhof Friedrichstraße, 1907

Vom Bahnhof Friedrichstraße, kurze Zeit auch Zentralbahnhof genannt (siehe Route E), führt unser Weg in Richtung Unter den Linden zunächst durch den südlichen Teil der Friedrichstraße. Bomben und Granaten des letzten Krieges haben die hier einst konzentrierten Vergnügungsstätten in Schutt und Asche gelegt, kaum ein Rest der ehemaligen schillernden Welt ist erhalten geblieben. Lange Zeit war dieser Teil der Straße relativ unbelebt. Nun jedoch werden der bedeutsamen Straße neue Konturen gegeben. Ihr Ausbau zur attraktivsten Geschäftsstraße der Hauptstadt bis zum Jahre 1990 ist ein Vorhaben von herausragender gesellschaftspolitischer und stadtgeschichtlicher Bedeutung. Im Gebiet der Friedrichstraße und dem damit verbundenen Areal der Otto-Grotewohl-Straße entstehen dabei etwa 3000 Wohnungen, sechs Kindergärten bzw. Kinderkrippen und drei polytechnische Oberschulen. In den Sockelgeschossen der Gebäude werden 158 Verkaufsstellen, 26 Einrichtungen der örtlichen Versorgungswirtschaft und 63 Gaststätten mit fast 4600 Plätzen untergebracht. Zu den bereits bestehenden Kultureinrichtungen werden neue hinzu kommen.

Die Wanderroute berührt einige der bereits fertiggestellten Sehenswürdigkeiten und beginnt an dem markanten → **Internationalen Handelszentrum**. Es wurde 1978 in Kooperation mit der DDR von einem japanischen Konsortium errichtet und hat eine Höhe von 93,5 Metern. Die Büroräume in

G 1

Zentrum weltweiten Handels

Minimarkt
im Handelszentrum

20 Etagen werden von Vertretern ausländischer Industrieunternehmen, Handelsgesellschaften und Banken genutzt, die unteren Etagen mit Café, Restaurant, einem Minimarkt und kleinen Verkaufsstellen, sind der Öffentlichkeit zugänglich.
Von der Vorderfront des Handelszentrums weiterführend, überquert die Route die Clara-Zetkin-Straße und führt direkt zu dem Haus Nr. 37, in dem sich heute die → **Bank für Landwirtschaft und Nahrungsgüterwirtschaft** befindet. Wie man inmitten der Schmuckelemente an der neobarocken Fassade noch heute lesen kann, beherbergte das 1904 gebaute Haus einst das „Splendid-Hotel", eines der vielen Nobelhotels in der Umgebung des Bahnhofs. Während der Inflation jedoch blieben die Gäste aus, und die Besitzer vermieteten ihre Hotelzimmer an Betriebe und Institutionen. Damals ließ sich auch die internationale proletarische Solidaritätsorganisation Rote Hilfe hier nieder. Eine Gedenktafel am Hause erinnert daran, daß ihr Vorsitzender, der spätere erste Präsident der DDR, Wilhelm Pieck, von 1925 bis 1933 in diesem Hause seinen Arbeitsplatz hatte. Sich wieder der Friedrichstraße zuwendend, passiert die Route das Haus → **Clara-Zetkin-Straße 43** (früher Dorotheenstraße 56), an dessen Front zur Friedrichstraße eine Tafel darüber informiert, daß hier (in einem im Kriege zerstörten Haus) in den Jahren 1841 bis 1842 Friedrich Engels wohnte. Damals leistete der spätere Freund und Kampfgefährte von Karl Marx in Berlin seinen Militärdienst als „Bombardier" in einer nahegelegenen Artilleriekaserne ab (siehe Route F). Auf der gegenüberliegenden Straßenseite ist seit dem 19. April 1977 das → **Hotel Metropol** internationaler Anziehungspunkt. 320 Zimmer und Appartements stehen in diesem 5-Sterne-Luxushotel zur Verfügung.
Kurz ist der Weg zur Kreuzung der Friedrichstraße mit der Straße Unter den Linden (siehe Route C). Diese Kreuzung galt einst als berühmteste von Berlin. Zu Beginn unseres Jahrhunderts war hier der

G 2
Rote Hilfe im Hotel

Gedenktafel am Haus
Clara-Zetkin-Straße 43

G 3
Hier wohnte Engels

G 4
Fünf Sterne
fürs Metropol

Verkehr der Pferdefuhrwerke und der ersten Autos so dicht, daß die Berliner Polizei an dieser Stelle ihren ersten Verkehrsposten aufstellen mußte. Zu Pferde das Gewimmel überschauend, regelte er ab 1902 den Verkehr mit Handzeichen und Trillerpfeife. Ein Jahr später griff er gar zur Trompete, um seine Signale zu geben. Dennoch war – wie ein Zeitgenosse schrieb – das Überqueren der Kreuzung „ein Kunststück für Großstädter, eine Pein für Provinzler". Heute überquert man die Kreuzung dank einer Verkehrsampel gefahrlos und kommt damit zum → **Grand Hotel**. Das im Jubiläumsjahr Berlins 1987 eröffnete Haus ist von der japanischen Firma Kajima-Corporation in Zusammenarbeit mit einer Vielzahl von Betrieben der DDR errichtet worden. In dem sich von der Linden-Kreuzung bis in die Behrenstraße erstreckenden 5-Sterne-Luxus-Hotel, das über 600 Betten ver-

G 5
Grand Hotel
mit Café Bauer

Grand Hotel

fügt, laden mehrere spezielle gastronomische Einrichtungen ihre Gäste ein, darunter auch das an die Traditionen der Kreuzung erinnernde berlinische Café Bauer. Der Haupteingang zum Hotel befindet sich an der Einmündung zur Behrenstraße. Hier übrigens gab es einst den Zugang zu der in Berlin äußerst populären Passage, in der es neben Restaurationsbetrieben (darunter auch der ersten Nachtbar Berlins), Läden und Büros das berüchtigte Panoptikum gab, über dessen „Verruchtheit" Egon Erwin Kisch in einem Artikel berichtete.
Bis 1945 war diese Gegend sprichwörtlich für das Finanzkapital, dessen führende Banken hier konzentriert waren. Allein die Deutsche Bank, die 1870 ihre Geschäfte in wenigen Mietsräumen der Französischen Straße begonnen hatte, belegte nach ihrem schwindelerregenden Aufstieg hier zwischen Behren-, Glinka- und Mauerstraße mit dem von

Wilhelm Martens in den Jahren 1900/01 erbauten Block das gesamte Areal. Dieser ehemalige Hauptsitz beherbergt heute das Ministerium des Innern der DDR.

Auf der linken Seite der Behrenstraße gelangt man kurz vor der Mauerstraße zum → **Haus Nr. 21**. Eine Gedenktafel erinnert daran, daß hier von 1743 bis 1766 der Schweizer Mathematiker, Physiker und Astronom Leonhard Euler gewohnt hat. 1741 war er an die Preußische Akademie der Wissenschaften berufen worden.

G 6
Euler in der Behrenstraße

Gegenüber steht der moderne Bau der → **Komischen Oper**. Dieses Haus ist keinesfalls nur ein Neubau, sondern enthält in seinem Kern das 1891 bis 1892 an dieser Stelle von dem Wiener Architekten Ferdinand Fellner und Hermann Helmer erbaute Theater Unter den Linden. Bereits wenige Jahre später wurde das Haus vom Metropol-Theater übernommen, an dem die Berliner weltberühmte Künstler wie Fritzi Massary, Richard Tauber und Gitta Alpar umjubelten. Im Kriege wurde die Fassade des Theaters – nach dem Geschmack der Zeit im Stil des Wiener Barock errichtet – schwer zerstört. Zuschauerraum und Treppenhaus blieben jedoch im wesentlichen erhalten. So konnte dort bereits 1947 wieder der Theaterbetrieb aufgenommen werden. In das Haus zog die Komische Oper, deren Theater in der Friedrichstraße vollständig vernichtet worden war. Unter der Leitung von Professor Walter Felsenstein errang das Ensemble Weltruf. Das alte Gebäude wurde 1964 bis 1966 umfassend rekonstruiert. Während Zuschauerraum und Treppenhaus in originaler Form wiederhergestellt wurden, erhielt die Hülle des Baus ein völlig neues Gesicht. Lediglich an der mit getriebenen Kupferplatten verkleideten

G 7
Neues Haus mit altem Kern

Komische Oper

Pfarrhäuser Johannes-Dieckmann-Straße/Glinkastraße

Eingangshalle, einer Arbeit des Kunstschmiedes Fritz Kühn, läßt das verglaste Obergeschoß einen Blick frei auf Rundbögen und Fenster der ehemaligen Fassade.
Die Route biegt nun in die Glinkastraße ein und folgt ihr bis zur Johannes-Dieckmann-Straße. Dort einbiegend, sind rechts an der Ecke zwei zweigeschossige Pfarrhäuser der im Kriege zerstörten Dreifaltigkeitskirche erhalten geblieben. Zerstört wurde ein drittes, das als → **Schleiermacherhaus** bekannt geworden war. Die Barockbauten aus den Jahren 1738/39 sind der einzig erhaltene Teil der älteren Bebauung der ehemaligen Friedrichstadt. Zu Beginn des 19. Jahrhunderts hatte hier Friedrich Ernst Daniel Schleiermacher gewohnt, einer der ersten Professoren der Berliner Universität. In seinem Hause traf sich der aufrechte Patriot mit Gleichgesinnten, die am Widerstand gegen die französische Okkupation und am Kampf um die nationale Erhebung maßgeblich beteiligt waren.

G 8
Überbleibsel
der Friedrichstadt

Durch die Johannes-Dieckmann-Straße führt die Route wieder zur Friedrichstraße. Hier ist das → **Haus der sowjetischen Wissenschaft und Kultur** von Interesse, eine von Erhard Gißke und Kirill Mirionow geschaffene, als Teil der Neugestaltung der Friedrichstraße bereits im Juli 1984 eröffnete, großzügig eingerichtete Stätte der Begegnung mit Ausstellungsräumen, Bibliothek, mehreren Vortragssälen und einem großen Veranstaltungssaal. Es enthält auch – mit separatem Eingang von der Otto-Nuschke-Straße – eine russische Nationalitätengaststätte. Über die Friedrichstraße hinweg und der Johannes-Dieckmann-Straße weiter folgend, führt die Route nun zur → **Charlottenstraße**, in die links eingebogen wird. Hier befindet sich auf der linken Seite das Funktionsgebäude des Schauspielhauses mit der Intendanz, dem Sitz des Berliner Sinfonieorchesters und der Hochschule für Musik Hanns Eisler. Jenseits der Otto-Nuschke-Straße das Gebäude des Hauptvorstands der Christlich-Demokratischen Union, im Erdgeschoß eine Buchhandlung und eine Verkaufsstelle für handwerkliche Kunst. An der Ecke zur Französischen Straße, an der Stelle, wo sich früher das berühmte Weinlokal Lutter & Wegener befand, in dem u. a. E. T. A. Hoffmann Stammgast war, lädt heute das Café Arkade ein. Bemerkenswert an all diesen Gebäuden, die als erste der neuen Randbebauung des Platzes der Akademie fertiggestellt worden sind, ist die Ausführung der industriell gefertigten Fassadenstrukturen, die von Adaptionen historischer Formen – wie beim Café Arkade – bis zu schlicht-modernen Lösungen reicht. Die dabei gewonnen Erfahrungen spiegeln sich auch in der Gestaltung der anderen Gebäude der neuen Randbebauung des Platzes wider.

G 9
Stätte der Begegnung

G 10
Fassaden aus der Fabrik

Über die Französische Straße in die Wilhelm-Külz-Straße einbiegend, kommt man zum → **Platz der Akademie**. Bereits beim planmäßigen Bau der Friedrichstadt ab 1688 waren im regelmäßigen Straßenraster drei Karrees für einen Platz freigehalten worden, der zunächst Esplanade genannt wurde, dann Lindenmarkt, Mittel- bzw. Friedrichstädtischer Markt und schließlich – nachdem dort die Stallungen des Regiments Gens d'arms eingerichtet woren waren – Gendarmenmarkt. Seit 1950 trägt er den Namen Platz der Akademie. Nach der

G 11
Berlins schönster Platz

Gendarmenmarkt um 1907

Wiederherstellung der den Platz beherrschenden freistehenden Monumentalbauten (an der Deutschen Kirche sind die Aufbauarbeiten noch im Gange) zählt dieser Platz unzweifelhaft wieder zu den schönsten Plätzen Europas. Den architektonischen und kulturellen Mittelpunkt des Platzes bildet das Schinkelsche → **Schauspielhaus**, das im Oktober 1984 nach einem langjährigen Prozeß der Neu- und Umgestaltung als Konzerthaus eröffnet wurde.

G 12
Musikzentrum Schauspielhaus

1774 bis 1776 war durch Johann Boumann an der Nordseite des Gendarmenmarktes ein schlichtes Comödienhaus für eine französische Schauspielertruppe erbaut worden, das aber nur zwei Jahre lang Kulturstätte war und dann als Lagerhaus genutzt wurde. Schließlich jedoch wurde es 1786 als Königliches Nationaltheater wiedereröffnet. Parallel zu diesem Gebäude, das 1802 abgerissen

Schauspielhaus

wurde, baute Karl Gotthard Langhans ein neues Nationaltheater, das die Berliner des gewölbten Daches wegen „Koffer" nannten. Es brannte 1817 ab. Der Aufbau eines neuen Gebäudes wurde unverzüglich in Angriff genommen. Unter der Leitung von Karl Friedrich Schinkel entstand das prachtvolle Schauspielhaus im klassizistischen Stil mit hoher Freitreppe, ionischer Säulenhalle und reichem plastischen Schmuck (zum Beispiel mit Reliefs und Musenfiguren von Christian Friedrich Tieck und dem „Apoll mit dem Sonnenwagen" von Christian Daniel Rauch). Eingeweiht

Großer Konzertsaal im Schauspielhaus

wurde das Haus 1821 mit Goethes „Iphigenie", und noch im gleichen Jahr erlebte die Oper „Der Freischütz" von Carl Maria von Weber hier ihre umjubelte Uraufführung. 1943 wurde durch Bombentreffer der Konzertsaal des Schauspielhauses zerstört und 1945 verschanzte sich eine schwerbewaffnete SS-Einheit in dem Gebäude, das mitsamt den meist gründerzeitlichen Bauten rund um den Gendarmenmarkt in Schutt und Asche versank.

Mit der Eröffnung des restaurierten Schauspielhauses (die Gestaltung im Inneren erfolgte in Anlehnung an Schinkel nach modernen Gesichtspunkten) als Konzerthaus hat das kulturelle Leben Berlins ein neues Zentrum erhalten. Das weltweit bekannte Bauwerk bietet der Pflege und Weiterentwicklung des kulturellen Erbes ausgezeichnete Möglichkeiten. Im Großen Konzertsaal finden regelmäßig repräsentative Aufführungen von Orchestern, Chören und Solisten, Orgel- und Sinfoniekonzerte statt; im Kammermusiksaal erleben die Besucher Vorstellungen mit Kammerorchestern, Ensembles unterschiedlicher Besetzung und Soloabende, Kammeropern und Kammertanz. Ein Treffpunkt geselliger Art ist der Musikclub des Hauses.

Vor der Freitreppe des Schauspielhauses ist 1989 nach gründlicher Restaurierung das Schillerdenkmal wieder aufgestellt worden. 1859, zum 100. Geburtstag des Dichters, hatte man dazu den Grundstein gelegt, doch erst 1871 war das von Reinhold Begas geschaffene Denkmal enthüllt worden. Zuvor hatte es jahrelang in einem Bretterverschlag auf dem Gendarmenmarkt gestanden, weil angeblich kein Plan für die Gestaltung des Platzes vorlag.

G 13

Kirche mit Museum

Die → **Französische Friedrichstadtkirche** (rechts vom Schauspielhaus) war 1701 bis 1705 von Louis Cayart für die französische reformierte Gemeinde erbaut worden, die sich aus seit 1672 und besonders ab 1685 (seit dem Edikt von Potsdam) aus Frankreich geflüchteten Hugenotten zusammensetzte. Die noch heute von der Gemeinde genutzte Kirche konnte nach ihrer Wiederherstellung im Jahre 1983 neu geweiht werden. Der Turm – 1780/85 wie der sich nur in seinem plastischen Schmuck von ihm unterscheidende Turm an der gegenüberliegenden Deutschen Kirche von Carl von Gontard entworfen – war von Anfang an kein Bestandteil der Kirche, sondern nur der architektonischen Wirkung wegen errichtet worden. Nach der Restaurierung wurde dort wieder das Hugenotten-Museum untergebracht, eine Sammlung von Dokumenten und Erinnerungsstücken, die von der Verfolgung der Hugenotten in Frankreich, ihrer Aufnahme in Preußen und vom Wirken der

Glockenspiel im Turm an der Französischen Kirche

französischen Gemeinde in Berlin berichten. Dazu gehört auch eine Dokumentation über den Wiederaufbau des kriegszerstörten Gebäudes. Außerdem befindet sich in dem 1987 eröffneten Turm, der nun auch mit einem Glockenspiel versehen ist, in 20 Meter Höhe ein Weinrestaurant und noch darüber der Balustradenring mit einer Aussichtsplattform.

Französische Friedrichstadtkirche

Die → **Deutsche Kirche**, mit deren Bau ebenfalls 1701 begonnen wurde, ist 1708 nach einem Entwurf von Martin Grünberg vollendet worden. 1881 bis 1882 wurde sie in reichen neobarocken Formen durch Herrmann von der Hude und Julius Hennicke über beibehaltenem Grundriß neu erbaut. In der Gruft befanden sich die Grabstätten Georg Wenzeslaus von Knobelsdorffs und des Malers Antoine Pesne. Der 1781 noch während des Baues eingestürzte Gontardsche Turm an der Deutschen Kirche wurde – in der Ausführung leicht verändert – unter der Leitung von Georg Christian Unger neu errichtet. Der alte Gendarmenmarkt war einst Zentrum revolutionärer Kämpfe. Hier entzündete sich als Vorspiel zur 48er Revolution im Jahre 1847 die „Kartoffelrevolte", eine Rebellion der Bevölkerung gegen Preiswucher auf dem Wochenmarkt. Auf den Stufen der Deutschen Kirche wurden die Opfer der Märzkämpfe 1848 aufgebahrt, ehe sie im feierlichen Zug zum Friedrichshain überführt wurden (siehe Route I). Im gleichen Jahr tagte im Schauspiel-

G 14
Unger baute Gontards Turm

haus die Preußische Nationalversammlung, bis sie am 10. November durch konterrevolutionäre Truppen auseinandergetrieben wurde.
Von den Gebäuden der älteren Umbauung des Platzes blieb nur der 1899/1900 errichtete Flügel der ehemaligen Berliner Handels-Gesellschaft in der Französischen Straße erhalten (heute Sitz der Staatsbank der DDR) und das Hauptgebäude der Akademie der Wissenschaften der DDR an der Wilhelm-Külz-Straße. An dieser Stelle, wo sich vormals die Preußische Seehandlung befand, entstand 1901/03 das bestehende, von Paul Kieschke errichtete Gebäude für die Preußische Staatsbank.

G 15
Einkaufsstraße einst und jetzt

Durch die Wilhelm-Külz-Straße führt die Route nun zur → **Leipziger Straße**. Weit bis in die Mitte des 19. Jahrhunderts hinein war diese Straße eine stille Wohngegend, in der sich gerade die ersten Kaufleute mit ihren Läden etablierten. Auch noch

Kaufhaus Wertheim 1904

in den siebziger Jahren schüttelten die Einwohner die Köpfe über Geschäftsleute, die es wagten, hier Niederlassungen zu gründen. Doch dreißig Jahre später, als die Jahrhunderte wechselten, war die Leipziger bereits zur vornehmen Einkaufsstraße geworden. An der Ecke zum Potsdamer Platz entstand 1897-1904 nach Alfred Messels für Geschäftsbauten bahnbrechendem Entwurf der riesige Warenhauspalast Wertheim. Auch die Firma Tietz hatte 1898 bis 1900 ein Warenhaus in der Leipziger Straße nahe dem Dönhoffplatz bauen lassen. Und zwischen den Großen drängten sich die vielen kleineren Geschäfte, Luxusläden und -restaurants. 1945 lag alles das in Trümmern,

Leipziger Straße, im Vordergrund: die Spittelkolonnaden

die Leipziger Straße war eine tote Straße. 1969 begann hier der systematische Aufbau einer modernen Wohn- und Einkaufsstraße mit 2000 Wohnungen und vielen gesellschaftlichen Einrichtungen nach den Entwürfen der Kollektive Joachim Näther und Werner Strassenmeier. 22- bis 25geschossige Wohngebäude und Flachbauten für den Handel und die soziale Versorgung auf der Südseite stehen im Kontrast zu der elfgeschossigen Bebauung der Nordseite. Neben einer Vielzahl von Geschäften unterschiedlichster Art hat in der „Leipziger" auch das Kultur- und Informationszentrum der ČSSR einen repräsentativen Platz erhalten, und neben einer Reihe von kleinen Cafés empfangen zwei gediegene Nationalitätengaststätten, das Haus Sofia und das Haus Praha, mit verschiedenen Restaurants ihre Gäste.

G 16
Meilensäule vor Kolonnaden

Am Ort des früheren Dönhoffplatzes ist 1979 die Kopie einer Hälfte der → **Spittelkolonnaden** aufgestellt worden. Davor fand eine Kopie einer Postmeilensäule von 1730 Platz, die auf alten Stadtplänen am Dönhoffplatz eingezeichnet war. Die Kolonnaden, 1776 von Karl von Gontard geschaffen, schmückten ursprünglich die etwa auf der heute gegenüberliegenden Straßenseite gelegene Brücke über den alten Festungsgraben. Das ehe-

Detail der Spittelkolonnaden

Post-Meilensäule vor der Spittelkolonnade

mals auf dem Dönhoffplatz befindliche Denkmal des Freiherrn vom Stein steht heute in der Straße Unter den Linden (siehe Route C).
Die Route endet am → **Spittelmarkt**, dessen Name auf das hier im späten 13. Jahrhundert angelegte Gertraudenhospital zurückgeht. In der zweiten Hälfte des 17. Jahrhunderts wurde das Terrain von der Bastion IV der Memhardtschen Befestigungsanlage umschlossen. Die durch die Form der Bastion bestimmte spätere Bebauung des Platzes wurde im zweiten Weltkrieg vollständig zerstört.

G 17
Platz der Bastion IV

Spittelmarkt mit Spindlerbrunnen

Heute hat der Platz durch sehr moderne Bauten – z. B. das Spitteleck, ein mit Loggien gestaltetes Wohnhaus an der Wallstraße (siehe Route D) – ein neues Gesicht bekommen, zu dem im reizvollen Gegensatz der alte → **Spindlerbrunnen** steht, der in Höhe der Gertraudenbrücke wieder seinen alten Platz gefunden hat. 1891 war er von der Firma Spindler anläßlich ihres fünfzigjährigen Jubiläums für den Spittelmarkt gespendet worden. Der von Walter Kyllmann und Adolf Heyden geschaffene Brunnen wurde 1927 in eine Grünanlage vor dem Krankenhaus Köpenick umgesetzt. Erst 1980 kehrte der wegen seiner Farbe „Schokoladenbrunnen" genannte Wasserspeier wieder an den Spittelmarkt zurück. Vielleicht ist an dieser Stelle auch noch ein Blick auf das hinter dem Brunnen gelegene Areal von Interesse. Inmitten der städtischen Anlagen entstand hier bei der Neugestaltung des Gebiets um die Leipziger Straße ein großzügiger Kinderspielplatz nach sowjetischem Vorbild, ein ganzes hölzernes Dorf mit Häusern auf Pfählen, mit Hängebrücke und Kletterbäumen, Rutschbahnen und Sandkästen.

G 18
Ein Brunnen kehrte zurück

Vom Spittelmarkt, dem Endpunkt der Route aus, gelangt man auf schnellem Wege mit der U-Bahn zum Alexanderplatz (drei Stationen).

ab Oranienburger Tor

Zwischen Synagoge und Karl-Liebknecht-Haus

● Oranienburger Straße ● Krausnickstraße ● Große Hamburger Straße ● Sophienstraße ● Hackescher Markt ● Rosenthaler Straße ● Kleine Rosenthaler Straße ● Linienstraße ● Wilhelm-Pieck-Straße ● Schönhauser Tor ● Rosa-Luxemburg-Platz ● Karl-Liebknecht-Straße ● Alexanderplatz

Diese Route führt durch einen Teil des Berliner Zentrums, der etwas abseits der Touristenwege liegt. Sie durchquert Straßen, die einst am Rande der Stadt lagen und in denen vor allem Arbeiter wohnten. Ein Stück alltäglichen Berlins, und doch gibt es auch in dieser Gegend interessante Objekte, die von vergangenen Zeiten, vom Kampf und vom Leiden der einfachen Menschen berichten: die Synagoge in der Oranienburger Straße und die Reste des alten jüdischen Friedhofs in der Großen Hamburger Straße; eine alte Straße mit neuem Gesicht und eine fast vergessene Begräbnisstätte, die an einen Helden der Befreiungskriege erinnert, die Mietskasernen aus der Zeit der aufkommenden Industrialisierung und der Schauplatz von Döblins Roman „Berlin Alexanderplatz".
Zum Ausgangspunkt der Route, sie zweigt am Oranienburger Tor von der Route E ab, kommt man entweder vom Bahnhof Friedrichstraße aus oder direkt zum Oranienburger Tor mit den Buslinien 57, 59 und 78 sowie mit den Linien 30 und 40 und mit den Straßenbahnen der Linien 22, 46, 63, 70 und 71.

Wanderzeit:

etwa 2 ½ Stunden
Wenn man am Ende der Route der Thälmann-Gedenkstätte im Karl-Liebknecht-Haus einen Besuch abstattet (das ist allerdings nur mit Voranmeldung möglich), verlängert sich die Zeit.

Route H

Neue Synagoge, Oranienburger Straße, um 1870

Postfuhramt

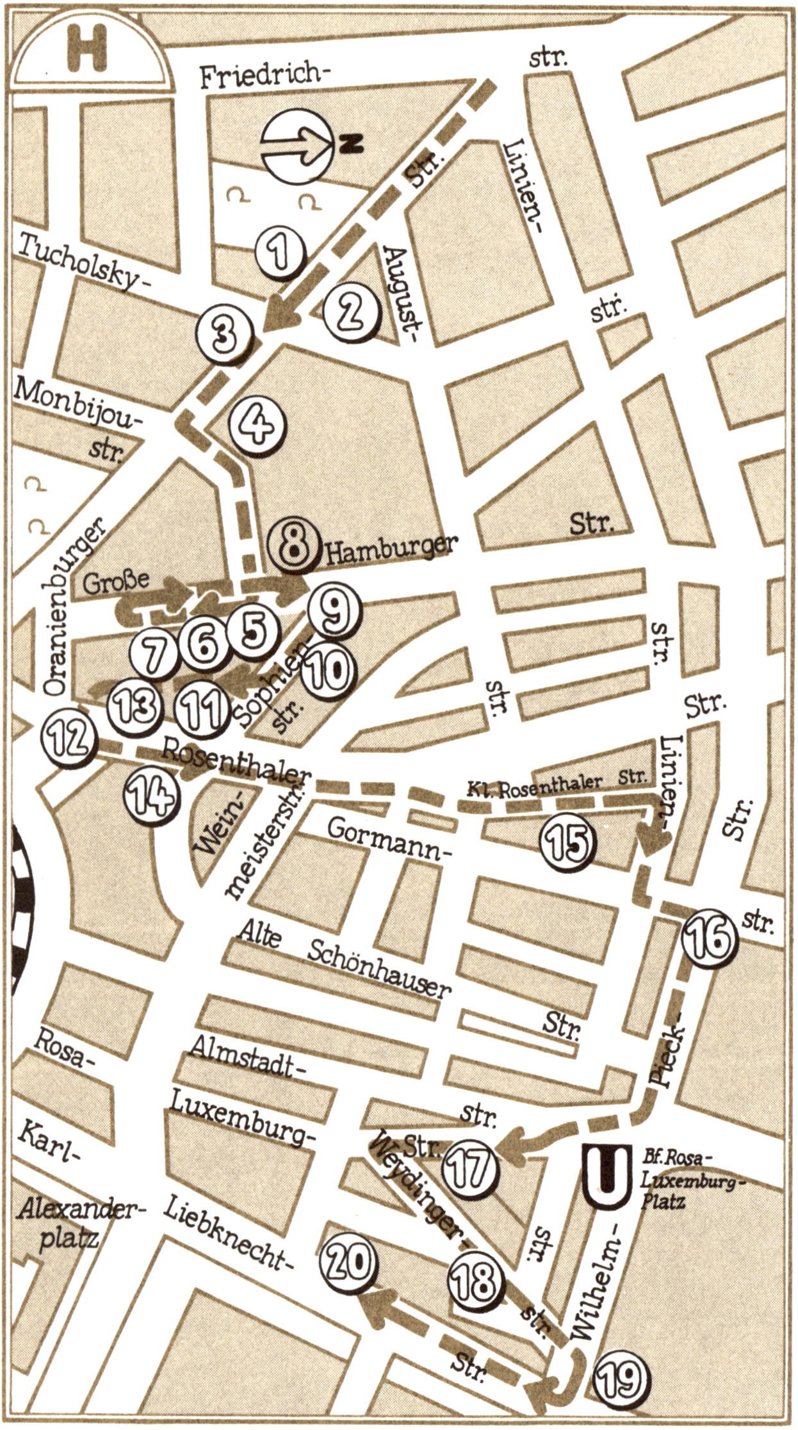
H
Friedrich-
Str.
str.
Linien-
str.
August-
Tucholsky-
Monbijou-
str.
Oranienburger
Hamburger
Str.
Große
Sophien-
str.
str.
str.
Str.
Rosenthaler
Kl. Rosenthaler Str.
Linien-
Str.
Wein-
meisterstr.
Gormann-
str.
Alte Schönhauser
Str.
Pieck-
Rosa-
Almstadt-
Luxemburg-
str.
Str.
Weydinger-
str.
Bf. Rosa-Luxemburg-Platz
Karl-
Alexanderplatz
Liebknecht-
str.
Wilhelm-
Str.
1
2
3
4
5
6
7
8
9
10
11
12
13
14
15
16
17
18
19
20

Wo Linien- und Oranienburger Straße auf das nördliche Ende der Friedrichstraße stoßen, verlief einst die Stadtgrenze. 1734 ließ König Friedrich Wilhelm I. Berlin mit Palisaden und Mauern umgeben, die allerdings keinen Verteidigungswert besaßen, sondern vielmehr als Zollgrenze dienten und als Barriere für Soldaten gedacht waren, die sich der preußischen Zucht entziehen wollten. Gemeinhin nannte man die Anlage die Linie, und nach ihr wurde auch die Straße genannt, die links von der Oranienburger Straße abzweigt. An ande-

Fassadenschmuck Oranienburger Straße 37

Eingang Oranienburger Straße 37

rer Stelle erinnert die Palisadenstraße (nahe dem Strausberger Platz) an diese Begrenzung. Die Route jedoch folgt der Oranienburger Straße, einer zunächst unauffälligen, allerdings sehr alten Berliner Straße. Um 1690 wurden hier die ersten Häuser errichtet, von denen indessen keine Spur mehr vorhanden ist. Manche der Gebäude hingegen, die fast zweihundert Jahre später der Oranienburger Straße das Gesicht gaben, haben die Bombenangriffe des zweiten Weltriegs – wenn auch nicht unbeschadet – überstanden, beispielsweise auf der linken Straßenseite einige, von denen das Haus Nr. 37 beachtenswert ist. Es wurde in den Jahren 1885/86 erbaut (siehe Jahreszahlen oberhalb des von Pilastern und Säulen gerahmten Portals) und ist vor einigen Jahren umfassend restauriert worden.

H 1
Alexander von Humboldts Sterbehaus

Baulich stark verändert wurde bereits in früherer Zeit das Haus Nr. 67 auf der gegenüberliegenden Straßenseite. Dort, wo heute der → **Henschel-Verlag** seinen Sitz hat, wohnte von 1843 bis zu seinem Tode 1859 der Wissenschaftler Alexander von Humboldt.

H 2
Reliefs am Postfuhramt

In den Jahren 1875 bis 1881 wurde nach Plänen von Carl Schwatlo der auffallende Bau aus roten und gelben Klinkern an der Ecke zur heutigen Tucholskystraße errichtet. Es war das → **Postfuhramt**, auf dessen Hof sich Ställe für 240 Pferde, Re-

Fassadenschmuck am Postfuhramt

misen für Postkutschen und Paketwagen, Werkstätten und Aufenthaltsräume für die Postillons befanden. Bereits 1705 bis 1713 war an dieser Stelle ein „Postillonhaus“ erbaut worden. Und noch heute wird das bestehende, im Kriege schwer beschädigte, unterdessen jedoch grundlegend restaurierte Gebäude von der Post genutzt. Interessant sind die 25 in die Fassade eingelassenen Halbreliefs bedeutender Persönlichkeiten der Verkehrs- und Postgeschichte, von Erfindern und

Entdeckern aus unterschiedlichsten Epochen von der Antike bis ins 19. Jahrhundert.
In diesem Postgebäude führte übrigens im November 1894 der Fotograf Ottomar Anschütz einem ausgesuchtem Publikum seine „lebenden Fotografien" vor, genau ein Jahr bevor die Brüder Skladanowsky im Berliner Wintergarten ihre ersten Filmstreifen zeigten.
Das Postfuhramt ist nicht die einzige Postdienststelle in der Oranienburger Straße. Auf der schräg gegenüberliegenden Ecke ist das Institut für Post- und Fernmeldewesen untergebracht. Der ältere Teil des Gebäudes war 1789 bis 1791 als → **Große Landesloge** der Freimaurer von Friedrich Becherer zweigeschossig errichtet worden. 1839 wurde das Haus umgebaut und aufgestockt. Rechts, in der Tucholskystraße, grenzt an das Gebäude des Instituts das 1925/27 aus roten und schwarzgebänderten Klinkern errichtete Fernsprechamt. Um die

H 3
Post im Logenhaus

Plastische Fensterschlußsteine an der ehemaligen Landesloge

Jahrhundertwende hatte Berlin das größte Telefonnetz der Welt. In der Stadt hatte auch ein anderes Nachrichtensystem 1865 Weltpremiere. Damals wurde die erste Rohrpostanlage in Betrieb genommen, nachdem es vorher eine Versuchsanlage gegeben hatte, die das Hauptpostamt in der Französischen Straße mit der Berliner Börse verband. Später befand sich die Zentrale der Rohrpost in dem um 1910 erbauten Komplex Oranienburger Straße 73/76.
Diesem Haus gegenüber steht die Ruine der → **Neuen Synagoge**. 1866 war sie in Gegenwart Bismarcks eingeweiht worden. Begonnen hatte der Synagogenbau 1859 nach einem Entwurf des Schinkel-Schülers Eduard Knoblauch, zu Ende geführt wurde er durch Friedrich August Stüler.
Das jüdische Gotteshaus hat eine bedeutende Rolle im geistig-kulturellen Leben Berlins gespielt. Hier gab zum Beispiel am 29. Januar 1930 der berühmte Physiker Albert Einstein ein Geigenkonzert, und im Nebenhaus eröffnete noch am 24. Januar 1933 das Berliner Jüdische Museum, sechs

H 4
Die geschändete Synagoge

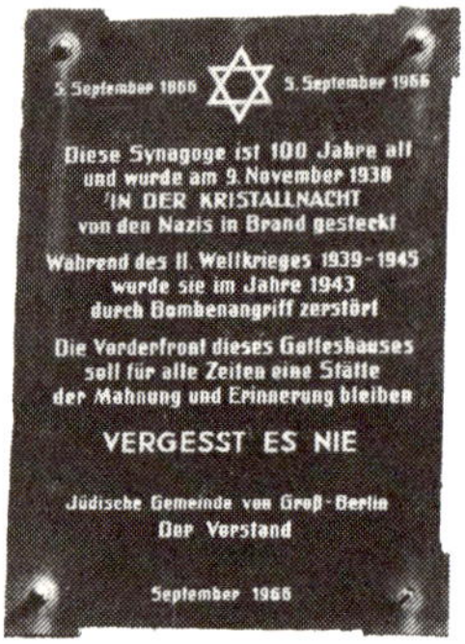

Gedenktafel an der Neuen Synagoge

Ruine der Neuen Synagoge

Tage vor der Machtergreifung durch die Faschisten. In der Pogromnacht vom 8. November 1938, der sogenannten „Kristallnacht", plünderten SA-Leute die kostbar ausgestatteten Räume der Synagoge und setzten sie in Brand. Die noch erhaltenen Räume wurden dann später von der SS als Lager mißbraucht. Schließlich wurde die Synagoge 1943 bei Luftangriffen vollends zerstört. Nur die Reste der Vorderfront konnten erhalten werden. Gegenwärtig erfolgt der Aufbau der Neuen Synagoge Berlin zum Centrum Judaicum, einem internationalen Zentrum der Begegnung, der Bewahrung und Pflege jüdischer Religion, Kultur und Tradition.

Von der Oranienburger Straße links in die Krausnickstraße einbiegend, führt die Route zur Großen Hamburger Straße. Gleich geradezu erblickt man, eingerahmt von fünfgeschossigen Wohnhäusern in neobarocken Formen (erbaut 1904/05), die → **Sophienkirche.** Als einzige barocke Kirche Berlins überstand sie den Krieg nahezu unbeschadet. 1712 war sie von Königin Sophie Louise als Pfarrkirche für die damalige Spandauer Vorstadt gestiftet worden. Den reichgeschmückten Turm errichtete 1729 bis 1735 Johann Friedrich Grael nach dem Vorbild des unmittelbar nach dem Bau abgetragenen Schlüterschen Münzturms.

H 5
Kirche der Spandauer Vorstadt

Auf dem zur Sophienkirche gehörenden Friedhof findet man die Grabstätten mehrerer bedeutender Persönlichkeiten. Ein Obelisk erinnert an Carl Friedrich Zelter, Freund Goethes, Direktor der Singakademie und Begründer der Berliner Liedertafel. An der Außenwand der Kirche wird mit einer Inschrift der Dichterin Anna Louise Karsch gedacht, die man die „deutsche Sappho" nannte, und auf dem Friedhof befindet sich auch die Familiengrabstätte des Historikers Leopold von Ranke mit dessen Medaillenbildnis.

Zelter-Grabstein auf dem Friedhof der Sophienkirche

Sophienkirche

Innenansicht der Sophienkirche

Die Große Hamburger Straße rechts entlanggehend, kommt man zu einem Bereich, der in eindringlicher Weise an die dunkelste Zeit deutscher Geschichte erinnert, an die faschistische Ausrottungspolitik gegenüber der jüdischen Bevölkerung. Hier befand sich einst ein Zentrum jüdischen Gemeindelebens in Berlin. Am Gebäude, das heute die Kommunale Berufsschule Prof. Dr. Richard Fuchs beherbergt (Große Hamburger Str. 27), ist über dem Portal noch deutlich lesbar „Knabenschule der jüdischen Gemeinde". Hier erinnert eine → **Gedenktafel für Moses Mendelssohn** neben einem Porträtrelief an den großen Philosophen der Aufklärung und Freund Gotthold Ephraim Lessings. Er hatte 1778 die erste jüdische Schule Berlins mitbegründet. Eine Büste Mendelssohns, die hier im Vorgarten gestanden hatte, ist 1938 von den Faschisten zerstört worden.

H 6
Wo Mendelssohns Büste stand

Gedenkstätte am Jüdischen Friedhof, Figurengruppe von Will Lammert

Nur wenige Schritte weiter befand sich ein jüdisches Altersheim, das – ebenso wie die ehemalige Knabenschule – von den Nazis als Sammelstelle vor dem Abtransport in die Vernichtungslager Auschwitz und Theresienstadt benutzt wurde. Ein 1987 zum Jahrestag des Novemberpogroms geweihter neuer → **Gedenkstein** und eine → **Figurengruppe** (letztere von Will Lammert, aufgestellt 1984) bezeichnen heute die Stelle, an der das im Kriege zerstörte Gebäude gestanden hatte und erinnern an das Leid der 55000 Berliner Juden, die von hier in den Tod verschleppt wurden. Eine dahinterliegende Grünanlage war einst Berlins älteste jüdische Begräbnisstätte, 1672 angelegt und bis zum 24. Juni 1827 genutzt. 1943 wurde der Friedhof von der Gestapo, der Geheimen Staatspolizei, systematisch vernichtet. Von den ehemals 3000 Grabsteinen überdauerten nur etwa 20 in die

H 7
Ort des Schreckens

Erhaltene Grabsteine auf dem Jüdischen Friedhof

Gedenkgrab für Moses Mendelssohn

Grundstücksmauer eingelassene Tafeln mit hebräischen Inschriften das Zerstörungswerk der Faschisten, u.a. eine gut hundert Jahre alte Gedenktafel für Gumpericht Jechiel Aschkenasi, der 1672 als erster auf diesem Friedhof beigesetzt worden ist. Neu geschaffen wurde nach dem Kriege ein Grabstein für Moses Mendelssohn und etwa dort aufgestellt, wo der Philosoph im Jahre 1786 beigesetzt worden ist.

H 8
Vom Dombaumeister entworfen

Nun geht der Weg zurück durch die Große Hamburger Straße und vorbei an dem auf der linken Straßenseite liegenden Komplex des → **St.-Hedwig-Krankenhauses**. Es war für das erste, seit 1844 in die Obhut der Barmherzigen Schwestern des hl. Borromäus gegebene katholische Krankenhaus Berlins bestimmt. Sein Kernbau (heute im Hof gelegen) wurde 1851 bis 1854 nach einem Entwurf des Kölner Dombaumeisters Vincenz Statz in neogotischen Formen erbaut. In den Jahren 1881, 1888/89 und 1905 kamen weitere, meist viergeschossige Gebäude hinzu und 1926/27 ist auch das zunächst dreigeschossige Hauptgebäude um ein Geschoß erhöht worden.

H 9
300 Jahre alte Bummelstraße

Rechts von der Großen Hamburger abbiegend, liegt auf der Route nun die → **Sophienstraße**. Sie gehörte zur Spandauer Vorstadt, wo schon um 1700 die Besiedelung begann. Handwerker, Tagelöhner, Ackerbürger und später Arbeiter der Textilmanufakturen waren die frühen Bewohner. Im Kriege ist die heute denkmalgeschützte Straße zum Glück relativ verschont geblieben, doch hatten die Jahre auch hier ihr Werk getan. In jüngster Zeit ist der gesamte Straßenzug in sechsjähriger Arbeit restauriert worden.
Nicht nur die Fassaden wurden erneuert. Zwischen 1981 und 1987 sind hier 473 Wohnungen modernisiert und 12 neue gebaut worden, in die

Blick in die Sophienstraße

überalterten Häuser wurden 442 Bäder eingebaut, moderne Küchen und vielfach auch Zentralheizungen. Es entstanden Gaststätten (auch mit Plätzen im Freien), Kinderspielplätze und trauliche Höfe. Die Sophienstraße ist nun auch wieder eine Straße der Handwerker und der Künstler, denn alte Traditionen wurden neu erweckt. So künden wie in alten Zeiten die Zunftzeichen von Werkstätten und intimen Läden, vom Goldschmied und vom Töpfer, von der Handweberei und der Holzblas-Instrumenten-Reparaturstube, dem Puppentheater und dem Zinngießer, der Boutique und dem Musik-Café. Eine Straße zum Bummeln und zum Entdecken.
Wer sich für die Geschichte der Straße im einzelnen interessiert, dem sei ein Besuch im Heimatgeschichtlichen Kabinett Berlin-Mitte empfohlen, das sich im Hause Sophienstraße 23 befindet (Öffnungszeiten montags von 9 bis 17 Uhr, mittwochs von 10 bis 19 Uhr und sonntags von 8.30 bis 12.30 Uhr, an den anderen Tagen nach Vereinbarung).
Von besonderem Interesse ist das von Joseph Franckes und Theodor Kampfmeyer erbaute → **Handwerkervereinshaus** (Sophienstraße 18). Der 1844 gegründete „Berliner Handwerkerverein" hatte bereits 1864 in der Sophienstraße 15 ein Vereinshaus errichten lassen, das aber 1904 aus baulichen Gründen aufgegeben werden mußte. Der Verein erwarb daraufhin das Grundstück Sophienstraße 18 und errichtete auf dem Hof ein Gebäude mit mehreren Sälen, von denen der größte bis zu

H 10
Versammlungsort mit Prunkportal

1400 Personen faßte. Um einen Zugang zu den sogenannten Sophiensälen zu schaffen, wurde in das aus den Jahren 1830/40 stammende Vorderhaus ein noch heute erhaltenes repräsentatives Doppelportal aus Terrakotten eingebaut. Das Vereinshaus, das in der Zeit zwischen seiner Eröffnung am 21. November 1905 und dem ersten Weltkrieg vorwiegend für kulturelle Veranstaltungen und Weiterbildungsvorträge genutzt wurde, gewann nach der Novemberrevolution dadurch an Bedeutung, daß es ein Ort politischer Aktivitäten der revolutionären Berliner Arbeiterbewegung wurde. Hier fand am 14. November 1918 die erste öffentliche Versammlung des Spartakusbundes statt, hier tagte der V. Parteitag der KPD, der 1920 den Zusammenschluß mit dem linken Flügel der USPD beschloß, und hier wurde am 19. Oktober 1928 auch der Bund proletarisch-revolutionärer Schriftsteller gegründet. Bei Konferenzen, Versammlungen und Massenkundgebungen in diesem Haus sprachen u.a. Ernst Thälmann, Erich Mühsam, Clara Zetkin und Wilhelm Pieck.

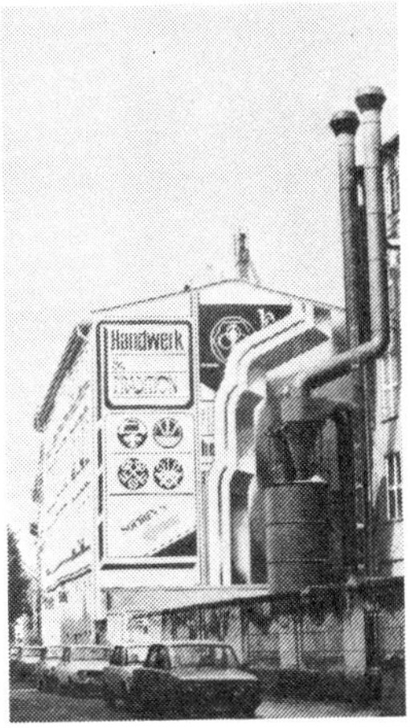

Fassadenschmuck in der Sophienstraße

Doppelportal am Handwerkervereinshaus

Das älteste Haus der Sophienstraße steht kurz vor ihrer Einmündung in die Rosenthaler Straße. Es ist das Haus Nr. 11, in dessen Erdgeschoß heute eine Probierstube zum Verkosten von Weinen oder Likören einlädt. Man nimmt an, daß dieses Gebäude mit den zwei Wohnetagen über dem Laden und im kleinen Seitenflügel im Jahre 1780 oder noch früher erbaut worden ist.

Blick
auf die ehemalige
Spandauer Vorstadt

Ihm gegenüber auf der anderen Straßenseite erhebt sich der Seitenflügel des ehemaligen Kaufhauses Wertheim, das von Alfred Messel 1903 erbaut worden ist. Räumlich stark verändert, ist es heute Sitz der Dewag-Werbung.

Die Route kehrt nun zurück zu dem Wohnhaus Sophienstraße 6. Das 1905 in Formen des Jugendstils erbaute, heute ebenfalls restaurierte dreigeschossige Gebäude ist dadurch interessant, daß es einen → **Durchgang** bis zum Hackeschen Hof in der Rosenthaler Straße 40/41 öffnet. Der Weg durch Torgänge und kleine Höfe verdeutlicht hier eindrucksvoll die Anlage von Höfen zu Wohn- und Gewerbezwecken, wie sie im 19. und frühen 20. Jahrhundert besonders in dieser Gegend typisch war. Noch heute sind hier viele gewerbliche Niederlassungen, Werkstätten und Lager anzutreffen, ebenso aber auch Wohngebäude und Höfe mit oft unvermutetem Baumbestand und nahezu idyllischer Ruhe. Aufmerksamkeit verdient bei der Wanderung durch dieses Häuserlabyrinth die Ausgestaltung des letzten Hofes vor dem Verlassen des Durchgangs, der mit seinen weißen und farbigen Glasursteinen an den Fassaden der Gebäudeflügel Tendenzen des Jugendstils erkennen läßt.

H 11
Eingang zur
Hofwanderung

Die Rosenthaler Straße betritt man nun in unmittelbarer Nähe des sich rechts erstreckenden → **Hackeschen Marktes.** Seine unregelmäßig eckige Form erhielt er, als um 1750 die Festungswälle vor dem Spandauer Tor abgetragen wurden und der Stadtkommandant Graf von Hacke diesen Platz anlegen ließ, durch die in ihn einmündenden Straßen. Friedrich Nicolai erwähnte, daß es in dieser Spandauer Vorstadt 1786 schon 1 020 Vorder- und 374 Hinterhäuser gab. Im 19. Jahrhundert entwickelte sie sich zu einem eng bebauten Arbeiterviertel. Heute vollzieht sich in diesem Gebiet eine umfassende Modernisierung und Instandsetzung der Wohnhäuser und das Schließen der im Kriege entstandenen Baulücken durch Neubauten.

H 12
Platz vor dem Spandauer Tor

Links der Rosenthaler Straße folgend, kommt man zum Haus Nr. 38, an dem eine → **Gedenktafel** davon kündet, daß hier auf dem Hof in den Jahren von 1921 bis 1926 das Zentralkomitee der KPD und das des Kommunistischen Jugendverbandes (KJVD) ihren Sitz hatten.

H 13
Zentrale auf dem Hof

Auf der gegenüberliegenden Straßenseite, an der Einmündung zur Neuen Schönhauser Straße, befindet sich im Eckhaus die heutige → **Berolina-Apotheke.** Für sie, eine der ersten Apotheken Berlins, erhielt der Leibarzt des Königs Friedrich Wilhelm I., Augustin Buddeus, das Privileg verliehen. 1754 erwarb der Apotheker Thierfelder das zuerst in der Friedrichstadt eröffnete Geschäft und verlegte es hierher. Der spätere Besitzer Carl Arnold Marggraff ließ 1887 das alte Apothekengebäude abreißen und errichtete das noch heute stehende vierstöckige Haus. Die damals Rote Apotheke genannte Offizin stattete er mit prachtvoll geschnitzten Säulen und Rosetten, kristallenen Kron- und Wandleuchtern und großem Deckengemälde aus, die zum Teil noch heute in der unter Denkmalschutz stehenden Apotheke zu bewundern sind. Sie war übrigens auch die erste, die 1881 Telefonanschluß bekam, und das dort hergestellte Mineralwasser machte sie stadtbekannt.

H 14
Offizin unter Denkmalschutz

Nach kurzen Weg durch die Rosenthaler Straße mit ihren zum Teil gut erhaltenen Bürgerhäusern (beachtenswert z. B. die in den Häusern Nr. 37 und 38 erhaltenen barocken Treppen) biegt die Route in die rechts abzweigende Kleine Rosenthaler Straße ein. Hier findet man den Zugang zum 1722 noch vor den Toren der Stadt angelegten → **Garnisonfriedhof**. Ursprünglich war er doppelt so groß, doch 1899 wurde der einstige Mannschaftsfriedhof zur Bebauung freigegeben und es blieb nur der Offiziersfriedhof zum Teil erhalten. In jüngster Zeit haben sich ehrenamtliche Denkmalpfleger seiner angenommen und in vielen Stunden freiwilliger Arbeit das Terrain aufgeräumt und

H 15
Eisenkunst für Offiziersgräber

Garnisonfriedhof

Lützow-Grab auf dem Garnisonfriedhof

bemerkenswerte Zeugnisse Berliner Eisenkunstgusses konserviert. Viele der Monumente, Kreuze und Gitter, die vor allem die Gräber preußischer Militärs schmücken, stammten aus der ehemals berühmten Königlichen Eisengießerei Berlin. Hier sind Generallieutenants und Konteradmirale, deren Namen kaum einem noch etwas sagen, beigesetzt, doch auch Persönlichkeiten wie der Held der Befreiungskriege Adolf von Lützow oder der als Dichter bekanntgewordene Freiherr de la Motte-Fouqué. Nur wenige der Toten jedoch sind bekannt, die lange nach Schließung des Friedhofs noch hier in einem Massengrab bestattet wurden, das längst vom Efeu überwachsen ist. Es waren Opfer der Kämpfe des letzten Krieges in den Straßen Berlins.

H 16
Hier war Franz Biberkopf zu Hause

Die Route führt nun durch die Linien- und die Gormannstraße zur → **Wilhelm-Pieck-Straße**. In diesem Bereich hat es weniger Kriegsschäden gegeben, so sind auch die auf der gegenüberliegenden Seite stehenden viergeschossigen Wohnhäuser (Nr. 85 und 87) erhalten, die 1850 von der „Berliner Gemeinnützigen Baugesellschaft" nach Typenentwürfen von Carl Wilhelm Hoffmann errichtet worden sind, schlichte viergeschossige Backsteinbauten, die als frühestes Beispiel sozialer Reformbestrebungen im Berliner Wohnungsbau gelten. Charakteristisch ist z.B. der Verzicht auf Kellerwohnungen und auf Hinterhäuser. In nachfolgenden Jahren entstanden gerade in diesem Gebiet weitaus dichter bewohnte Mietskasernen in fünfgeschossiger Bauweise mit Seiten- und Quergebäuden und oft vielen Hinterhöfen. Hier, in diesem Teil der Straße, der früher Lothringer Straße hieß, befindet man sich übrigens in dem Gebiet, in dem der Dichter Alfred Döblin in seinem Roman „Berlin Alexanderplatz" den Franz Biberkopf leben und scheitern läßt.

Emblem der Berliner Gemeinnützigen Baugesellschaft, gegründet 1847

Wohnhäuser Wilhelm-Pieck-Straße 85 und 87

H 17
Theater der Arbeiter

Am Schönhauser Tor (U-Bahnhof Rosa-Luxemburg-Platz) biegt die Route nach rechts ab und man kommt zum Gebäude der → **Volksbühne**. 1880 hatten vor allem arbeitende Bürger Berlins die Besucherorganisation „Freie Volksbühne" gegründet. Durch einen Aufschlag auf den Preis der Eintrittskarten und durch Spenden kam Geld für einen eigenen Theaterbau zusammen, der in den Jahren 1913/14 von Oskar Kaufmann erbaut wurde. Max Reinhardt war hier der erste Intendant, und Erwin Piscator schuf herausragende

Volksbühne

Inszenierungen in den Jahren 1924 bis 1927. Im November 1943 zerstörten Bomben das Bühnenhaus, die restlichen Räume brannten im April 1945 aus. Am 21. April 1954 wurde die Volksbühne mit Schillers „Wilhelm Tell" feierlich wiedereröffnet. Der Volksbühne gegenüber liegt das Babylon, ein Wiederaufführungskino. Der Häuserblock, in dem es sich befindet, wurde in den Jahren 1928 bis 1930 nach Entwürfen von Hans Poelzig erbaut, der durch die Ausgestaltung des Großen Schauspielhauses am Schiffbauerdamm bekannt wurde.

Karl-Liebknecht-Haus

Etwas älter ist das Gebäude Weydingerstraße 14/ Kleine Alexanderstraße 28, das unter dem Namen → **Karl-Liebknecht-Haus** in die Geschichte der deutschen Arbeiterbewegung eingegangen ist. 1920 wurde es erbaut und 1926, als hier das Zentralkomitee der Kommunistischen Partei Deutschlands unter Ernst Thälmann seine Arbeit aufnahm, erhielt es seinen verpflichtenden Namen. Hier hatte auch die Rote Fahne, das Zentralorgan der KPD, ihre Redaktion. Das Karl-Liebknecht-Haus war Ende der zwanziger und Anfang der dreißiger Jahre Symbol des Kampfes gegen den Faschismus. Noch am 25. Januar 1933, wenige Tage vor der Machtübernahme durch die Nazis, bekannten sich hier weit über 100000 Berliner Arbeiter zur antifaschistischen Politik der KPD.

H 18
Sitz des Thälmannschen Zentralkomitees

Nachdem die Faschisten mit dem von ihnen selbst organisierten Reichstagsbrand im Februar 1933 das Signal für die beispiellose Verfolgung aller fortschrittlichen Kräfte gegeben hatten, besetzten und plünderten sie auch das Karl-Liebknecht-Haus. Sie veränderten sogar im Sommer 1933 die charakteristische Fasade des Gebäudes, um jede Erinnerung an den Kampf der KPD auszulöschen. In den letzten Kriegstagen sprengten sie das Haus. 1949 wurde unter weitgehender Verwendung der wenigen noch vorhandenen Bausubstanz das

Karl-Liebknecht-Haus aufgebaut, doch mußte auf eine originalgetreue Wiederherstellung verzichtet werden. Heute befindet sich im Hause u.a. eine Ernst-Thälmann-Gedenkstätte. Sie ist allerdings nicht ständig geöffnet. Voranmeldungen für einen Besuch sind an das Institut für Marxismus-Leninismus, Wilhelm-Pieck-Straße 1, Berlin 1054, zu richten.

Über die Verlängerung der Linienstraße gelangt man nun auf die Karl-Liebknecht-Straße. An der Kreuzung mit der Mollstraße liegt gegenüber das 1969/70 errichtete Gebäude des Allgemeinen Deutschen Nachrichtendienstes (ADN) mit der im Flachbau angegliederten Agentur Zentralbild. Zur Linken, an der Ecke Wilhelm-Pieck-Straße, hat heute das → **Institut für Marxismus-Leninismus** seinen Sitz in einem Gebäude, das 1928 als Kaufhaus Jonas erbaut worden war. Der mit Naturstein

H 19
Haus der Einheit

Haus der Einheit

verkleidete, in Skelettbauweise errichtete Bau hatte den Krieg relativ unbeschadet überstanden. Als Haus der Einheit war es dann in den Jahren 1946 bis 1956 Sitz des Zentralkomitees der SED. Hier hatte auch der erste Präsident der DDR, Wilhelm Pieck, sein Arbeitszimmer als Parteivorsitzender. Es ist jetzt als Gedenkstätte eingerichtet.

Die Route führt nun vorbei am Hochhaus des BMK Ingenieurhochbau und passiert das davor aufgestellte → **Bauarbeiterdenkmal,** dessen blankgeputzter Finger Beweis für die „Anhänglichkeit" ist, die Berliner Kinder ihm zuteil werden lassen. Schöpfer des Denkmals war 1968 der Bildhauer Gerhard Thieme.

Der Weg endet am Alexanderplatz, dessen Bauten auf der Route A vorgestellt werden.

Bauarbeiterdenkmal

H 20
Bauarbeiter
mit Goldfinger

ab Alexanderplatz

Zwischen Königstor und Ringbrunnen

● Alexanderplatz ● Hans-Beimler-Straße ● Friedrichshain ● Werneuchener Straße ● Dimitroffstraße ● Leninallee ● Langenbeckstraße ● Friedrichshain ● Friedenstraße ● Leninplatz ● Lichtenberger Straße ● Strausberger Platz ● Karl-Marx-Allee

Diese Route führt in den Friedrichshain, ein fast im Zentrum der Stadt gelegenes Naherholungsgebiet. Ausgedehnte Parkanlagen inmitten dichtbewohnter Stadtgebiete dienen der Entspannung und Erholung, aber auch historisch bemerkenswerte Stätten des Gedenkens sind dort zu finden. Am Alex, gegenüber dem Haus des Reisens, beginnt der durch die Hans-Beimler-Straße in Richtung Nordosten führende Weg. Nach einem Rückblick in die Zeit der Befreiungskriege beim Gedenkstein Alexander von Blombergs am Königstor führt die Route in den Friedrichshain mit seinen alten und neuen Brunnen, einem Gebirge aus Trümmerschutt, mit originellen Gaststätten und Denkmälern. Das Friesenstadion, Forum des Leistungssports, liegt dicht beim modernsten und größten Freizeitzentrum, nicht nur der Hauptstadt, sondern des ganzen Landes. Nach einem Besuch dieses Hauses, das täglich bis zu 18000 Gäste aufnehmen kann, geht die Wanderung wiederum durch den Friedrichshain. Vom Leninplatz geht es zum Ringbrunnen am Strausberger Platz und weiter über den jüngeren Teil der Karl-Marx-Allee zum Alexanderplatz.

Wanderzeit:

2 bis 2 ½ Stunden
Bei Besichtigung des Freizeitzentrums bzw. beim Aufenthalt in einer der dort befindlichen Sportstätten ist die dafür aufzuwendende Zeit hinzuzurechnen.

Route I

Märchenbrunnen

Ringbrunnen am Strausberger Platz

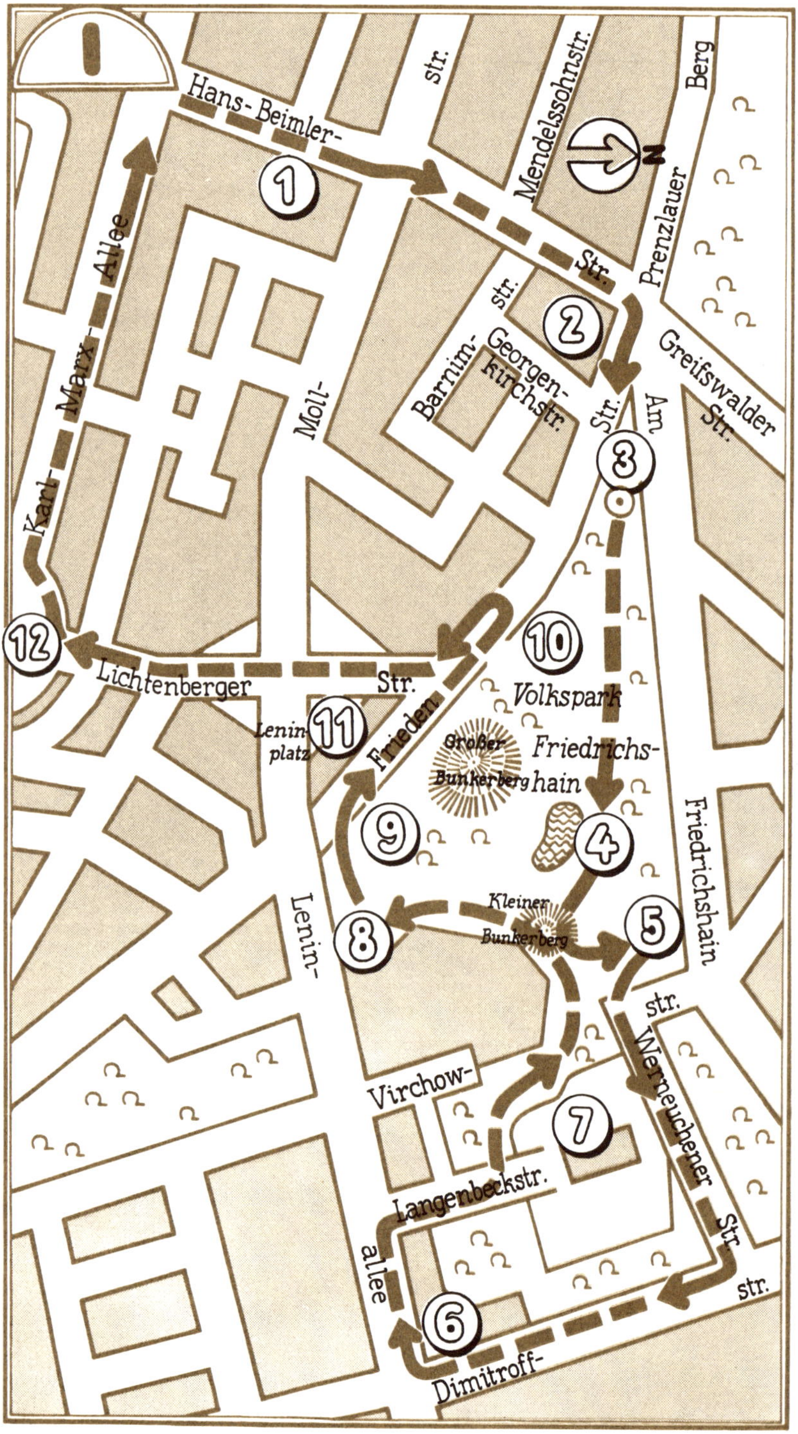

Hans-Beimler-
Str.
str.
Mendelssohnstr.
Prenzlauer
Berg
Greifswalder
Str.
Barnim-
str.
Georgen-
kirchstr.
Am
Friedrichshain
Karl-
Marx-
Allee
Moll-
str.
Lichtenberger
Str.
Lenin-
platz
Frieden
Volkspark
Friedrichs-
hain
Großer
Bunkerberg
Kleiner
Bunkerberg
Lenin-
allee
Virchow-
str.
Langenbeckstr.
Werneuchener
Str.
Dimitroff-
str.
1
2
3
4
5
6
7
8
9
10
11
12

Etwas mehr als zehn Minuten Fußweg vom Alexanderplatz entfernt, liegt der Volkspark Friedrichshain. Es gibt wohl wenige Hauptstädte in der Welt, die so dicht an der City Parkanlagen im Ausmaße dieses Hains besitzen. Er befindet sich in einem zum Stadtzentrum vorspringenden Zipfel des nach ihm benannten Stadtbezirks Friedrichshain und grenzt mit seiner Nordseite unmittelbar an den dichtbewohnten Stadtbezirk Prenzlauer Berg. Um in den Hain zu gelangen, führt der Weg zunächst vom Alexanderplatz ausgehend, durch die Hans-Beimler-Straße. Auf der rechten Straßenseite (stadtauswärts) erstreckt sich das Haus der Statistik über eine Länge von 120 Metern. Dieser vielgeschossige Bürobau birgt im Erdgeschoß Spezialgeschäfte, ein Wildspezialitätenrestaurant und ein Café. Auf der gegenüberliegenden Seite sieht man die vielfach gegliederte helle Sandsteinfassade des Präsidiums der Deutschen Volkspolizei, von Philipp Schäfer 1930/31 als Bürohaus erbaut. Ein Künstler besonderer Prägung hat in der Stadt an unterschiedlichen Stellen und in unterschiedlichster Art Zeugnis seines Könnens abgelegt. Professor Fritz Kühn, Kunstschmied und Fotograf, verband in seinen Metallarbeiten wirkungsvoll künstlerische Formen mit der Schönheit des Materials. Vor einem zum → **Haus der Statistik** gehörenden Flachbau sind interessante Darstellungen dieser Art zu finden. Sie symbolisieren die Entwicklung des mathematischen Denkens. Besonders beachtenswert dabei der nach einem bekannten Motiv von Leonardo da Vinci gestaltete Mensch als Maß aller Dinge.

I 1
Metallarbeit von Professor Fritz Kühn

Tafel am Haus der Statistik

An der Ecke Hans-Beimler-/Mollstraße treffen drei Stadtbezirke zusammen: Mitte, Prenzlauer Berg, Friedrichshain. Hier, an der Ausfallstraße Richtung Nordosten, stand ursprünglich das Königstor.
Zahlreiche Kirchtürme prägen die Silhouette Berlins. Dazu gehört auch der rote Klinkerbau der Bar-

tholomäuskirche in der Friedenstraße Nr. 1. Die neogotischen Stilelemente kontrastieren mit der glatten Architektur der sie umgebenden Wohnhochhäuser. Erbaut wurde die Kirche 1854/58 von Friedrich Adler nach einem Entwurf August Stülers.

Hans-Beimler-Straße

12
Held von 1813

Hier steht auch, etwas im Verborgenen, ein → **Gedenkstein** für Alexander von Blomberg, einen Helden der Befreiungskriege. Er hatte sich, wie viele deutsche Patrioten, dem russischen Heer zum Kampf gegen Napoleon angeschlossen. Am 20. Februar 1813 drang eine Kosakeneinheit bis zum Schloßplatz vor. Am Königstor schlug ihnen französisches Gewehrfeuer entgegen, und Blomberg wurde dabei tödlich getroffen.

Gedenkstein für Blomberg

Märchenbrunnen

Von hier aus sind es nur noch wenige Schritte bis zum Friedrichshain und seinem an dieser Seite kunstvoll gestalteten „Eingang", dem → **Märchenbrunnen**. Den Bau dieser Wasserkaskade mit ihren Arkaden im Hintergrund regte die sozialdemokratische Fraktion der Stadtverordnetenversammlung an und setzte ihn 1913 gegen den Widerstand des Kaisers durch. Die im Stil des Neobarock gestalteten Wasserspiele (nach dem Entwurf des Stadtbaurates Ludwig Hoffmann) waren als Geschenk für die Arbeiterkinder des Berliner Ostens gedacht, die, von Krankheiten bedroht, in den Hinterhöfen dieser Gegend aufwuchsen. Ignaz Taschner und Georg Wrba schufen zur Freude der Jüngsten sandsteinerne Märchenfiguren nach Erzählungen der Brüder Grimm. Eine der Figuren trägt unverkennbar die Züge des Berliner Malers und Grafikers Adolph Menzel. Wer Freude am Entdecken hat, wird dies unschwer erkennen.

I 3
Märchen in Stein

Märchenbrunnen, Detail

Der Weg in den Friedrichshain führt durch die Brunnenanlage über asphaltierte Parkwege weiter. 1840 erwarben die Gemeindekörperschaften Berlins das 46 Hektar große Gelände für die Anlage eines Parks. Gewissermaßen für das einfache Volk im Berliner Osten als grünes Gegenstück zum Promenierpark der Besitzenden, dem Tiergarten. Es währte allerdings Jahre, bis der erste Spatenstich erfolgte. Nach Entwürfen des Gartenarchitekten Peter Joseph Lenné gestaltet, wurde der Park am 17. August 1848 eröffnet. Unter maßgeblichem Einfluß des ersten Stadtgartendirektors von Berlin, Gustav Meyer (übrigens ein Schüler von Lenné), wurde in den Jahren 1874/75 der Park auf 54 Hektar erweitert.
Nicht von Anfang an gab es in dieser „Erholungsstätte für alle Stände", wie man den Park in der Mitte des 19 Jahrhunderts nannte, Berge. Nach

See zwischen den „Klamottenbergen"

dem zweiten Weltkrieg wurde hier eine Million Kubikmeter Trümmerschutt zu zwei gewaltigen Hügeln gehäuft, nach den darunter liegenden gesprengten Flakbunkern der Naziwehrmacht mit Kleiner und Großer Bunkerberg bezeichnet. Der Berliner Volksmund aber nannte sie alsbald „Mont Klamott".

Im Tal zwischen den beiden gärtnerisch gestalteten, teilweise dichtbewaldeten Erhebungen erstreckt sich ein See. Am Fuße des Kleinen Bunkerbergs, er ist 30 Meter niedriger als der Große, befindet sich ein → **Freizeitzentrum** mit Kleinsportanlagen und einem Selbstbedienungsrestaurant.

14
Am Fuß des „Mont Klamott"

Anziehungspunkt ist hier auch ein recht eigenwillig gestalteter Brunnen von Achim Kühn, dem Sohn des eingangs erwähnten Kunstschmieds. Gleich einer überdimensionalen Glocke strömt das Wasser von einigen Metern Höhe herab ins Beckenrund.

Über Treppen und steil ansteigende Wege geht es zum 48 Meter hoch gelegenen Plateau des Kleinen Bunkerberges. Hier oben ist die Abfahrt der einige hundert Meter langen Rodelbahn zum Fuße des Berges. An schneereichen Wintertagen verwandeln sich alle Hänge dieser Erhebung in einen unbegrenzten Wintersportplatz.

Eine breite Treppe führt zur großzügig gestalteten Anlage des → **Denkmals für den gemeinsamen Kampf polnischer Soldaten und deutscher Antifaschisten im zweiten Weltkrieg**. Seite an Seite mit den Soldaten der Sowjetarmee befreiten in den Maitagen 1945 Soldaten der 1. und 2. Polnischen Armee Berlin. Das Denkmal, eine Gemeinschaftsarbeit polnischer und deutscher Künstler, wurde am 14. Mai 1972 in Anwesenheit polnischer Kriegsveteranen mit großem militärischen Zeremoniell durch Ehrenformationen der NVA, der Sowjetarmee und der polnischen Streitkräfte eingeweiht.

15
Erinnerung an gemeinsamen Kampf

Denkmal der Gemeinsamkeit

Die Route verläßt nun zunächst den Hain. Über die Werneuchener Straße führt der Weg zur Dimitroffstraße, vorbei am Friesenstadion. Diese Sportstätte wurde 1951 zu den III. Weltfestspielen der Jugend und Studenten erbaut. Nur wenige Jahre nach Kriegsende war dies in der schwer zerstörten Stadt eine großartige Leistung. Das Karl-Friedrich-Friesen-Stadion wird heute vorwiegend für den Leistungssport genutzt. 8000 Zuschauer finden auf den Rängen Platz.

Nächstes und wohl attraktivstes Ziel dieser Wanderung ist das → **Sport- und Erholungszentrum** an der Kreuzung Dimitroffstraße/Leninallee. Für 18000 Besucher täglich berechnet, kann hier jederman Sport treiben, Erholung und Entspannung finden. Für jedes Interesse wird etwas geboten: Wellenbad, Freibad, Schwimmstrecken, Sprung-

16
Freizeitzentrum für jedermann

Zentrum
für Sport und Spiel

becken, Wasserkaskaden, Eislaufbahn, Rollschuhbahn, Bowling, Leichtathletikhalle, Konditionsräume, Sauna, moderne Restaurants und Cafés, Spielzimmer, Klubräume, Liegewiesen und Kleinsportanlagen im Park, Solarium, Tischtennis und Billardräume, Frisiersalon und andere Serviceeinrichtungen gehören zu dieser Volkssportstätte.
Der Weg berührt nun wiederum den Friedrichshain. Von der Leninallee geht es rechts in die Langenbeckstraße und von dort zu einer originellen

Raststätte am Fuß des Kleinen Bunkerberges, den → **Köhlerhütten**. Zu den X. Weltfestspielen der Jugend und Studenten im Jahre 1973 als Freiluftgaststätte entstanden, gefiel diese rustikale Einrichtung den Berlinern so, daß sie sie fortan nicht mehr missen mochten. In der Nähe befindet sich eine überlebensgroße Plastik „Mutter und Kind", 1898 von E. Gormansky aus Carrara-Marmor geschaffen, umgeben von strenggegliederten gärtnerischen Anlagen. Ursprünglich war sie bis 1960 auf dem Andreasplatz (etwa zwei Kilometer südlich des heutigen Standorts) Teil einer im Krieg zerstörten Freianlage, zu der auch „Vater und Sohn" gehörten.

Der Weg führt weiter zwischen Kleinem Bunkerberg und Krankenhaus Friedrichshain. Namhafte Mediziner haben, seit dessen Eröffnung als erstes Städtisches Krankenhaus Berlins im Jahre 1874, dort gearbeitet. Der weltbekannte Mediziner Rudolf Virchow hatte sich als Stadtverordneter für den Bau dieses Krankenhauses verwendet. Heute werden in dieser medizinischen Einrichtung jährlich weit über 20000 Patienten stationär und fast 200000 ambulant betreut. Der seinerzeit wegweisende Krankenhausbau im Pavillonsystem wurde von Martin Gropius und Heino Schmieden entworfen. Den zweiten Weltkrieg überdauerten nur wenige der Bauten. Vorbei an einer Freilichtbühne gelangt man zum → **Friedhof der Märzgefallenen**. Die heutige Anlage wurde 1925 von Ludwig Hoffmann gestaltet. Der Berliner Bildhauer Hans Kies schuf die Plastik des „Roten Matrosen", die 1960 am Eingang dieser Gedenkstätte ihren Platz fand.

Noch vor der Eröffnung des Parks wurden hier am 22. März des Jahres 1848 die Opfer der Märzrevolution beigesetzt. 80000 Berliner begleiteten die von reaktionärer Soldateska ermordeten Patrioten zu ihrer letzten Ruhestätte. Nur noch wenige erhalten gebliebene schlichte Grabplatten erinnern an die Helden aus allen Schichten der Bevölkerung. Der Friedhof der Märzgefallenen ist auch letzte Ruhestätte für 33 in den Kämpfen der Novemberrevolution 1918 Gefallene.

Quer durch die südliche Hälfte des Hains führt der Weg in Richtung Friedenstraße. Jedes Jahr an einem Wochenende im Juni ist im Friedrichshain das Pressefest des „Neuen Deutschland". Dann bekommt man schwerlich einen Sitzplatz in der reizvoll gestalteten → **Spreewald-Gaststätte** mit ihrem spitzen, schilfgedeckten Dach.

Am südwestlichen Rande des Friedrichshain, an der Friedenstraße, befindet sich die → **Gedenkstätte für die deutschen Interbrigadisten**. Professor Fritz Cremer schuf die sechs Meter hohe Plastik eines Spanienkämpfers, die an die Taten der 5000

I 7
Origineller Rastplatz

I 8
Denkmal zweier Revolutionen

Friedhof der Märzgefallenen

I 9
Spreewald in Berlin

I 10
Den Interbrigadisten gewidmet

Gedenkstätte
der Interbrigadisten

deutschen Interbrigadisten, von denen 3000 im Freiheitskampf des spanischen Volkes ihr Leben ließen, erinnern soll. Die großzügig angelegte Gedenkstätte wurde 1968 eingeweiht. Als gestalterisches Pendant zur Skulptur Cremers steht im Vordergrund des Denkmals eine Relieftafel von Siegfried Krepp.

Der Weg führt weiter zum Leninplatz. Etwa 1200 Wohnungen in geschwungenen Häuserzeilen und Hochhäusern säumen den verkehrsreichen Platz.

Blick auf den
Leninplatz und
seine Umgebung

Zum 100. Geburtstag des Begründers des Sowjetstaates im Jahre 1970 wurde hier aus rotem ukrainischen Granit eine 19 Meter hohe → **Statue Lenins** vor einem Fahnensymbol errichtet. Der sowjetische Bildhauer Nikolai Tomski ist der Schöpfer dieses Denkmals. Am Strausberger Platz zieht eine Wasserfontäne den Blick auf sich. Der Wanderweg führt an diesem ebenfalls von Professor Fritz Kühn geschaffenen → **Springbrunnen** vorbei. Ringförmig umschließen meterhohe, plastisch gestaltete Metallflächen eine bis zu 18 Metern aufsteigende Mittelfontäne.

I 11
Lenin-Monument

I 12
Fontänen im Stahlring

Vom Strausberger Platz mündet der Weg in die Karl-Marx-Allee ein. Diese Teilstrecke der Allee bis zum Alexanderplatz, städtebaulich weiträumig gegliedert, wurde zwischen 1959 und 1965 erbaut. Flachbauten bieten mit Verkaufs- und Kultureinrichtungen abwechslungsreiche Anziehungspunkte für Spaziergänger. Zunächst wird das Haus Berlin passiert. Unterschiedliche Gaststätten im Erdgeschoß und ersten Stockwerk sowie Weinrestaurant und Bar im 12. und 13. Geschoß befinden sich hier. Es folgen ein Geschäftspavillon mit künstlerischen Erzeugnissen, eine Milchbar und dicht daneben das Uraufführungskino International.

Blick vom Strausberger Platz auf Karl-Marx-Allee und Alexanderplatz

Das Restaurant Moskau, gegenüber, verfügt über insgesamt 600 Gaststättenplätze im Spezialitätenrestaurant, in Wein-, Tee- und Mokkastube, Nachtbar und Tanzcafé. Der Springbrunnen im Hof der Gaststätte wurde übrigens gleichfalls von Professor Fritz Kühn gestaltet.

In der
Karl-Marx-Allee

Dem Wanderweg in Richtung Zentrum folgend, ist nun wieder der Alexanderplatz in Sicht.
Am Ausgangspunkt, dem Haus der Statistik, endet die Route.

ab Schönhauser Tor

Zwischen Pfefferberg und Prater

● Schönhauser Tor (U-Bahnhof Rosa-Luxemburg-Platz) ● Schönhauser Allee ● Senefelderplatz ● Wörther Straße ● Kollwitzplatz ● Knaackstraße ● Rykestraße ● Wörther Straße ● Husemannstraße ● Sredzkistraße ● Schönhauser Allee ● Kastanienallee ● U-Bahnhof Dimitroffstraße

Diese Route führt auf einer alten Überlandstraße durch Berlins dichtestbesiedelten Stadtbezirk. Der Prenzlauer Berg ist ein Ballungsgebiet der Mietskasernen, in dem früher kaum Platz für Denkmäler war. Das des Alois Senefelder war eine der Ausnahmen. Auf dem Weg wird offenbar, daß heute im Prenzlauer Berg viele Stätten des Gedenkens würdig sind. Und so findet man Denkmäler an vielen Stellen. Das der Käthe Kollwitz steht auf einem Platz, an dem einst ihre Wohnung lag. Dem Gedenken geweiht ist der verwüstete Jüdische Friedhof. Als Markstein technischer Entwicklung ist der Wasserturm an der Knaackstraße ebenso bedeutsam wie als Memorial des antifaschistischen Widerstandskampfes. Erhalten ist der Friedenstempel in der Rykestraße, unter Denkmalschutz stehen das Areal der Brauerei zwischen Knaackstraße und Schönhauser Allee und der „Magistratsschirm".
Zum Ausgangspunkt der Route, dem Schönhauser Tor, gelangt man außer mit der U-Bahn (Station Rosa-Luxemburg-Platz) auch mit den Straßenbahnlinien 11, 18, 20, 24, 28, 63, 71 und 72 sowie mit den Buslinien 30, 40 und 78.

Wanderzeit:

etwa 1 ½ Stunden
Zusätzlich sollte man Zeit für die Besichtigung der Sehenswürdigkeiten in der neugestalteten Husemannstraße hinzurechnen.

Route K

Wasserwerke auf dem Windmühlenberg (Prenzlauer Berg), 1853

Senefelderplatz

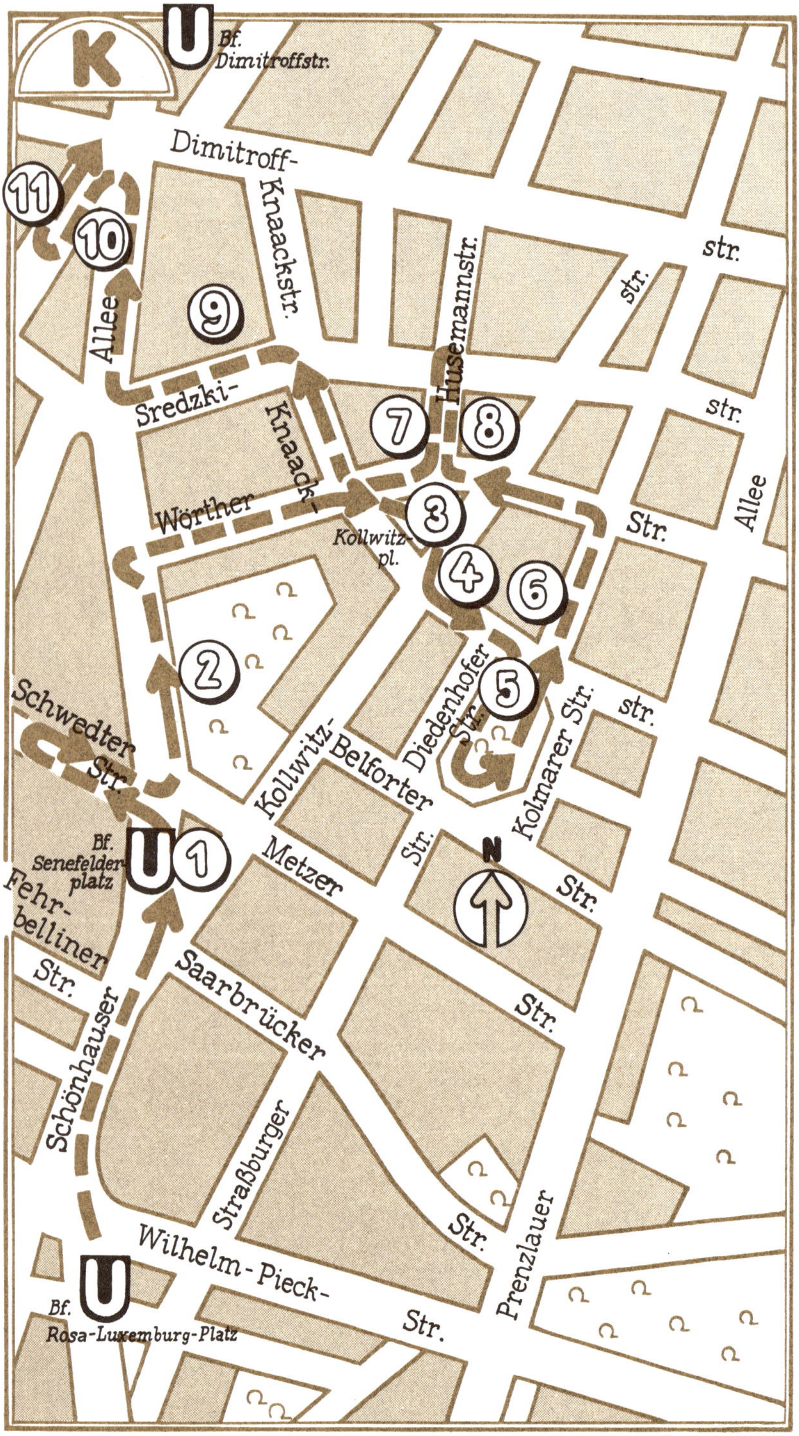
K
U
Bf. Dimitroffstr.
Dimitroff-
Knaackstr.
Husemannstr.
str.
str.
str.
Allee
Sredzki-
Knaack-
Wörther
Kollwitz-pl.
Str.
Allee
Schwedter Str.
Kollwitz-
Belforter
Str.
Diedenhofer Str.
Kolmarer Str.
str.
Bf. Senefelderplatz
U
Metzer
Str.
N
Fehrbelliner Str.
Saarbrücker
Str.
Schönhauser
Straßburger
Str.
Prenzlauer
Wilhelm-Pieck-
Str.
U
Bf. Rosa-Luxemburg-Platz
1
2
3
4
5
6
7
8
9
10
11

Bis zum Abbau der Zollmauer, die das damals noch recht enge Berlin bis 1867/68 umschloß, war das Schönhauser Tor eine der nördlichen Pforten der Stadt. Was vor den Toren lag, die noch bis 1860 allabendlich sorgfältig abgeschlossen wurden, waren meist landwirtschaftlich genutzte Flächen, Wiesen, Weiden und Äcker, die von Überlandwegen durchschnitten wurden. Einer davon war die Pankower Chaussee, auf der zunächst nur Karossen vom kurfürstlichen, dann vom königlichen Hofe zum Schloß Schönhausen rumpeln durften. Später jedoch wurde Pankow zum Ausflugsziel der Bürger, die ab 1835 mit dem Kremser, einem mehrsitzigen Pferdefuhrwerk, auf die Lustreise gingen. 1841 wurde die Straße in Schönhauser Allee umbenannt. Der Stadtbezirk, den sie heute zunächst durchquert, der Prenzlauer Berg, erhielt seinen Namen erst 1920, als die bisher außerhalb der Stadtgrenzen befindlichen Gebiete eingemeindet worden waren. Der dichtestbesiedelte Wohnbezirk der Stadt ist so auch ein relativ junger.

Rotunde, einst am Senefelderplatz

Die Bebauung der Schönhauser Allee und ihrer Nebenstraßen begann nach der Veröffentlichung des Hobrechtschen Bebauungsplanes 1862 in schnellem Tempo. Vor allem entstanden dort enge, hohe Mietskasernen, die allerdings nicht selten mit reichverzierten Fassaden den Anschein bürgerlichen Wohlstandes vorzugaukeln versuchten. Friedrich Engels schrieb dazu 1893: „Berlin von außen wirklich schön, selbst in den Arbeitervierteln Palastfronten. Was aber dahinter ist, davon schweigt man am besten."

Herz-Jesu-Kirche

Der ansteigenden Schönhauser Allee folgt die Route nur zum Teil. Dabei passiert man zunächst die links, an der Einmündung der Fehrbelliner Straße gelegene katholische Herz-Jesu-Kirche, einen zweitürmigen neoromanischen Bau aus den Jahren 1897/98 von Christoph Hehl. Reichverzierte Sandsteinsäulen und kräftige Rosetten an den Fenstern schmücken den Bau.

Der → **Senefelderplatz**, auf den die Schönhauser Allee nun stößt, liegt auf einer Höhe, die früher Pfefferberg genannt wurde. Hier steht eines der sehr wenigen alten Denkmäler des Prenzlauer Berges, das 1892 von Rudolf Pohle geschaffene Marmorbildwerk des Erfinders der Lithographie Alois Senefelder. Wie bei dem von ihm entwickelten Steindruck steht der Namenszug, den die Putten an den Sockel geschrieben haben, in Spiegelschrift.

K 1

Senefelder auf dem Pfefferberg

Putten am Senefelderdenkmal

Rekonstruierter Altbau in der Schwedter Straße

Fries am Haus Schwedter Straße 263

Im unmittelbar am Platz gelegenen Eckhaus zur Saarbrücker Straße hat sich eine typische Berliner Eckkneipe im Kellergeschoß erhalten, die Altberliner Bierstuben, in der auch deftige Hausmacherkost serviert wird.
Vom weiterführenden Weg durch die Schönhauser Allee lohnt ein Abstecher in die links einmündende Schwedter Straße. In dem 1880 im spätklassizistischen Stil erbauten Haus Nr. 263 befand sich ehedem eine Kunststein- und später eine Metallgießerei. Vom damaligen Stand der Gießereitechnik künden noch heute die in die Fassade eingelassenen sehenswerten Stuckreliefs. Die anschließenden Gebäude diesseits und jenseits der einmündenden Christinenstraße sind mit ihren aufwendigen Fassaden, engen Höfen und ehemaligen Kellerwohnungen typisch für die Bebauung um 1870.

K 2
Der Nachwelt als Mahnung

Ruhestätte für 20000 Bürger jüdischen Glaubens sollte der → **Jüdische Friedhof** in der Schönhauser Allee 23–25 (auf der rechten Straßenseite) sein. Angelegt von Stadtbaurat Friedrich Wilhelm Langerhans, war er im Jahre 1827 seiner Bestimmung übergeben worden, und zu den hier Bestatteten zählen der Komponist Giacomo Meyerbeer (gest. 1864), der Verleger Leopold Ullstein (gest. 1899) und der Maler Max Liebermann (gest. 1935). Den Toten jedoch wurde die Ruhe nicht gegönnt. Nazistische Barbaren verfolgten die jüdischen Bürger über den Tod hinaus. In den letzten Monaten vor dem Ende des Krieges zerstörten sie in blinder Wut die Gräberfelder, stürzten die Steine um, zertrampelten die Anlagen. Efeu hat die geschän-

Gedenkstein auf dem Jüdischen Friedhof

deten Stätten überwachsen. Der Nachwelt als Mahnung, so steht es auf dem Gedenkstein am Haupteingang, soll der Friedhof in diesem Zustand erhalten bleiben. Montags bis donnerstags ist er von 8 bis 16 Uhr zugänglich. (Männlichen Besuchern ist das Betreten nur mit Kopfbedeckung gestattet.)
Die Route führt nun weiter die Schönhauser Allee entlang bis zur rechts abbiegenden Wörther Straße. Auf der linken Straßenseite verdient dabei noch die evangelische Segenskirche Aufmerk-

Fassade der Segenskirche, Schönhauser Allee 161

samkeit (Schönhauser Allee 161). Sie ist eine der vielen Berliner Kirchen, die direkt in die Bebauung der Straßenfronten einbezogen sind. Errichtet wurde sie 1905 bis 1906 von August Dinklage und Ernst Paulus. Der Turm steht vorn, das eigentliche Kirchenschiff jedoch erreicht man erst vom Hof aus.

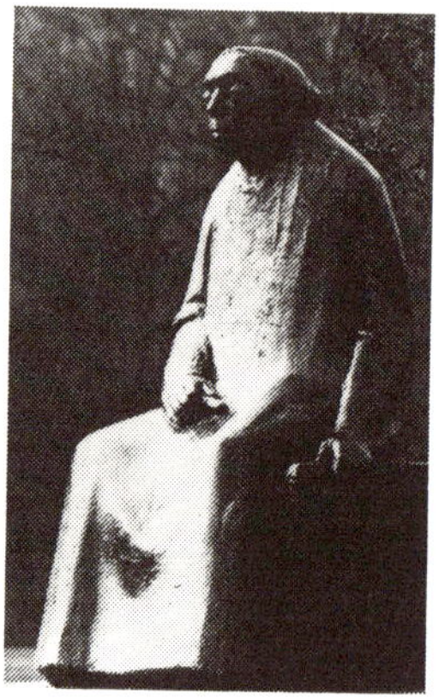

Kollwitz-Denkmal von Gustav Seitz

K 3
Hier wohnte die Kollwitz

Die Wörther Straße, eine der typischen, als Massenquartier erbauten Seitenstraßen des Prenzlauer Berges, führt auf den → **Kollwitzplatz**, den die Route überquert. Hier steht das 1958 von Gustav Seitz geschaffene Denkmal für die große proletarische Künstlerin Käthe Kollwitz, die zwischen 1891 und 1943 hier wohnte und in diesem Gebiet auch viele Modelle für ihre Graphiken und Skulpturen fand. Sie war die Frau des Armenarztes Dr. Karl Kollwitz, der in der früheren Weißenburger Straße 25 praktizierte. Diese Straße heißt heute Kollwitzstraße, das Haus an der Ecke zur

Plastik nach Entwurf von Käthe Kollwitz

heutigen Knaackstraße ist 1943 bei einem Luftangriff zerstört worden. An seiner Stelle befindet sich heute eine kleine Grünanlage mit Sitzbänken und der 1951 nach einem Entwurf von Käthe Kollwitz von Fritz Diederich in Kalkstein ausgeführten → **Plastik „Schützende Mutter"**.

K 4
Denkmal der Mutterliebe

In die Knaackstraße einbiegend, führt ein kurzer Weg zum Wahrzeichen des Prenzlauer Berges, dem → **Wasserturm**. Er liegt auf einer Anhöhe, die von der Knaack-, der Diedenhofer, der Kolmarer und der Belforter Straße umschlossen wird. 1855/56 war hier auf dem ehemaligen Windmühlenberg vor dem Prenzlauer Tor von einer englischen Firma eine Hochbehälteranlage für ein Wasserwerk errichtet worden, zu der ein schlanker Steigrohrturm, ein offenes Tiefbecken und ein 1875 errichteter massiver Wasserturm mit Wohnungen gehörten. Die Anlage war bis 1915 in Betrieb, die Gebäude jedoch werden bis heute genutzt, der Wasserturm zum Beispiel als Wohngebäude. In dem vornehmlich von Arbeitern bewohnten Stadtviertel hat er seit jeher eine besondere Rolle gespielt. Noch zu den Reichstagswahlen 1932 brachten an ihm Mitglieder der KPD ihre Losungen an. Nachdem die faschistische Diktatur errichtet worden war, verwandelte die SA die Keller der Anlage in eine Folterstätte, in der viele Antifaschisten zu Tode gequält wurden. Ein Gedenkstein erinnert an die Toten und mahnt zum Kampf für eine friedliche Welt.

K 5
Gedenkstätte Wasserturm

Wasserturm

Der Wasserturm und die heute in einem Nebengebäude untergebrachte Kindertagesstätte sind von einer Anlage umgeben, in der sich vor allem Spielplätze für die Kinder des Wohngebiets befinden.

Ein Weg den Hügel hinauf lohnt sich, denn er eröffnet einen interessanten Blick auf den Prenzlauer Berg und seine Umgebung. Vom Gedenkstein führt eine Treppe hinab und direkt auf die Rykestraße zu. Gleich links am Anfang dieser Straße, im Hof des Hauses Nr. 53, befindet sich eine → **Synagoge**, die trotz der Plünderungen in der sogenannten „Kristallnacht" 1938 und trotz der Tatsache, daß sie von SA-Trupps als Pferdestall mißbraucht wurde, die Zeit des faschistischen Ungeistes überstanden hat. In den Jahren 1903/04

K 6
Ein Tempel des Friedens

Eingang zum Friedenstempel

war sie vom Gemeindebaumeister Johann Hoeninger aus Backsteinen errichtet worden. 1953 erhielt sie den Beinamen Friedenstempel, nachdem sie mit Unterstützung des Magistrats von Berlin und der Regierung der DDR instandgesetzt und durch den damaligen Landesrabbiner Dr. Martin Riesenburger neu geweiht worden war. In den Jahren 1977/78 erfolgte eine gründliche Restaurierung nach historischem Vorbild. Der Friedenstempel kann mehr Personen aufnehmen, als die einst große jüdische Gemeinde Berlins nach den Jahren unmenschlicher Verfolgungen heute noch umfaßt.
Die weiterführende Route durchquert mit der Rykestraße ein typisches Berliner Arbeiterviertel und biegt an der nächsten Kreuzung links in die Wörther Straße ein. So gelangt man wieder

zum Kollwitzplatz. Diesmal jedoch interessiert die an dessen Nordseite abbiegende → **Husemannstraße**. Hier hatte vor gut hundert Jahren ein Deutsch-Holländischer Actienverein in der ehemaligen Hochmeisterstraße Wohnungen errichten lassen, bei deren Bau erstmalig genormte Bauteile – Deckenbalken, Fassadenschmuck, Balkonbrüstungen und ähnliches – verwendet wurden, wodurch die fünfgeschossigen, reich gestalteten Vorderhäuser der Straße eine optische Ebenmäßigkeit verliehen. In den Jahren vor dem Stadt-

K 7
Im Stil von 1900

Blick in die Husemannstraße

jubiläum wurden im bis zur Sredzkistraße reichenden ersten Abschnitt der Husemannstraße in aufwendiger Arbeit die Häuser im Stil von 1900 gestaltet und dabei zugleich 518 Wohnungen für rund 1250 Bewohner modernisiert und mit heutigem Komfort ausgestattet. Die Geschäfte, Gaststätten, Handwerksbetriebe und öffentlichen Einrichtungen wurden mit dem Interieur der Jahrhundertwende ausgestattet. So weisen z. B. Aufschriften an den Fassaden bereits am Eckgebäude auf die dort befindliche Spirituosenhandlung nebst Probierstube hin, stilgerecht sind die Auslagen in den Schaufenstern des Hundesalons und der Cigarren- und Cigarettenhandlung, milieugerecht die Einrichtung der Kaffeestube. Im Friseurmuseum stellen Berlins Figaros interessante Utensilien ihres Handwerks zur Schau, und wenige Meter weiter kann man sich in einem modernen, doch mit historischem Zubehör ausgestatteten Salon frisieren lassen. Eine besondere Sehenswürdigkeit birgt das Haus Husemannstraße 12. Hier ist im Parterre das → **Museum „Berliner Arbeiterleben um 1900"** untergebracht,

Eingangsgestaltung Friseurmuseum

K 8
Wohnung als Museum

dessen Besuch sehr zu empfehlen ist (Öffnungszeiten: dienstags, donnerstags und sonnabends von 11 bis 18 Uhr, mittwochs von 11 bis 20 Uhr, freitags von 11 bis 16 Uhr. Eintritt 55 Pfennig). In einer original mit allen Details eingerichteten Arbeiterwohnung mit Stube, Küche, Kammer und in zwei weiteren Ausstellungsräumen lassen Sachzeugen, Fotos und Dokumente ein anschauliches Bild vom Leben der Berliner Arbeiter in der Zeit der Jahrhundertwende deutlich werden. Das Museum ist Bestandteil des Märkischen Museums und seine sehenswerte Exposition entstand in enger Zusammenarbeit mit Wissenschaftlern der Berliner Humboldt-Universität.

Einkaufsquelle Husemannstraße

Noch auf der gleichen Straßenseite haben dann eine Nähstube, eine Schuhmacherwerkstatt, ein Modesalon, eine Drogerie und ein Lebensmittelgeschäft à la Tante-Emma-Laden ihre Domizile gefunden. Auch auf der gegenüberliegenden Straßenseite wurde das Milieu der Jahrhundertwende nachgestaltet. Vorbei an einem Bierlokal (Fassadeninschrift: „Bier – Branntwein – Liqueure"), der Werkstatt eines Instrumentenschleifers und anderen Handwerksbetrieben gelangt man zurück zur Restauration 1900 an der Ecke zum Kollwitzplatz. Rechts entlang, vorbei an Postamt und Wohnhäusern mit prachtvollen Fassaden, führt der Weg zur rechts abbiegenden Knaackstraße, der die Route bis zur nächsten Querstraße, der Sredzkistraße, folgt. Dort geht es links entlang bis zur Schönhauser Allee. Auf der rechten Straßenseite nimmt der Komplex der ehemaligen → **Brauerei** von Schultheiß nahezu ein ganzes Straßengeviert ein. Es ist

K 9
Brauerei unter Türmen

Ehemalige Schultheiß-Brauerei

eines der wenigen in voller Ausdehnung erhaltenen Industriegebäude des späten 19. Jahrhunderts in der Innenstadt. Der in romanisierender Form gehaltene Komplex wurde 1891 nach Plänen von Franz Schwechten erbaut und bestand aus Produktionsräumen und Lagerhallen sowie einem großen Bierrestaurant. Heute enthält der mit Türmen, Rundbogenfenstern und Gesimsen geschmückte Klinkerbau Lagerräume, einen Möbelmarkt, ein Sportlercasino (in der Knaackstraße) und im ehemaligen Restaurationstrakt den Jugendklub Erich Franz.

K 10
Unterm „Magistratsschirm"

In der Schönhauser Allee, der die Route rechts abbiegend folgt, verläßt die aus Richtung Alexanderplatz kommende Untergrundbahn ihre unterirdische Strecke und führt als → **Hochbahn** bis nach Pankow. Zwischen 1911 und 1913 auf Mauerpfeilern und Stahlstützen errichtet, überdeckt das Gleisbett der Bahn den Mittelstreifen der Schönhauser Allee, was das Bild der Straße eindrucksvoll prägt und der Strecke den Namen „Magistratsschirm" einbrachte. Der denkmalgeschützte Abschnitt bis zum heutigen Bahnhof Schönhauser Allee (früher Nordring) wurde am 25. Juli 1913 eröffnet, die Bahnhöfe – nach Entwürfen von Johannes Bousset und Alfred Grenander gebaut – blieben im wesentlichen in ursprünglicher Form erhalten.

Hochbahn in der Schönhauser Allee, um 1915

Die Kreuzung der Schönhauser Allee mit der Dimitroffstraße, der Eberswalder Straße und der Kastanien- und Pappelallee ist einer der belebtesten Schnittpunkte von Verkehrsstraßen Berlins. Über

Kreuzung Kastanienallee / Schönhauser Allee / Dimitroffstraße / Eberswalder Straße

sie hinweg führt die Route in die Kastanienallee. In den Ateliers des links gelegenen Eckhauses, die noch heute erhalten sind, machte Max Skladanowsky, einer der Pioniere des Films, im Jahre 1892 seine ersten Versuche mit der Kamera. Rechts findet man nach wenigen Schritten in der Kastanienallee den Pratergarten, den jeder in Berlin nur → **Prater** nennt. 1852 war hier ein Bierausschank gegründet worden, der weit in der Vorstadt lag, dann jedoch ab 1881, seit eine Pferdebahn durch die Kastanienallee fuhr, zu einem beliebten Ausflugsziel der Berliner wurde. Hier gab es ein Sommertheater, Gartenkonzerte und Operettenabende. Als dann ringsum die Mietskasernen emporschossen, wurde der Prater zur Kundgebungs- und Versammlungsstätte der Arbeiter. Hier sprachen August Bebel, Clara Zetkin und Rosa Luxemburg zu den Versammelten, hier präsentierte Erich Weinert auch seine packenden Verse, sang Ernst Busch seine aufrüttelnden Lieder. Gleich nach dem Krieg fand hier 1945 die erste Arbeiterjugendkonferenz statt. 1960 wurde nach Plänen des so-

K 11
Prater mit Tradition

Pratergarten

wjetischen Architekten Wladimir Rubinow eine Freilichtbühne in den Pratergarten eingefügt, und 1967 das Kreiskulturhaus Prenzlauer Berg etabliert, dessen Veranstaltungen an die fortschrittlichen Traditionen des Praters anknüpfen.
Mit einem Abstecher zur kleinen, gegenüberliegenden Galerie am Prater, einem Ausstellungsraum mit ständig wechselnden Expositionen, endet dieser Wanderweg. Zurück führt der Weg zum günstig gelegenen U-Bahnhof Dimitroffstraße, von wo Züge sowohl nach Pankow als auch zum Alexanderplatz und weiter bis zur Endstation Otto-Grotewohl-Straße fahren. Verbindungen in die unterschiedlichsten Stadtbezirke schaffen auch die im Bereich der Kreuzung haltenden Straßenbahnen, deren Linien zum Beispiel zum Bahnhof Friedrichstraße, zum Frankfurter Tor (Karl-Marx-Allee) und weiter zum S-Bahnhof Warschauer Straße bzw. nach Köpenick sowie nach Pankow, Niederschönhausen oder Buchholz und nach Hohenschönhausen fahren.

ab S-Bahnhof Prenzlauer Allee

Zwischen Flamenviertel und Planetarium

● Prenzlauer Allee ● Erich-Weinert-Straße ● Naugarder Straße ● Greifswalder Straße ● Ernst-Thälmann-Park

Nur auf Sichtweite liegen Ausgangs- und Endpunkt der Route – S-Bahnhof Prenzlauer Allee und Planetarium – auseinander. Jedoch führt der Weg, der dabei zurückzulegen ist, in weitem Bogen nicht nur durch baugeschichtlich interessantes Terrain, sondern auch durch den städtebaulich international vielbeachteten Ernst-Thälmann-Park.
Namen von bedeutenden Architekten der 20er Jahre werden in Erinnerung gebracht. Ihre „Handschrift" wird im Flamenviertel augenscheinlich. Am Rande des Weges befindet sich fast im Verborgenen ein Denkmal der Industriegeschichte, erbaut zu Beginn des Jahrhunderts.
Vorbei am Stammsitz der Puppenbühne Berlin geht es auf der Greifswalder Straße weiter in Richtung Stadtmitte und dann quer durch Anlagen und Einrichtungen des Ernst-Thälmann-Parks zum größten Planetarium der DDR.
Wer nicht die S-Bahn benutzt, kann den Ausgangspunkt der Route von der Stadtmitte aus mit den Straßenbahnen 20 und 71 erreichen.

Wanderzeit:

etwa 2 Stunden
Hinzurechnen sollte man die Zeit, die für den Besuch der unterschiedlichen Einrichtungen im Thälmannpark erforderlich ist.

Route L

Teil des alten Gaswerks

Wasserspiele im Zentrum des Wohngebietes Ernst-Thälmann-Park

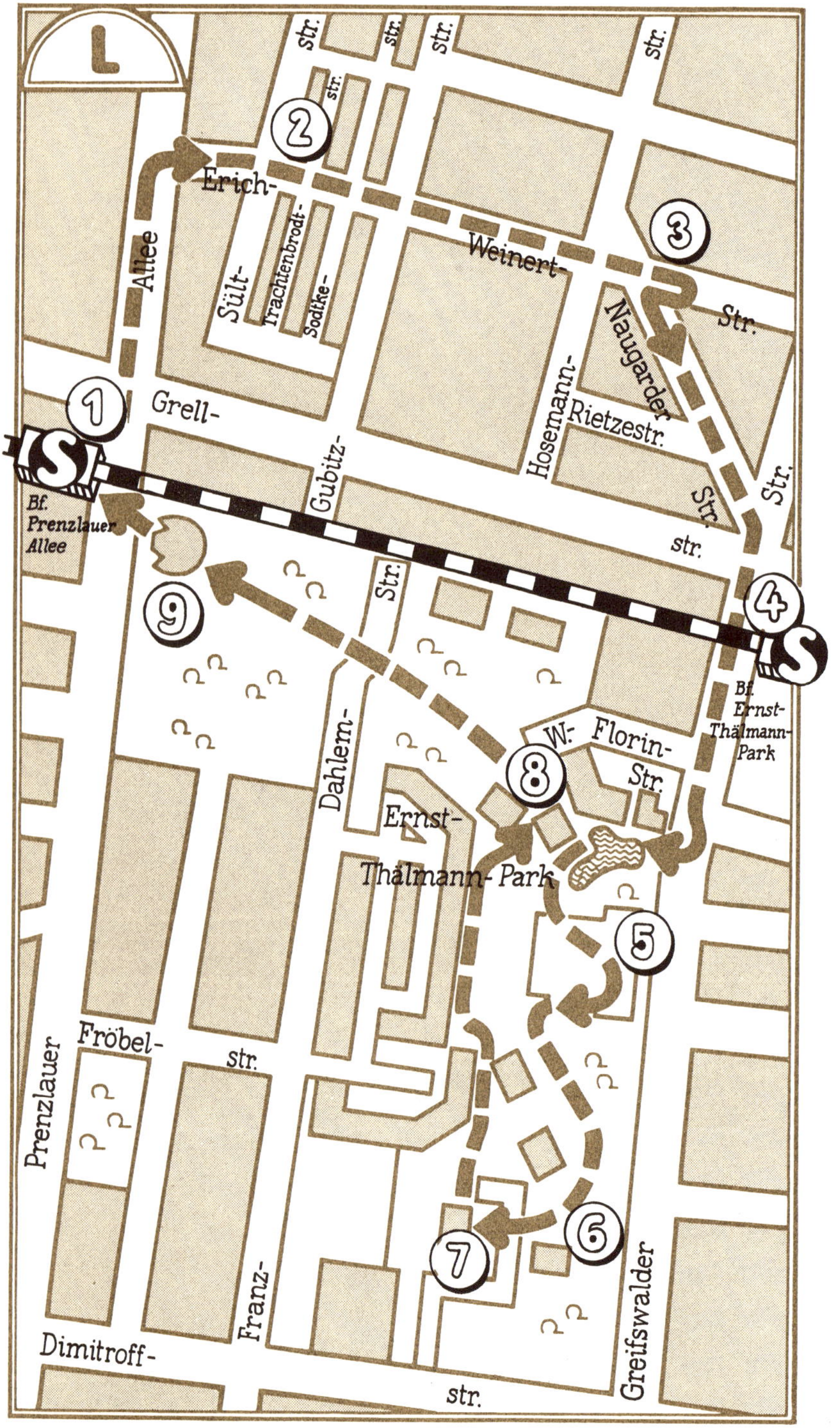
L
1
2
3
4
5
6
7
8
9
Erich-
Weinert-
Str.
Allee
Sült-
Trachtenbrodt-
Sodtke-
str.
Grell-
Gubitz-
Hosemann-
Rietzestr.
Naugarder
Str.
Bf. Prenzlauer Allee
Bf. Ernst-Thälmann-Park
W.- Florin-
Str.
Dahlem-
Ernst-
Thälmann- Park
Fröbel-
str.
Prenzlauer
Franz-
Dimitroff-
str.
Greifswalder

Auf dieser Route kann man sichtbar verfolgen, wie Architekten aus dem ersten und letzten Viertel unseres Jahrhunderts sich bemühten, im dichtestbesiedelten Stadtbezirk der Hauptstadt, dem Prenzlauer Berg, Wohnverhältnisse zu schaffen, die nichts mit den düsteren Hinterhöfen der Jahrhundertwende gemein haben, wie sie ansonsten hier noch, vor allem zwischen Dimitroffstraße und Wilhelm-Pieck-Straße, vorherrschen.

L 1
Bahnhof fast hundertjährig

Diese Route beginnt am → **S-Bahnhof Prenzlauer Allee**. Das Eingangsgebäude stammt aus dem vorigen Jahrhundert. Am 1. 5. 1892 wurde dieser Bahnhof an der nördlichen Stadtbahnstrecke eröffnet. Der gelbe Ziegelbau, sorgfältig restauriert, schmiegt sich am Rande der recht tief liegenden Schienenschlucht an die angrenzenden, zum Teil protzig verzierten Wohn- und Geschäftshäuser, die sich in nördlicher Richtung auf der linken

Eingang zum S-Bahnhof Prenzlauer Allee

Straßenseite aneinanderreihen. Der Weg führt an diesen entlang zur Erich-Weinert-Straße. Hier rechts einbiegend, erblickt man in einiger Entfernung ein bauhistorisch interessantes Viertel.
Zunächst aber geht es an einem der ersten nach dem zweiten Weltkrieg erbauten modernen Altersheime vorbei, dem Feierabendheim Martha Arendsee. Eine Brunnenanlage kurz davor, umgeben von Blumenrabatten, stimmt auf die städtebaulich großzügig angelegte Wohngegend zwischen Sült- und Sodtkestraße ein. Diese Wohnanlage wurde von 1929 bis 1930 nach Plänen von Bruno Taut und Franz Hillinger errichtet. Mit dieser Lösung wollten sie eine Alternative zu den für Ber-

Feierabendheim mitten im Kietz

lin typischen Mietskasernenbauten bieten. Bereits 1925 lagen die Entwürfe vor. Die Bauten sind stark durch damalige holländische Beispiele beeinflußt. Daher stammt die Bezeichnung → **Flamensiedlung**, die sich für diesen Kietz seither fest eingebürgert hat. Breite, begrünte Wohnhöfe ließen trotz der von den Behörden geforderten Wohndichte ein zum Wohle der Bewohner zukunftsorientiertes städtebauliches Konzept erkennen.

L 2
Holländersiedlung in Prenzlauer Berg

Wohnbauten der „Flamensiedlung"

Im Zuge der Rekonstruktion wertvoller denkmalgeschützter Bauten im Stadtbezirk Prenzlauer Berg wurde 1979 ein Ergänzungsbau errichtet, der den Straßenraum zur Prenzlauer Allee hin abschließt. Detailgetreu paßt er sich den älteren Häusern an und zählt somit zu den zahlreichen bemerkenswerten, denkmalpflegerischen Leistungen unserer Tage. Die Route führt, weiter der Erich-Weinert-Straße folgend, vorbei an zwei langgestreckten Schulbauten. Hier befindet sich

Staatliche Ballettschule Berlin und EOS Fritz Grosse

Originelle Mauergestaltung an der EOS Fritz Grosse

die Staatliche Ballettschule Berlin und nebenan die Erweiterte Oberschule Fritz Grosse. Diesen Komplex schließt eine kleine, künstlerisch gestaltete Freianlage ab. Beachtenswerte originelle Keramikelemente und -figuren sind in deren begrenzende Mauer eingelassen.
Zum nächsten Ziel am Rande des Weges gelangt man nach dem Überqueren der Kreuzung Hosemann-, Naugarder Straße. Dort, in der Erich-Weinert-Straße 131, befindet sich, von den angrenzenden Wohnhäusern fast verborgen, ein interessantes Baudenkmal. 1907 bis 1908 wurde hier ein → **Abwasserpumpwerk** gebaut. Es gehörte zum System XI. des von James Hobrecht projektierten Berliner Kanalisationsnetzes und ist noch heute voll in Betrieb. Auch seine ursprünglichen technischen Einrichtungen sind größtenteils erhalten. Von der gegenüberliegenden Straßenseite kann man das kleine Ensemble der Industriebauten in ihrer architektonischen Einheit bequem überblicken. Von dort geht es weiter durch die Nau-

L 3
Pumpwerk im Kietz

Abwasserpumpwerk Erich-Weinert-Straße 131

garder Straße zur Greifswalder Straße. An der hier einmündenden Rietzestraße baute Bruno Taut 1927 ein vier Straßen tangierendes Wohnviertel. Die Vorderfassade der Häuser wirkt auf den Betrachter zwar schmucklos nüchtern, dafür lohnt es sich aber, die bemerkenswerte Hofansicht zu betrachten (der große Wohnhof ist über die Grellstraße erreichbar). Auch hier hat der bekannte Architekt eine für die damalige Zeit selten anzutreffende Wohnatmosphäre geschaffen.
An der Greifswalder Straße angelangt, erblickt man links das erste große innerstädtische Neubaugebiet des Stadtbezirkes. Rechtsvoraus ist der S-Bahnhof Ernst-Thälmann-Park zu sehen, er wurde im Zusammenhang mit dem gesamten Baugeschehen in diesem Bereich neu gestaltet. Im Eckhaus davor hat das → **Puppentheater Berlin** seinen Stammsitz.
Die Route führt nun stadtwärts zum Thälmannpark. Ein ganzes Jahrhundert lang drang der Ruß in die Wohnungen rings um die 1871 bis 1873 er-

L 4
Hier müssen Puppen tanzen

Eingang zum S-Bahnhof Ernst-Thälmann-Park

baute Gaskokerei an der Bahnlinie zwischen Greifswalder Straße und Prenzlauer Allee, und der Gasgestank lag Generationen in der Nase. Das Gaswerk an der Greifswalder Straße war in seinen Dimensionen eines von vier ähnlichen, die im letzten Viertel des vorigen Jahrhunderts Berlin mit Stadtgas versorgten. Trotz der Entwicklung der Elektrizität stieg damals die Gasversorgung von Jahr zu Jahr stetig weiter an. Gas war Hauptquelle der Beleuchtung und wurde in beträchtlichem Umfang auch von der Industrie und den Gewerbebetrieben genutzt.
Allein Ende 1889 speisten die vier städtischen Gasbereitungsanlagen insgesamt 18474 öffentliche und 825014 Privatflammen.
Interessant ist sicherlich, daß damals pro Kubikmeter 16 Pfennig gezahlt wurden und als Vergleich die Kilowattstunde Strom 40 Pfennig kostete. Lange Jahre also war auch das Gaswerk in der Greifswalder Straße, trotz widriger Umstände für die Anwohner, eine notwendige, dem industriellen Fortschritt Rechnung tragende Einrichtung. Die Stadt war längst weit über diese Industrieanlagen hinausgewachsen, als 1981 der zentrale Beschluß erfolgte das Gaswerk stillzulegen und an seiner Stelle ein architektonisch und künstlerisch beispielhaftes Ensemble zu schaffen und damit ein Symbol menschenwürdigen Lebens, wie es der sozialistischen Gesellschaft entspricht. Mit der Fertigstellung dieses Vorhabens wurde eine bisher beispiellose städtebaulich-architektonische Aufgabe gelöst. Auf 26 Hektar entstand das Wohn- und Erholungsgebiet Ernst-Thälmann-Park. Fast 4000 Bewohner haben in den hohen Wohnblöcken und Punkthäusern ein modernes Heim. Bevor es allerdings soweit war, mußte der Bauplatz für die künftige Nutzung besonders aufbereitet werden. 310000 Kubikmeter Mauerwerk, darunter 70000 Kubikmeter Stahlbeton, wurden abgebrochen, gesprengt,

Am künstlichen See
inmitten
der Parkanlage

abtransportiert. Mit großer Sorgfalt und hohem Aufwand wurden die durch den viele Jahrzehnte langen Betrieb des Gaswerkes verursachten Umweltschäden beseitigt. Dazu war es erforderlich, allein 90000 Kubikmeter verunreinigten Boden zwischen zwei und sieben Meter tief abzutragen und gegen ein Kies- und Sandpolster auszutauschen. 40000 Kubikmeter Mutterboden wurden darüber ausgebreitet. Nach einer ungewöhnlich kurzen Bauzeit für solch ein städtebauliches Unternehmen wurde im April 1986 der Thälmannpark eingeweiht.

Die Wanderung über gewundene Parkwege beginnt am Café Eisbär. An einem großen Rhododendronhain umrunden die Wege einen künstlich angelegten See. Über 4000 Nadel- und Laubbäume wurden in die künstlich angelegte sanfte Hügellandschaft des Parks gepflanzt, unzählige Sträucher wachsen in diesem gärtnerischen Ensemble, und das ausgedehnte Grün der Rasenfläche wird immer wieder von Blumenbeeten belebt.

L 5
Wohnpark zu Ehren Ernst Thälmanns

Zur Greifswalder Straße öffnet sich eine weiträumig gestaltete Freifläche, in deren Mitte das → **Ernst-Thälmann-Denkmal** errichtet wurde. Das insgesamt 13 Meter hohe und fast 16 Meter breite Monument ist eine Arbeit des sowjetischen Bildhauers Lew Kerbel. Die in Bronze gegossene Kom-

Ernst-Thälmann-Denkmal

position erhebt sich auf hohem Sockel aus ukrainischem Granit.

L 6
Gedenk- und Bildungsstätte

Der Weg führt von hier aus zum → **Traditionskabinett**. Es wurde im ehemaligen Gaszählerhaus des alten Werkes, eines von wenigen Gebäuden, die in die Gestaltung des neuen Wohnensembles einbezogen sind, eingerichtet. Hier wird anschaulich über den antifaschistischen Widerstandskampf in Prenzlauer Berg, über Leben und Wirken Ernst Thälmanns und die Stadtentwicklung in diesem

Abenteuerspielplatz
im Schatten
der Hochhäuser

Bezirk informiert – eine Stätte des Gedenkens und der historischen Bildung. Weitläufig umrahmt ist dieses Gebäude von einfallsreich gestalteten Spielplätzen, auf denen sich die Jüngsten geradezu abenteuerlich tummeln können. Das zum Park gehörende → **Kulturhaus** besteht aus mehreren Häusern. Im Klubhaus, dem ehemaligen Verwaltungsgebäude des Gaswerkes, sind alle Räume von der Kellerbar bis zum kleinen Theater mit interessantem Programm unterm Dach (in dem auch das Puppentheater seine zweite Spielstätte hat) auf vielseitige Begegnungen eingerichtet. Der einzige Neubau dieser „Kulturkette" wurde in Form einer Wabe gestaltet, zugleich Restaurant, Café und Treff für gesellige Veranstaltungen. Das etwas abseitsstehende Haus der Volkskunst ist Domizil zahlreicher unterschiedlicher Zirkel.

L 7
Kulturzentrum
im neuen Kietz

Klubhaus
im ehemaligen
Verwaltungsgebäude
des Gaswerkes

Café und
geselliger Treff –
die Wabe

Wilhelm-Florin-Straße mit Spezialgeschäften

Entlang eines langgestreckten Häuserblocks führt der Weg in Richtung Wilhelm-Florin-Straße. Als Promenade und kleinen Einkaufsboulevard könnte man sie bezeichnen. Von hieraus erfaßt der Blick den größten Teil des Parkes. Im Hochhaus voraus lädt eine originelle Gaststätte zur Rast ein.

L 8
Gastfreundliche Tradition

→ **„Zur alten Gaslaterne"** steht über der Eingangstür. Eine Plastik mit urwüchsigen Berliner Typen, gestaltet vom Zwickauer Künstler Johannes Harbort, stimmt auf die besondere Atmosphäre dieser Lokalität ein. Rustikal gibt sich die Gaststätte in Einrichtung und lukullischem Angebot. Auch allerlei Kurioses um die Gaslaterne kann der Gast hier erfahren. So ist unter anderem ein Edikt zu begutachten, mit dem sich 1819 Gegner der Gasbeleuchtung zu Worte meldeten: „Sie macht die Pferde scheu und die Diebe kühn, sie verschlimmert die Sittlichkeit. Die künstliche Helle verscheucht in den Gemütern das Grauen vor der Finsternis, das die Schwachen vor mancher Sünde abhält."

Zur alten Gaslaterne

Finsternis und Helle zugleich verspricht das Endziel des Wanderwegs. Vorbei an einer Schwimmhalle geht es weiter, parallel zur Bahnlinie, zwischen Greifswalder Straße und Prenzlauer Allee zum → **Planetarium**. Die imposante Dreiviertelkugel des Kuppelbaus (übrigens mit 30 Metern Durchmesser der größte seiner Art in der DDR) ist nicht zu verfehlen.

Der Vorführsaal mit seinem Zeiss-Projektions-Gerät Cosmorama hat 310 Sitzplätze. Effektvoll werden hier das Cosmorama, zugleich Herzstück des Planetariums, sowie die über 100 Spezialprojektoren und zwei Laseranlagen genutzt, um das Universum den Zuschauern sichtbar zu machen. Besuchen kann man diese Stätte populärwissenschaftlicher Erbauung täglich (außer montags) von 13 bis 20 Uhr. Rund um den Kernbau befinden sich noch Räume für wissenschaftliche Veranstaltungen, ein Kinosaal, ein Café und eine Bibliothek. Ein Spielplatz am Rande des Planetariums mit Sternbildern entlehnten Phantasiegestalten wie

Planetarium mit origineller Sonnenuhr im Vordergrund

Zentaur, Drache und Schlange soll schon die Jüngsten auf die Astronomie einstimmen. Ganz in der Nähe standen hier noch bis 1984 drei Gasbehälter, riesige Rundbauten aus rotem und gelbem Klinker, die aber ihres schlechten Zustandes wegen nicht mehr erhalten werden konnten und gesprengt werden mußten. Die Route endet am Planetarium, und der kurze Weg über die Brücke zum S-Bahnhof verbindet Ausgangs- und zugleich Endpunkt unserer Wanderstrecke.

ab Pankow Kirche

Zwischen Wochenmarkt und Schloßpark

● Pankow Kirche ● Johannes-R.-Becher-Straße ● Bürgerpark ● Grabbeallee ● Majakowskiring ● Schloßpark ● Kavalierstraße ● Berliner Straße ● S-Bahnhof Pankow

Diese Route führt quer durch Pankow. Sie beginnt am alten Dorfanger, der einst weit vor den Toren Berlins gelegenen Gemeinde, der heutigen Johannes-R.-Becher-Straße, führt am roten Backsteinbau des alles überragenden Rathauses vorbei und lädt dann im weitläufigen Bürgerpark zum Verweilen ein. In der Grabbeallee lohnt es, ein wenig mehr über die Baugeschichte dieser Straße zu erfahren. Im Schloßpark Niederschönhausen kann man entlang der Panke zum Freibad bummeln und von dort durch die schattigen Seitenstraßen in Richtung Pankow Kirche. Das ursprüngliche Angerdorf Pankow wurde um 1230 gegründet, ist also etwa so alt wie Berlin-Cölln. Von der Doppelstadt 1370 erworben, ging es ihr später wieder verloren und wurde 1691 kurfürstlicher Besitz.
Zum Ausgangspunkt der Route gelangt man mit der S-Bahn bis Bahnhof Pankow und weiter (eine Station) mit Bus oder Straßenbahn (jede der hier vorbeifahrenden) bis Haltestelle Pankow Kirche. Geradewegs aus dem Stadtzentrum mit der Linie A der U-Bahn kommend, kann man ab Vinetastraße (Endstation der U-Bahn) die Straßenbahnlinien 22, 46 und 49 benutzen.

Wanderzeit:

2-2½ Stunden
Hinzuzurechnen ist ein längeres Verweilen im Bürgerpark oder auch der mögliche Besuch der Johannes-R.-Becher-Gedenkstätte im einstigen Wohnhaus des Dichters am Majakowskiring.

Route M

„Die Kirche
in dem Dorf Panckow
1707"

Eingang
zum Bürgerpark

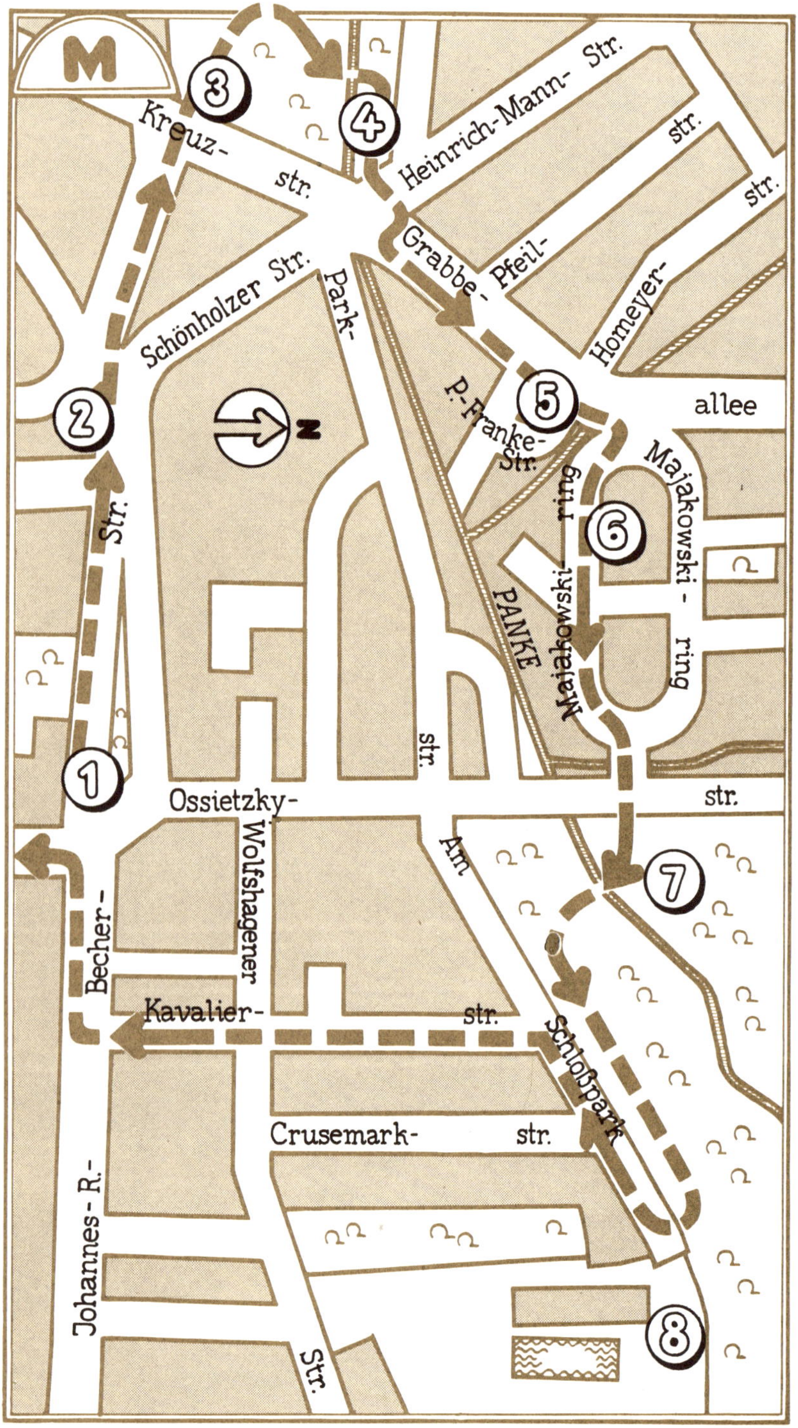
M
Kreuz-
str.
Heinrich-Mann- Str.
str.
str.
Grabbe-
Pfeil-
Schönholzer Str.
Park-
Homeyer-
Schönholzer Str.
P.-Franke-Str.
allee
N
Majakowski-ring
Majakowski-ring
PANKE
Str.
str.
Ossietzky-
str.
Wolfshagener
Am
Becher-
Kavalier-
str.
Schloßpark
Crusemark-
str.
Johannes-R.-
Str.
1
2
3
4
5
6
7
8

Empfehlenswert ist es, zur Fahrt nach Pankow die genannten Straßenbahnlinien zumindest ab U-Bahnhof Dimitroffstraße zu benutzen, weil man so, bequem sitzend, bereits während der Anfahrt die kilometerlange Geschäftsstraße zwischen Kastanienallee und Pankow Kirche kennenlernen kann. Vielleicht reizt dieses oder jenes Teilstück der Strecke zum Aussteigen auf dem Rückweg. Ein Gebäude zumindest sollte man nicht übersehen, das Filmtheater Tivoli in der Berliner Straße 27 (linke Fahrbahnseite). Die wenigsten Besucher dieses Kinos wissen heute, daß einst hier die Gaststätte Feldschlößchen stand, in der die Bilder laufen lernten. Dort zeigte Max Skladanowsky im Jahre 1895 erstmals vor einem kleinen Kreis geladener Gäste in einer Probevorführung seine lebenden Bilder.
Wenige Fahrtminuten vom Tivoli entfernt, an der Ecke Berliner Straße / Johannes-R.-Becher-Straße, interessieren den Besucher dann wohl die „lebenden Bilder" Pankows. Reizvoller erster Eindruck hier, ein filigran gestalteter Tröpfelbrunnen, Kinder an einem Klettergerüst darstellend. Die Johannes-R.-Becher-Straße ist vielmehr ein langgestreckter Platz, denn eine Straße. Sie entspricht in ihren heutigen Ausmaßen noch ziemlich genau dem einstigen Dorfanger aus dem 18. Jahrhundert. Die → **Alte Pfarrkirche** ist das älteste Bauwerk am Ort. Sie wurde in Feldsteinmauerwerk im 15. Jahrhundert gebaut. Nach einer Restaurierung 1832, an der auch Karl Friedrich Schinkel teil hatte, erhielt die Kirche 1858/59 die heute das Bild bestimmenden schlanken Türme durch Friedrich August Stüler, sowie eine neogotische Erweiterung des Langhauses. 1906/08 erfolgte ein weiterer An-

M 1
Ältestes Bauwerk am Ort

Alte Pumpe in der Johannes-R.-Becher-Straße

Kirche Pankow

Pankower Markt

bau. Gleich hinter der Kirche auf einem breiten Streifen zwischen zwei Fahrbahnen, kann man mehrmals in der Woche zünftiges Markttreiben erleben. Doch auch an anderen Wochentagen herrscht in dieser Gegend reger Einkaufstrubel, besonders in den zahlreichen Geschäften auf der Nordseite der Straße. Über 60 Bauten stehen in Pankow unter Denkmalschutz, dazu zählt auch der rote Klinkerbau des → **Rathauses** mit neobarocken Anklängen. Sein 50 Meter hoher Turm überragt alle Bauten ringsum. 1901 bis 1902 wurde der Bau nach Entwürfen von Wilhelm Johow errichtet; im Inneren bieten sich einige Jugendstildekorationen. Besonders beliebt scheint dieses Haus bei Brautpaaren zu sein. Sicherlich trägt das 1979

M 2
Trauzimmer vom Fischerkietz

Brunnen in der Johannes-R.-Becher-Straße

Rathaus

Eingang zum Bürgerpark

eröffnete Trauzimmer aus dem Standesamt vom Fischerkietz, dort 1901/05 von Ludwig Hoffmann eingerichtet, original hierher verpflanzt, zur Popularität dieses Ortes bei. Wen der Ratskeller nicht zur ersten Rast verführt, der schreitet weiter durch die Wilhelm-Kuhr-Straße zum → **Bürgerpark**, den man hier durch ein dreigeteiltes, nach italienischem Triumphbogen-Vorbild errichtetes Tor betritt. Der Park mit seinen gepflegten Anlagen, ab 1854 für einen Industriellen angelegt, kann als der südliche Ausläufer der sich nach Nordwesten erstreckenden Schönholzer Heide angesehen werden. Seltene Bäume, großzügig angeordnete Blumenrabatten, Liegewiesen, Spielplätze, eine Parkbücherei und ein Parkcafé locken zahlreiche Besucher in den zu jeder Jahreszeit reizvollen Park.
Anschauenswert auch ein zwischen Miniaturfelsen eingebettetes Tiergehege. Wenn man von den kleinen Hügeln über den Parkzaun auf die Wilhelm-Kuhr-Straße schaut, dann sollte man sich eines Pankower Erfinders erinnern. Im Haus Nr. 3 erfand und produzierte 1903 der Glasmacher Reinhold Burger die Thermosflasche, im Patentamt unter der Bezeichnung „Warm- und Kalthalteflasche" registriert. Übrigens war Burger ein renommierter Erfinder, und seine Thermosflasche war, ob ihres von jedermann anerkannten Gebrauchswertes, nur die populärste Erfindung. Seine Nachfahren haben die Firma bis in die Gegenwart erhalten und produzieren heute wissenschaftliche Geräte. Die Straße allerdings trägt den Namen des Pankower Bürgermeisters, der Anfang dieses Jahrhunderts verhinderte, daß das Gelände des Bürgerparks einer Bodenspekulation zum Opfer fiel.

M 3
Am Strande der Panke

So wurde durch Ankauf des riesigen Terrains durch die Stadt dieser Park der Bevölkerung erhalten. Die Panke, ein kleines Flüßchen, gab dem Stadtbezirk seinen Namen. Die schönste Uferpromenade des hier schnell fließenden Gewässers

Panke
im Bürgerpark

kann man im Bürgerpark entlang schlendern. Der Weg führt über eine malerisch in die Landschaft gefügte Holzbrücke zum nordöstlichen Ausgang des Parks.

M 4
Denkmal für Julius Fučik

Dort steht zwischen aufstrebenden Kiefern ein aus weißen Steinsäulen gestaltetes → **Denkmal** zu Ehren des von den Faschisten ermordeten tschechischen Schriftstellers Julius Fučík. Der letzte Satz aus seiner „Reportage unter dem Strang geschrieben" mahnt in großen Lettern in den Stein gehauen: „Menschen, ich hatte Euch lieb, Seid wachsam!" Das Mahnmal, geschaffen vom tschechischen Bildhauer Zdenek Némećik, ist ein Geschenk der ČSSR-Jugend an die Gastgeberstadt Berlin aus Anlaß der X. Weltfestspiele der Jugend und Studenten im Jahre 1973.

M 5
Ideal zum Wohnen

Der Weg führt an dieser Stelle aus dem Bürgerpark hinaus, überquert die Heinrich-Mann-Straße und biegt in die Grabbeallee ein. Auf deren rechter Seite, kurz vor der Einmündung des Majakowskiringes erstreckt sich die → **Wohnanlage Paul-Francke-Straße**. Diese wurde kurz vor dem ersten Weltkrieg nach Plänen des Architekten Paul Mebes errichtet. Er schuf damit ein bemerkenswertes Beispiel für den Wohnungsbau in einer Stadt der Massenquartiere. Gegen den Mietskasernenbau gingen seit Ende des 19. Jahrhunderts insbesondere namhafte Architekten, aber auch bekannte Vertreter der Arbeiterbewegung wie Karl Liebknecht, Clara Zetkin und Paul Singer an. Bereits Anfang der neunziger Jahre hatte der Architekt Alfred Messel einen Idealplan für eine Blockbebauung ohne Hinterhöfe ausgearbeitet, aber erst zehn bis fünfzehn Jahre später konnten die Ideen, vorerst noch in bescheidenem Umfang, in einigen Gegenden der Stadt verwirklicht werden. So auch hier in der Paul-Francke-Straße. Des-

Wohnanlage
Paul-Francke-Straße

Fassadenschmuck

halb ist diese in sich geschlossene Wohnsiedlung aus dreistöckigen Häusern ohne Hinterhöfe bauhistorisch interessant. Besonders beachtenswert ist die guterhaltene Materialstilarchitektur unter Verwendung Rathenower Handstrichziegel. Zierplastiken vom Bildhauer Walter Schmarje bereichern die Fassaden auf ihre Weise. Der durchgrünte Komplex wird durch Kinderspielplätze ergänzt. Heute ein selbstverständliches Bild in zahlreichen Wohngegenden, zur Zeit des Baus dieser Häuser jedoch revolutionierende Gestaltung eines Wohnensembles.

M 6
Ringstraße
atmet Geschichte

Wenige Schritte weiter führt der Weg rechts in den → **Majakowskiring** in Richtung Schloßpark. Hier finden wir das Haus Nr. 29, in dem der erste Präsident der DDR, Wilhelm Pieck, von 1945 bis zu seinem Tode 1960 wohnte. Eine Bronzetafel erinnert an den bewährten Arbeiterführer und Staatsmann. Ebenso weist eine Tafel auf der parallel verlaufenden Straße des Ringes, am Haus Nr. 46, auf den ehemaligen Wohnsitz des ersten Ministerpräsidenten unseres Landes, Otto Grotewohl. Er lebte von 1950 bis 1964 dort. Beide Häuser werden heute für gesellschaftliche Zwecke genutzt. Am Majakowskiring Nr. 34 befindet sich eine kleine Villa, in der Johannes R. Becher seit seiner Rückkehr aus der Moskauer Emigration wohnte. Der führende Repräsentant der sozialistischen deutschen Nationalliteratur war von 1945 bis zu seinem Tode 1958 Präsident des Kulturbundes und ab 1954 der erste Minister für Kultur der DDR. Nach seinem Ableben verblieb in diesem Haus das Johannes-R.-Becher-Archiv der Akademie der Künste. Seit dem 90. Geburtstag des Dichters, 1981, sind mehrere Räume des Hauses als Gedenkstätte eingerichtet und der Öffentlichkeit zugänglich.

Der Majakowskiring mündet mit seinem östlichen Zugang in die Ossietzkystraße. Diese überquerend, betritt man den → **Schloßpark**. Ein der Öffentlichkeit nicht zugänglicher Teil des Parkes umgibt das Schloß Niederschönhausen. Es wurde nach 1669 durch Johann Arnold Nering und dann 1704 nach Plänen Eosander v. Göthes unter Verwendung des ehemaligen Dohnaschen Gutshauses erbaut. Hier lebte von 1740 bis 1794 Königin Elisabeth Christine, die von Friedrich II. verstoßene Gemahlin. Die jetzige Gestalt des Schlosses entspricht der 1763/64 durch Johann Boumann beim Wiederaufbau nach dem Siebenjährigen Kriege ausgeführten Fassung. Von 1949 bis 1960 war das Schloß Sitz des Präsidenten und danach vorübergehend Sitz des Staatsrates der DDR. Jetzt ist es Gästehaus der Regierung und häufig Residenz führender ausländischer Staatsmänner, die die Hauptstadt besuchen. Der Wanderweg führt geradewegs durch den schattigen (im englischen Stil nach Entwürfen von Peter Joseph Lenné gestalteten) Park mit seinen alten Bäumen, überquert die sich hier hindurchschlängelnde flache Panke und kommt zum → **Freibad Pankow**.

M 7
Entworfen von Lenné

M 8
Ein Bad für Tausende

Ende der fünfziger Jahre wurde es im Nationalen Aufbauwerk geschaffen. Die Berliner Bevölkerung leistete dazu Hunderttausende freiwilliger Arbeitsstunden unentgeltlich. Schwimmer-, Nichtschwimmer- und Sprungbecken sind zu einem fast viereinhalbtausend Quadratmeter großen

Freibad Pankow

See vereinigt. Ein Sprungturm mit zehn Metern Höhe überragt die 13 Hektar große Anlage. Speziell für die sportliche Betätigung in den Wintermonaten wurde eine Volksschwimmhalle am Haupteingang Wolfshagener Straße errichtet.
Der weitere Weg ab Parkeingang des etwa 10000 Erholungssuchende fassenden Bades führt über die Straße Am Schloßpark bis zur links abbiegenden Kavalierstraße und durch diese wieder zur Johannes-R.-Becher-Straße. Diese überquerend, trifft man auf das Haus Nr. 45, das sogenannte Kavaliershaus, eines der Baudenkmale, die am ehemaligen Dorfanger erhalten blieben. Es wurde im 18. Jahrhundert als kleines, eingeschossiges Landhaus erbaut. Barocke Gartenplastiken im Vorgarten stellen die vier Temperamente dar. Es sind Kopien der im Bode-Museum befindlichen Originale.

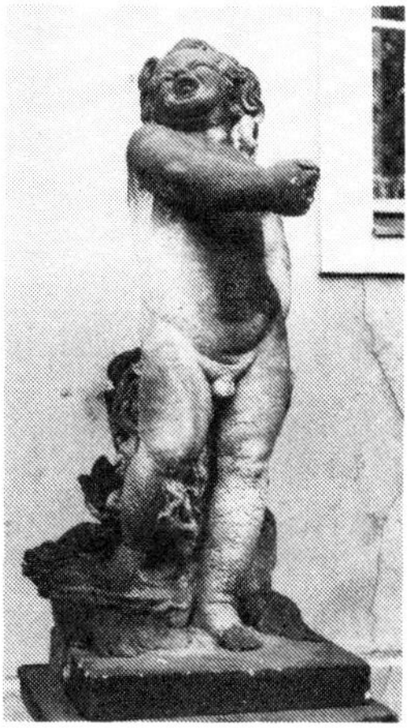

Kavaliershaus
mit Gartenplastiken

Bis zur Berliner Straße braucht man nur wenige Schritte. Durch diese Geschäftsstraße geht es geradewegs zum S-Bahnhof Pankow, dem Ende dieser Route. Bevor der Bahnhof erreicht ist, passiert man auf der rechten Seite das 1912 erbaute Pankower Postamt. Schräg gegenüber erstreckt sich der Komplex einer Zigarettenfabrik. Das Hauptgebäude wurde 1906 mit Jugendstilanklängen erbaut, ein Erweiterungstrakt stammt von Fritz Höger (1930/31). In der danebenliegenden ehemaligen Villa des Zigarettenfabrikanten Garbaty residierte über Jahrzehnte der bulgarische Botschafter, bis er sein neues Domizil in der Leipziger Straße bezog.

ab Bahnhof Treptower Park

Zwischen Weißer Flotte und Kulturpark

● S-Bahnhof Treptower Park ● Anlegestelle der Weißen Flotte ● Rosengarten ● Sowjetisches Ehrenmal ● Karpfenteich ● Archenhold-Sternwarte ● Hain der Kosmonauten ● Gaststätte Zenner ● Insel der Jugend ● Kulturpark ● S-Bahnhof Plänterwald oder S-Bahnhof Treptower Park

Diese Route führt durch ein seit eh und je bei den Berlinern beliebtes Ausflugsziel: den Treptower Park. Genaugenommen sind es zwei Parkanlagen, die den Ausflügler anziehen: der Treptower Park, nördlich der Bulgarischen Straße und beidseitig der Puschkinallee, und der Plänterwald, der sich zwischen Neuer Krugallee und Spree erstreckt. Vom Hafen der Weißen Flotte aus startet man häufig zu einer „Wasserfahrt", unsere Route jedoch führt zu Lande quer durch den traditionsreichen Treptower Park, der in stürmischen Jahren Versammlungsort revolutionärer Arbeiter war und dessen Herzstück heute das Sowjetische Ehrenmal darstellt. Fast versteckt liegt der große Karpfenteich, an dem vorbei die Route zur Sternwarte mit dem längsten Fernrohr der Welt führt. Am Ufer der Spree passiert man beliebte Ausflugslokale, einen verschwundenen Tunnel, eine feuerspeiende Brücke und kommt schließlich in den Plänterwald, wo sich in einem großen Vergnügungspark das zum Wahrzeichen gewordene Riesenrad dreht. Den Ausgangspunkt der Route erreicht man mit der S-Bahn.

Wanderzeit:

etwa 2½ Stunden
Die Wanderzeit verlängert sich bei einem möglichen Besuch der Archenhold-Sternwarte und bei einem Aufenthalt im Kulturpark.

Route N

Gasthaus in Treptow, um 1830

Abteibrücke zur Insel der Jugend

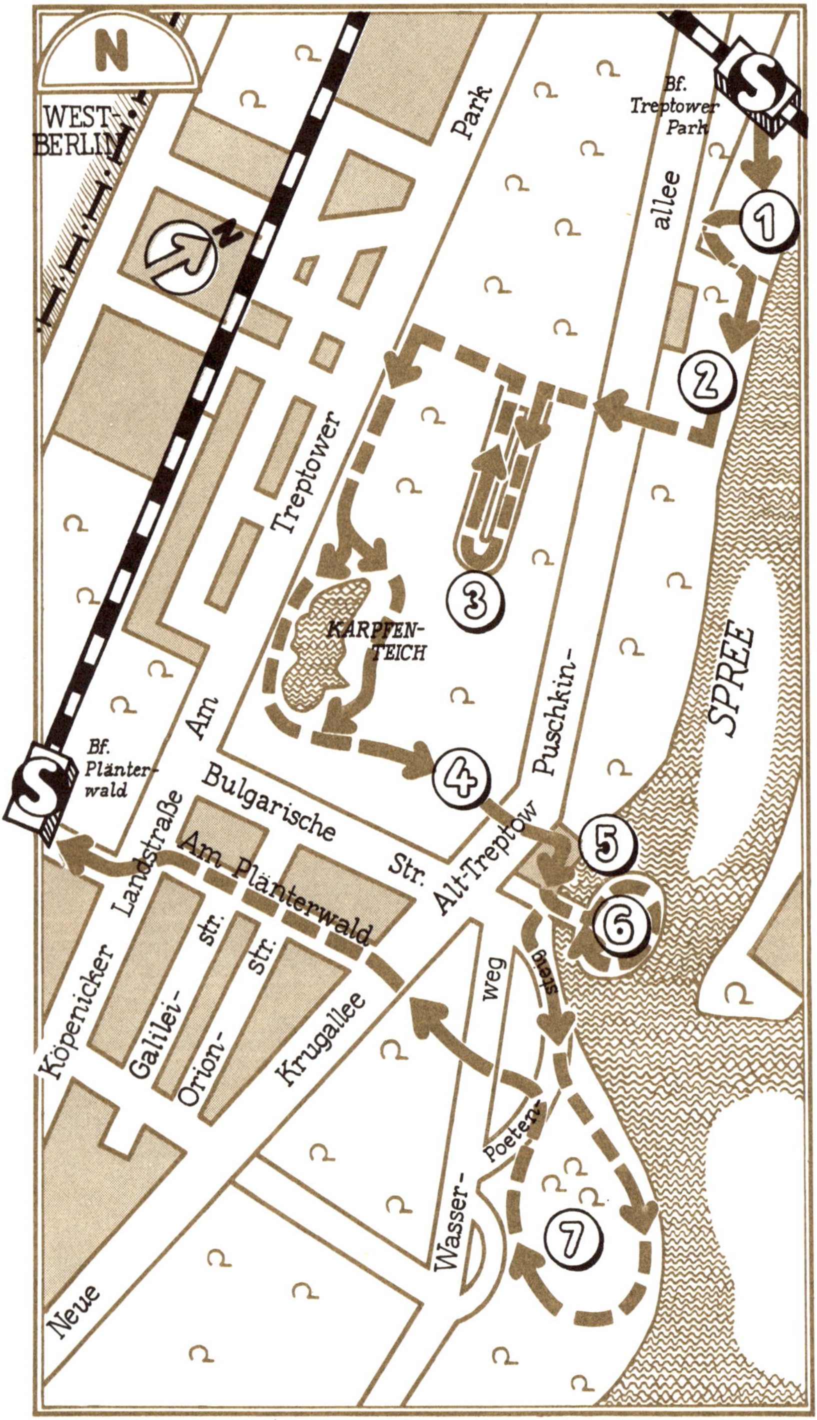
N
WEST-BERLIN
Bf. Treptower Park
Park
allee
Treptower
KARPFEN-TEICH
Puschkin-
SPREE
Bf. Plänter-wald
Am
Bulgarische
Str.
Alt-Treptow
Landstraße
Am Plänterwald
Köpenicker
Galilei-
str.
Orion-
str.
Krugallee
weg
steig
Poeten-
Wasser-
Neue
1
2
3
4
5
6
7

Ganz früher einmal fuhr man von Berlin mit dem Kremser, dem pferdebespannten, mehrsitzigen Ausflugswagen, nach Treptow. Jenes Gebiet in der Cöllnischen Heide befand sich seit 1261 als Geschenk des Markgrafen Otto III. im Besitz der Stadt Cölln. Die 1568 als „Trepkow" erstmalig urkundlich erwähnte Fischersiedlung in diesem Gebiet wurde ab 1707 Treptow genannt. Seit 1920 ist Treptow ein Berliner Stadtbezirk, doch schon vorher liebten die Berliner, vor allem die Arbeiterfamilien aus den dichtbesiedelten Stadtbezirken im Osten Berlins, diese grüne Lunge am Ufer der Spree mit ihren Bäumen und ausgedehnten Liegewiesen. Im Jahre 1876 hatte der Gartenarchitekt Gustav Meyer, der seit 1870 Direktor des Gartenamts von Berlin war, begonnen, diesen Park anzulegen. Ihm zu Ehren wurde auch unweit der Puschkinallee am Rande der großen Liegewiese das 1890 von Albert August Manthe geschaffene Denkmal aufgestellt. Nach Meyers Tod führte Hermann Mächtig das Werk bis 1888 fort. Im Treptower Park fand 1896 die berühmte Berliner Gewerbeausstellung statt, die eigentlich eine Weltausstellung werden sollte, was jedoch nicht die Billigung des Kaisers fand. Immerhin war sie aber der Eisenbahndirektion Anlaß genug, tief in die Tasche zu greifen, die Stadt- und Ringbahn zu erweitern und sogar einen Sonderbahnhof anzulegen. Der allerdings existiert längst nicht mehr. Der S-Bahnhof Treptower Park jedoch führt ebenso gut zum Ausgangspunkt der Wanderung.

Mit der Weißen Flotte unterwegs

N 1
Berlins Wasserbahnhof

Schon wenn man den Bahnhof (von der Innenstadt kommend, auf der linken Seite) verläßt, hat man die Ausläufer des Parks vor sich. Linker Hand befindet sich der → **Hafen der Weißen Flotte**, der Berliner Fahrgastschiffahrt. In einem alten Couplet

Hafen Treptow der Weißen Flotte

heißt es „Ein Vajniejen eijner Art, ist und bleibt 'ne Wasserfahrt", und dem „Vajniejen" frönten die Hauptstädter mindestens seit dem Beginn des 18. Jahrhunderts, als sie mit Treckschuten die Gewässer bezwangen. Heute hat die Weiße Flotte mehr als 30 Fahrgastschiffe, die bei ihren Runden auf dem 162 Kilometer langen Streckennetz bei Tag und Nacht (dieses bei den beliebten Mondscheinfahrten) auch immer gut besetzt sind. Und der Treptower Anlegeplatz ist sozusagen der Heimathafen der schmucken Motorschiffe, die von

Auf der Schau „Plastik und Blumen"

den Berlinern übrigens wie in alten Zeiten „Dampfer" genannt werden. Vom Hafen aus führt der Weg durch den Anfangsteil des Parks zunächst zum großen Parkplatz, an dem sich auch eine Souvenir-Verkaufsstelle der Berlin-Information befindet. Der → **Rosengarten** schließt sich an, eine der gärtnerischen Anlagen, die dem weitläufigen Gelände abwechslungsreiche Gestalt verleihen. Von hier aus erstreckt sich am Ufer der Spree ein reizvolles Areal, auf dem alle zwei Jahre die Ausstellung Plastik und Blumen stattfindet, deren Schirmherr der Verband Bildender Künstler der DDR ist. Bildhauer aus dem In- und Ausland stellen hier im Sommer bis in den Herbst hinein ihre Werke inmitten gepflegter Grünflächen und Blumenanpflanzungen zur Schau.

N 2
Kunstausstellung im Rosenhag

Der Wanderweg jedoch überquert an dieser Stelle die Puschkinallee und führt zum → **Sowjetischen Ehrenmal**. In den Jahren 1946 bis 1949 wurde es auf einem Boden errichtet, der in der Geschichte der revolutionären Berliner Arbeiterbewegung keine geringe Rolle gespielt hat. Der Treptower Park mit seinen großen Wiesen – noch heute sind sie um das Gelände des Ehrenmals vorhanden – war nicht nur Ausflugsziel erholungsuchender Berliner, sondern auch von jeher Versammlungsort der organisierten Arbeiter. Von besonderer Be-

N 3
Den Helden ewiger Ruhm

Sowjetisches Ehrenmal im Treptower Park

deutung war z. B. die mächtige Friedensdemonstration der Arbeiterschaft am 3. September 1911. Etwa 200000 Berliner versammelten sich unter roten Fahnen auf der alten Treptower Spielwiese. An zehn Stellen zugleich sprachen die besten Redner der Partei, unter ihnen August Bebel und Karl Liebknecht, und verurteilten den kriegslüsternen Kurs der kaiserlichen Regierung. Auch in den Revolutionsjahren 1918/19 und später in der Zeit der Weimarer Republik trafen sich auf den Treptower Wiesen die Arbeiter des Berliner Ostens und zogen in mächtigen Demonstrationszügen in die Innenstadt.
20000 Angehörige der Sowjetarmee mußten 1945 bei der Befreiung Berlins, in der letzten großen Schlacht des zweiten Weltkrieges, ihr Leben lassen. Als nach der Beendigung der Kampfhandlungen die gefallenen Soldaten eine letzte Ruhestätte fanden, wurden 13000 in der Schönholzer Heide im Stadtbezirk Pankow und mehr als 5000 an dieser Stelle im Treptower Park beigesetzt. Hier setzten Ihnen Berliner Antifaschisten einen Gedenkstein mit der Inschrift: „Das schaffende Volk Berlins den unsterblichen Helden der Roten Armee am 1. Mai 1946." Im gleichen Jahr noch schrieb der Militärrat der sowjetischen Truppen in Deutschland einen künstlerischen Wettbewerb für eine Gedenkstätte für die Gefallenen der Sowjetarmee aus. Der spätere Präsident der Deutschen Demokratischen Republik, Wilhelm Pieck, war es, der den sowjetischen Genossen vorschlug, als Standort den traditionellen Treptower Park auszuwählen. In dreijähriger Arbeit von 1200 Mitarbeitern, darunter 200 Steinmetze und 90 Bildhauer, wurde das Denkmal nach einem Entwurf des sowjetischen Bildhauers Jewgeni W. Wutschetitsch, des Architekten Jakow B. Belopolski, der Ingenieurin S. S. Walerius und des Kunstmalers A. A. Gorpenko errichtet und am „Tag der Befreiung", dem 8. Mai, im Jahre 1949 eingeweiht.

Als Baumaterial diente vor allem schwedischer Granit, den die Naziführung in der Absicht eingekauft hatte, daraus pompöse Prachtbauten und gewaltige Siegesdenkmäler in Berlin errichten zu lassen.
Vom Eingangstor in der Puschkinallee führt der Weg zunächst direkt auf die Statue der trauernden „Mutter Heimat" zu. Links geht eine breite Promenade ab, die bereits den Blick auf die Hauptgestalt des Ehrenmals, den siegreichen Sowjetsoldaten mit einem Kind auf dem Arm, freigibt. Zwei Pylonen in Form riesiger Fahnen aus rotem Granit, vor ihnen jeweils die Bronzeskulptur eines knieenden Soldaten, erheben sich zu beiden Seiten des Zugangs zum Ehrenhain mit den sechzehn Sarkophagen, die in Reliefs Szenen aus den Kriegsjahren 1941 bis 1945 zeigen. Die traditionellen Heldengräber der Weiten am Don waren Vorbild

Krypta im Ehrenmal

für den Kurgan, den Ehrenhügel, der den optischen und gestalterischen Mittelpunkt des Ehrenmals bildet. Auf seinem Gipfel trägt er das Mausoleum mit dem mosaikgeschmückten Kuppelsaal, in dem das Ehrenbuch mit den Namen hier beigesetzter Soldaten seinen Platz hat. Über allem erhebt sich die weltbekannte Figur des friedenbringenden Soldaten.
Nach dem Rundgang durch das alltäglich von Besuchern aus aller Welt aufgesuchte Ehrenmal geht es durch das links liegende Tor zur Straße Am Treptower Park. Die Route führt von dort aus sofort wieder nach links in den Park hinein und umrundet das Ehrenmal von außen. Vorbei am Karpfenteich, der malerisch von alten Bäumen umgeben ist, geht es auf breiten Wegen durch die Anlage, und man kommt schließlich zur → **Sternwarte**. Sie verdankt ihre Entstehung vordergründig der Berliner Gewerbeausstellung von 1896, in

N 4
Das Fernrohr stand im Freien

Archenhold-Sternwarte

Wirklichkeit jedoch viel mehr der Spendenfreudigkeit Berliner Arbeiter und dem Enthusiasmus des jungen Astronomen Friedrich Archenhold, dessen Namen sie heute trägt. Archenhold hatte sich dafür eingesetzt, daß damals das Riesenfernrohr (noch heute mit 21 Metern längstes der Welt) gebaut und während der Ausstellung im Freien aufgestellt wurde. Die Spenden der Arbeiter ermöglichten es dann, die massive Sternwarte zu errichten, die im Mai 1909 ihre Pforten öffnen konnte. 1959 wurde die Sternwarte durch ein Zeiss-Planetarium erweitert.

Neben der Volkssternwarte, von der heute mit modernen Fernrohren ein Blick ins All möglich ist, erinnert eine Gedenkstätte an den Weg zu den Sternen. Im Hain der Kosmonauten stehen die Büsten des ersten Menschen, der ins Weltall flog,

Kosmonaut Juri Gagarin

Fernrohr, in Betrieb genommen 1896

des sowjetischen Kosmonauten Juri Gagarin, die des ersten Weltraumfliegers der DDR, Sigmund Jähn, und die seines Begleiters Waleri Bykowski.

Hain der Kosmonauten

Die Route kreuzt nun wieder die Puschkinallee und führt zu einem traditionellen Ausflugslokal, der Gaststätte → **Zenner**. 1602 hatte der Magistrat der Stadt an dieser Stelle für 100 Thaler eine Fischerhütte erworben, deren Verwalter dann einen kleinen Ausschank betrieben. 1707 wurde sogar ein Brauhaus errichtet, Bier und Kaffee ausgeschenkt. Mehr als 100 Jahre später, 1817, beschloß der Magistrat, anstelle der „Spreebudike" ein Gasthaus im „eleganten Styl" zu errichten und gewann den Architekten Carl Ferdinand Langhans zum Bau des Gasthauses Treptow, das am 11. Juni 1822 eröffnet wurde und später nach einem Pächter den

N 5
Zenner im „eleganten Styl"

Tunnelbahn unter der Spree, 1899–1930

Namen Zenner erhielt. Im Krieg wurde die traditionelle Lokalität teilzerstört, dann in Anlehnung an die äußere Gestaltung des alten Baus wiederhergestellt und am 1. Mai 1955 eröffnet.
Der Wanderweg führt links an diesem Gebäude vorbei zum Ufer der Spree. An dieser Stelle hatte es einmal einen Tunnel zur gegenüberliegenden Halbinsel Stralau gegeben. Die AEG (Allgemeine Elektrizitäts-Gesellschaft) hatte ihn im Jahre 1895 bauen lassen, doch es ergaben sich beim Bau derartige Schwierigkeiten, daß er erst im Jahre 1899 eröffnet werden konnte. Sein Zweck war, Möglichkeiten für den Bau einer Untergrundbahn in Berlin zu demonstrieren. Bis zum Jahre 1930 unterquerte eine Straßenbahn an dieser Stelle die Spree. Dann jedoch verfiel das Bauwerk und wurde schließlich im zweiten Weltkrieg zerstört.
Stralau am anderen Spreeufer ist ein Ortsteil des Stadtbezirks Friedrichshain, der erst 1920 eingemeindet wurde. Weithin sichtbar ist die Stralauer Dorfkirche, die aus dem 15. Jahrhundert stammt und deren Turm, 1823 bis 1824 von Stadtbaurat Friedrich Wilhelm Langerhans erbaut, seit einem Bombenangriff im Jahre 1945 sichtbar schief steht. Stralau war das Fischerdorf, in dem 1837 der Student Karl Marx den Sommer verlebte. Eine Gedenkstätte erinnert an den Platz, wo einst das Haus stand, in dem er Quartier nahm.
Der Verlauf der Route geht nun immer am Ufer entlang an der Gaststätte Zenner vorbei, passiert die Bootsausleihstation und auch das benachbarte Ausflugsrestaurant Plänterwald. Dann gelangt man zu einer elegant geschwungenen Stahlbetonbrücke, die zur → **Insel der Jugend** führt. 1916 war die Brücke (Spannweite 76 Meter) von

N 6
Die Feuerwerksbrücke

Bootsausleihe
bei Zenner

französischen Kriegsgefangenen erbaut worden, um die ehemalige Abtei-Insel mit dem Festland zu verbinden. Von hier aus wurde in den Sommermonaten das traditionelle Feuerwerk „Treptow in Flammen" abgefeuert, das auch heute noch den Abschluß der alljährlichen Treptower Festwochen bildet. Über die Spree hinweg, die sich hier mit dem hinter der Halbinsel liegenden Rummelsburger See verbindet, geht der Blick weit hinüber zum Heizkraftwerk Georg Klingenberg mit seinen beiden 140 Meter hohen Schornsteinen. Dahinter wird die Silhouette des Hans-Loch-Viertels sichtbar.

N 7
Spektakel unterm Riesenrad

Geht man weiter geradeaus, an der Brücke vorbei, kommt man nach kurzem Weg zum → **Berliner Kulturpark**. Auch mit dieser Einrichtung wird an eine alte Tradition Treptows angeknüpft. Im Park fanden die Berliner früher ihren „Rummel". Heute

Kulturpark Plänterwald

lädt vom Frühjahr bis zum Herbst ein moderner Vergnügungspark am Ufer der Spree zu erlebnisreichen Stunden ein. Autoscooter, Twister und Kinderkarussel bewegen sich unermüdlich, und über allem erhebt sich das 45 Meter hohe Riesenrad, das mit seinen 40 Gondeln zum Wahrzeichen des Kulturparks geworden ist. Alljährlich kann allein dieses Superkarussel mit 450 000 Fahrgästen rechnen, mehr als einem Drittel der rund 1,4 Millionen Besucher, die im Jahr den Kulturpark aufsuchen. Doch nicht nur auf den Fahrgeschäften vergnügt man sich hier, sondern auch bei aktiven Tätigkeiten, beim Mini-Golf, Kegeln und bei

Tischtennis. Nahezu 200 Freilichtveranstaltungen machen das Unterhaltungsprogramm komplett: Hochseilartistik und Modenschauen, „Tanz unterm Riesenrad", Gastspiele profilierter Musikformationen und vieles andere mehr.
Der Berliner Kulturpark ist der Endpunkt dieser Route. Zum S-Bahnhof Plänterwald kommt man von hier aus auf kaum zu verfehlenden Wegen. Man kann allerdings auch längs der Spree auf der Uferpromenade zum S-Bahnhof Treptower Park zurückkehren und dabei den Teil der großen Grünanlage genießen, den der Herweg nicht berührt hat.

ab Bahnhof Köpenick

Zwischen Amtsgericht und Schloßinsel

● S-Bahnhof Köpenick ● Bahnhofstraße ● Seelenbinderstraße ● Mandrellaplatz ● Puchanstraße ● Kinzerallee ● Bahnhofstraße ● Platz des 23. April ● Alt-Köpenick ● Grünstraße ● Kietzer Straße ● Kietz ● Schloßinsel

Diese Route verbindet historisch Interessantes und landschaftlich Reizvolles mit dem mittelstädtisch anmutenden Geschäftsleben der einst selbständigen Stadt Köpenick weit vor den Toren Berlins. Vom S-Bahnhof aus, durch die belebte Bahnhofstraße geht es zum Strand der Alten Spree mit der Freiluftgaststätte Mecklenburger Dorf. Vorher jedoch erinnert eine Stätte an Verbrechen der Nazibarbaren, die im Amtsgericht während der „Köpenicker Blutwoche" Antifaschisten grauenvoll ermordeten. Den Opfern gilt auch das Mahnmal am Platz des 23. April, an dem vorbei die Route über die Dammbrücke zur Altstadt mit ihrer architektonischen Dominante, dem Rathaus, führt. Über Altstadtstraßen, den alten Kietz, einstiges Domizil der Fischer, und die neue Uferpromenade am Frauentog führt der Weg zur Schloßinsel. Im dortigen Park befindet sich das Köpenicker Schloß mit dem Kunstgewerbemuseum sowie eine barocke Schloßkapelle. Über die Lange Brücke hinweg geht es dann entlang der Köllnischen Vorstadt zum S-Bahnhof Spindlersfeld, von dem aus man über Schöneweide zurück zum Stadtzentrum gelangt.

Wanderzeit:

etwa 2 bis 2 ½ Stunden
Dieser Zeit hinzuzurechnen ist ein Besuch im Kunstgewerbemuseum mit seinen zum Teil wechselnden Ausstellungen oder ein längeres Verweilen im Park des Schlosses.

Route O

Köpenick um 1781

Blick über die Dahme auf Köpenick

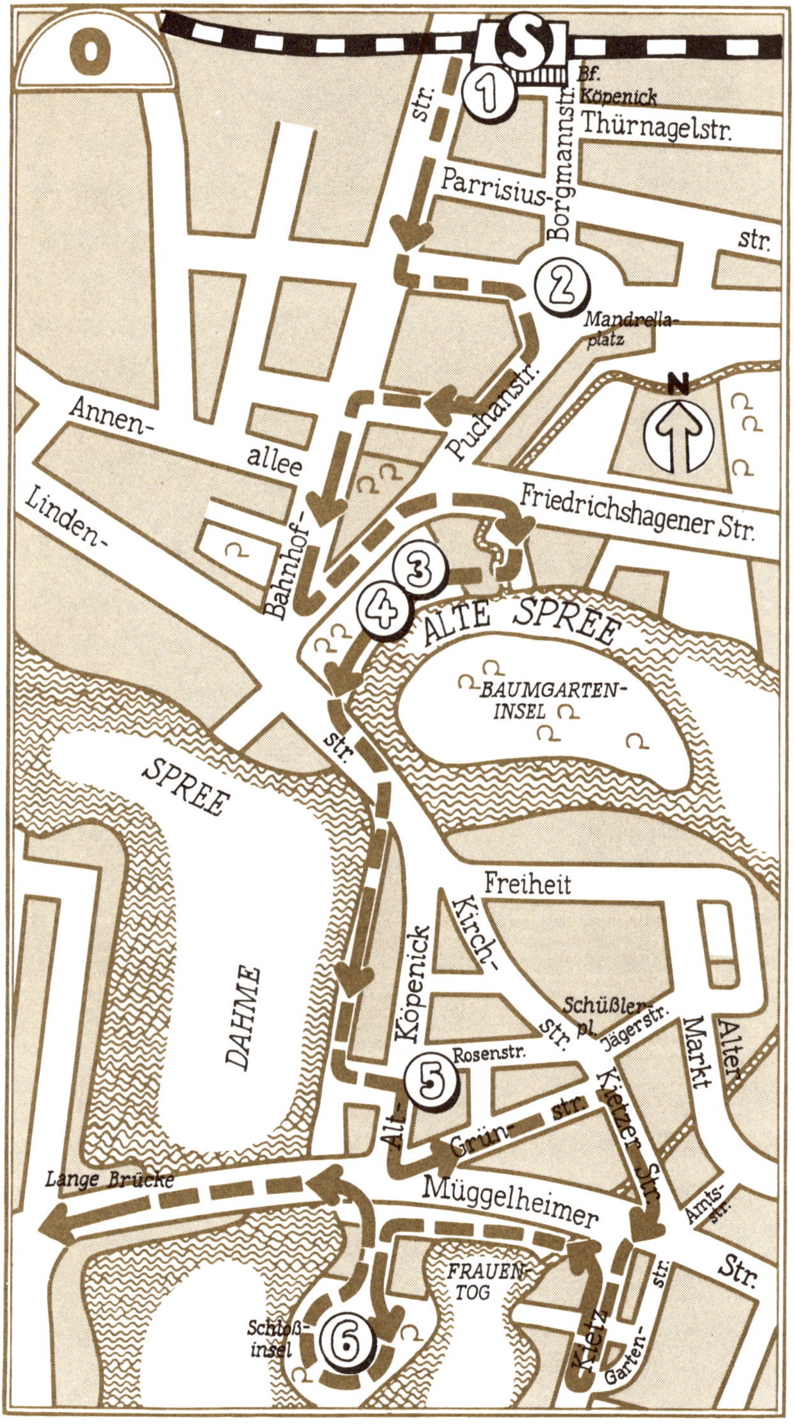

O
S
Bf. Köpenick
Thürnagelstr.
Borgmannstr.
Parrisius-
str.
str.
Mandrella-
platz
Puchanstr.
N
Annen-
allee
Linden-
Bahnhof-
Friedrichshagener Str.
ALTE SPREE
BAUMGARTEN-
INSEL
str.
SPREE
DAHME
Freiheit
Kirch-
Köpenick
Schüßler-
pl.
str.
Jägerstr.
Markt
Alter
Rosenstr.
Kietzer Str.
Alt-
Grün-
str.
Lange Brücke
Müggelheimer
Str.
Amts-
str.
str.
FRAUEN-
TOG
Schloß-
insel
Kietz
Garten-
1
2
3
4
5
6

Das idyllisch von Wasser und Wald umgebene Städtchen Köpenick ist schon lange vor seiner Eingliederung als Stadtteil Berlins ein beliebtes Naherholungsgebiet der Großstädter gewesen. Bereits 1842 erhielt Köpenick einen Haltepunkt an der „Berlin-Frankfurter Eisenbahn". Dieser heutige → **S-Bahnhof** ist auch der Ausgangspunkt der Route. Damals lag der Bahnhof noch weit außerhalb der Stadt. Geschäftstüchtige Fuhrunternehmer nutzten diesen Umstand und organisierten Pferdeomnibuslinien zur „Inselstadt". Heute ist die Distanz mit Autobussen oder Straßenbahnen in Minuten zu überwinden, aber viel mehr lohnt sich eine Fußwanderung durch das geschäftige Treiben der Bahnhofstraße in die inzwischen weitausgedehnte Stadt.

O 1
Einst Haltepunkt weit vor der Stadt

Die zahlreichen kleinen Geschäfte in der Bahnhofstraße prägen den Vorstadtcharakter. Der Weg führt links abbiegend durch die Seelenbinderstraße zum → **Mandrellaplatz**. An eines der düstersten Kapitel, nicht nur aus der Geschichte Köpenicks, erinnert dort ein im Stil der deutschen Renaissance (1899–1901 von Paul Thoemer) gestaltetes Bauwerk, das einstige Amtsgericht. Im ehemaligen Vollzugsteil auf dem Hof spielten sich vorwiegend jene grauenvollen Ereignisse ab, die als „Köpenicker Blutwoche" in die Geschichte eingegangen sind. Wenige Monate nach Errichtung der faschistischen Macht, im Juni 1933, wurden hier 91 Kommunisten, Sozialdemokraten und par-

O 2
Synonym für Mordterror

Das einstige Amtsgericht

teilose fortschrittliche Menschen von SA-Trupps grausam gefoltert und ermordet. Diesen Antifaschisten zu Ehren wurde im ehemaligen Zellenbau eine kleine Gedenkstätte geschaffen. Ein Gedenkstein inmitten der Anlagen vor dem heutigen Stadtbezirksgericht erinnert an den Mann, dessen Namen der Platz trägt: Rudolf Mandrella, einen katholischen Antifaschisten. Einst selbst Richter in diesem Gebäude, vermochte er die menschenfeindlichen Taten des faschistischen Regimes nicht mit seinem religiösen Gewissen zu vereinen. Ein Gestapospitzel verriet seine aktive antifaschistische Tätigkeit. 1943 wurde Rudolf Mandrella hingerichtet.
Durch die stille Puchanstraße und die Kinzerallee zurück zur Bahnhofstraße, und von dort in die Friedrichshagener Straße führt die Route, dann an einem schmalen Fließ entlang, direkt zur Alten

Blick
in die Bahnhofstraße

Pumpwerk
in der Bahnhofstraße

Mecklenburger Dorf

Spree. Hier haben Enten und vor allem zahlreiche Schwäne einen ausgedehnten Wassertummelplatz gefunden. Zu allen Jahreszeiten lassen sie sich, entlang des Ufers in Richtung Dammbrücke, von den Besuchern füttern. Eine schilfgedeckte Mühle ist das Wahrzeichen des → **Mecklenburger Dorfes**. Anläßlich der X. Weltfestspiele der Jugend und Studenten im Sommer 1973 wurde dort eine rustikale Freiluftgaststätte erbaut, die heute aus dem Bild von Köpenick nicht mehr wegzudenken ist. Ob man an heißen Sommertagen eine Erfrischung zu sich nehmen möchte oder unter verschneiten Strohdächern zur Winterszeit einen Glühwein zum Aufwärmen, diese originelle Gaststätte steht mit Speise und Trank zu Diensten.

O 3
Mecklenburg in Köpenick

Hinter dem „Dörfchen" weiten sich baumbestandene Anlagen zum → **Platz des 23. April**. Das Datum erinnert an den Tag der Befreiung Köpenicks 1945 durch die Sowjetarmee. Hier steht auch das von Walter Sutkowski geschaffene Mahnmal für die Opfer der Köpenicker Blutwoche, sechs Meter hoch mit zur Faust geballter Hand. Auf dem hochgestreckten Sockel sind gemordete Kämpfer symbolisiert, und eine Reliefmauer mit Szenen aus dem Leben des sozialistischen Deutschland verdeutlicht, daß das Vermächtnis der Toten erfüllt wurde. Der Weg führt am Wasser entlang zur neu errichteten Dammbrücke, die alte hatte im Jahre 1986 ausgedient. Linker Hand befindet sich eine Bootsausleihstation. Auf der rechten Seite der Brücke (in Richtung des Wanderwegs) fließt die Dahme in die Spree. Über eine schattige Uferpromenade, parallel zur Straße Alt-Köpenick, führt der Weg weiter entlang der Dahme. Gegenüber der Dampferanlegestelle der Weißen Flotte weitet sich der Luisenhain zu einer gepflegten Anlage. Eine Sonnenuhr zeigt die heiteren Stunden an,

O 4
Den Opfern des faschistischen Terrors

Denkmal auf dem Platz des 23. April

Die neue Dammbrücke

und die große Rathausuhr hoch oben am Turm des neogotischen Backsteinbaus (1901/04 von Hans Schütte und Hugo Kinzer) verkündet, was die Stunde geschlagen hat.

O 5
Berühmt durch Schuster Voigt

Am → **Rathaus** wird die Geschichte des Hauptmann von Köpenick lebendig. Als Offizier verkleidet, übernahm der Schuhmacher Wilhelm Voigt am 16. Oktober 1906 das Kommando über zehn Füsiliere und Infanteristen und marschierte zur „Beschlagnahme" der Stadtkasse ins Rathaus. Die ganze Welt spottete damals über den preußischen Untertanengeist, der dieses Gaunerstückchen gelingen ließ. Seitdem ist diese legendäre Figur in die Literatur eingegangen. In jedem Jahr kann man zum „Köpenicker Sommer", dem traditionellen Volksfest des Stadtbezirkes, Schuster Voigt begegnen, dargestellt von einem populären Schauspieler. Aber man kann den Hauptmann auch als Souvenir auf Gläsern, Tüchern oder als Stoffpuppe mit nach Hause nehmen. Das Rathaus ist ein beachtenswertes Bauwerk und der 54 Meter hohe Turm städtebauliche Dominante zwischen Spree und Dahme. Im Mittelalter schon befand sich auf dem jetzigen Standort ein allerdings weitaus bescheideneres „Haus der Bürger". Das Rathaus ist auch im Inneren, dem Stil angepaßt, reich ausgestattet. Solide Holztäfelung und originell gestaltete Bildmotive an zahlreichen Fenstern sind betrachtenswert. Auch ein Besuch des Ratskellers ist zu empfehlen. Er befand sich übrigens nicht immer zwischen den Grundmauern, sondern einst im Obergeschoß und zählte deshalb zu den sieben Köpenicker „Weltwundern", kuriosen Erscheinungen, die es in der Stadt gegeben haben soll. So einen Lehrer Dummer, einen Arzt Todt und einen Bürgermeister namens Borgmann. Den Jungmännerverein gründete ein 80jähriges Fräulein, das Krankenhaus stand am Friedhof und das Gefängnis an der „Freiheit".

Hauptmann von Köpenick

Köpenicker Rathaus

Wappen am Rathaus

Blick in die Böttcherstraße

Voraus rückt das Eingangstor zur Schloßinsel ins Blickfeld, zunächst aber biegt die Route nach links in die Grünstraße ein. Sie zählt mit ihren kleinstädtischen Häusern zum typischen Einkaufszentrum, ebenso wie die Kietzer Straße, die zur neugestalteten breiten Ausfallstraße Richtung Müggelberge (Route R) führt. Diese Straße überquerend, macht der Wanderweg einen Abstecher zum Kietz. Bereits 1209 wurde die hier gelegene Fischersiedlung erstmals urkundlich erwähnt. Die wasser-

Im Kietz

seitig gelegenen Häuser befinden sich am Frauentog, einer Bucht, in die der Kietzgraben mündet, der die Altstadtinsel im Südosten vom Festland trennt. Der Kietz mit seinem groben Straßenpflaster und den zahlreichen niedrigen Häusern (zum Teil bis zu 200 Jahre alt) vermittelt noch ein wenig von der Atmosphäre der einstigen Fischerzeit. Es geht zurück in Richtung Schloßinsel, vorbei an einem ansprechend gestalteten Uferplatz. Hier steht eine derbgestaltete Brunnenfigur, die „Mutter Lustig". Mit der ersten Lohnwäscherei für „feine Häuser" gründete Henriette Lustig (1835) ein Gewerbe, das Köpenick den Ruf einbrachte, die „Waschküche Berlins" zu sein. Dieses Denkmal für die fleißigen Waschfrauen, die einst mit ihren Rubbelbrettern und Waschbänken an der Spree hockten, schuf der Bildhauer Karl Möpert.

O 6
Schon in der Steinzeit bewohnt

Eine hölzerne Brücke über den Wassergraben zwischen Frauentog und Dahme verbindet die Altstadt mit der → **Schloßinsel**. Durch das barocke Portal von Johann Arnold Nering (1682) betritt sie der Besucher. Hier wurden Zeugnisse der frühesten Besiedlung des heutigen Berliner Gebietes nachgewiesen. Schon in der Steinzeit gab es hier Wohnstätten. Die günstige Lage der Insel am Zusammenfluß von Dahme und Spree bot gute Möglichkeiten für den Fischfang. Neben archäologischen Funden weisen auch schriftliche Quellen aus dem 12. Jahrhundert auf die Entwicklung dieses Gebietes hin.

Die heutige Schloßinsel war Sitz des slawischen Fürsten Jaxa von Köpenick. Auf Münzen ist sein Name als JAKZA DE COPNIC eingeprägt.

Die Sage über die Entstehung des Ortsnamens berichtet: ein Köpenicker Fischer habe einen an-

„Eiserner Ritter“
am Eingang
zur Schloßinsel

Tor zur Schloßinsel

sehnlichen Krebs auf dem Markt angeboten. Der Krebs bangte um sein Leben und schrie: „Koop nich, koop nich!“ (kauft nicht). Fortan soll die Siedlung „Koopnich“ genannt worden sein. Sprachforscher allerdings suchen den Namenursprung im wendischen Begriff Capanic, was soviel wie Inselort heißt.

Das Schloß im holländischen Barock nach Plänen von Rütger von Langerfeldt 1677 bis 1684 erbaut, ist ein Nachfolger des 1572 fertiggestellten Renaissancebaus. Reich stuckierte Innenräume und Deckenbilder schmücken die Zimmer. Ein Kleinod der Innenarchitektur ist der Wappensaal. Als Prunkstück der Sammlungen des hier untergebrachten Kunstgewerbemuseums dürfte wohl das Silberbüfett aus dem Berliner Schloß zu betrachten sein. Es wurde 1695/98 in Augsburg wahrscheinlich nach einem Entwurf Andreas Schlüters für Kurfürst Friedrich III. geschaffen.

Eine historisch interessante Begebenheit sei noch am Rande vermerkt. Vom 22.–28. Oktober 1730 tagte hier im Schloß auf Befehl Friedrich Wil-

Münzhumpen,
Exponat im
Kunstgewerbemuseum

helms I. ein Kriegsgericht gegen Kronprinz Friedrich und seinen Freund Leutnant Hans Herrmann von Katte. Dem milderen Gerichtsurteil widersprechend, befahl König Friedrich Wilhelm I. die Hinrichtung Kattes zur Demütigung des Kronprinzen und späteren Königs von Preußen.
Ein Bauwerk im weitläufigen Park der Insel ist besonders interessant, die von niedrigen Wirtschaftsgebäuden eingefaßte barocke Schloßkapelle. Sie entstand von 1682 bis 1685 nach Entwürfen des Baumeisters Johann Arnold Nering. Überraschend für den Betrachter ihr reiches Stuckdekor im Inneren gegenüber dem schlichten äußeren Eindruck des Bauwerkes. Heute wird die Kapelle u. a. auch als Konzertsaal genutzt.
Im Schloßpark, er wurde 1963 bis 1964 völlig umgestaltet, finden im Sommer zahlreiche Veranstaltungen auf der Freilichtbühne statt. Das Schloßcafé und im Sommer die Freiluftgaststätten lassen die Insel zum beliebten Ausflugsziel werden.
Die Wanderroute führt weiter über die Lange Brücke, von der aus sich ein Blick zurück lohnt. Die Wasserseite des Schlosses ist von hier gut zu überschauen und ebenso das Panorama der Altstadt auf der anderen Seite, wohl eines der am häufigsten fotografierten Motive Köpenicks.

Großer Berliner Kabinettschrank, gefertigt von D. Roentgen 1779

Schloßkapelle

Köpenicker Schloß, Wasserseite

Zur Rückfahrt ins Stadtzentrum erreicht man von hier aus den S-Bahnhof Spindlersfeld in etwa 10 Minuten über die Oberspreestraße, entlang der auf der linken Straßenseite befindlichen Neubauten der Köllnischen Vorstadt.

ab Bahnhof Lichtenberg

Zwischen Meilenstein und neuem Bahnhof

● Bahnhof Lichtenberg ● Gudrunstraße ● Zentralfriedhof ● Rhinstraße ● Straße der Befreiung ● Bahnhof Lichtenberg

Diese Route führt zu einer traditionsreichen Stätte der deutschen revolutionären Arbeiterbewegung, der Gedenkstätte der Sozialisten in Friedrichsfelde. Der Weg vermittelt zugleich eine Vorstellung von den Dimensionen des Wohnungsneubaues am einstigen Rande der Stadt und von der sorgsamen Pflege alter Bauten.
Vom alten Meilenstein an der Lichtenberger Brücke geht es geradewegs zur Gedenkstätte der Sozialisten, am Rande des Städtischen Zentralfriedhofs Friedrichsfelde gelegen. Danach wird mit der Rhinstraße eine Grenzstraße zwischen dem Altherkömmlichen der Stadt und dem Stadtbezirk Marzahn beschritten. Restaurierte Altbauten vor neuen Hochhäusern schmücken die Straße der Befreiung wie bunte Sommerblumen eine schöne neue Wohnung. Der Endpunkt der Route, der Fernbahnhof Lichtenberg, ist, was Verkehrsdichte und moderne Abfertigung anbetrifft, zu einem zentralen Bahnhof der Stadt geworden.
Zum Ausgangspunkt dieses Wanderweges gelangt man mit der S- oder U-Bahn.

Wanderzeit:

etwa 2 Stunden
Für einen Abstecher in das Neubaugebiet des Stadtbezirks Berlin-Marzahn, muß man 1 ½ bis 2 Stunden hinzurechnen.

Route P

Gedenkstätte der Sozialisten, Gestaltung Mies van der Rohe, 1935 zerstört

Altbauten in der Straße der Befreiung

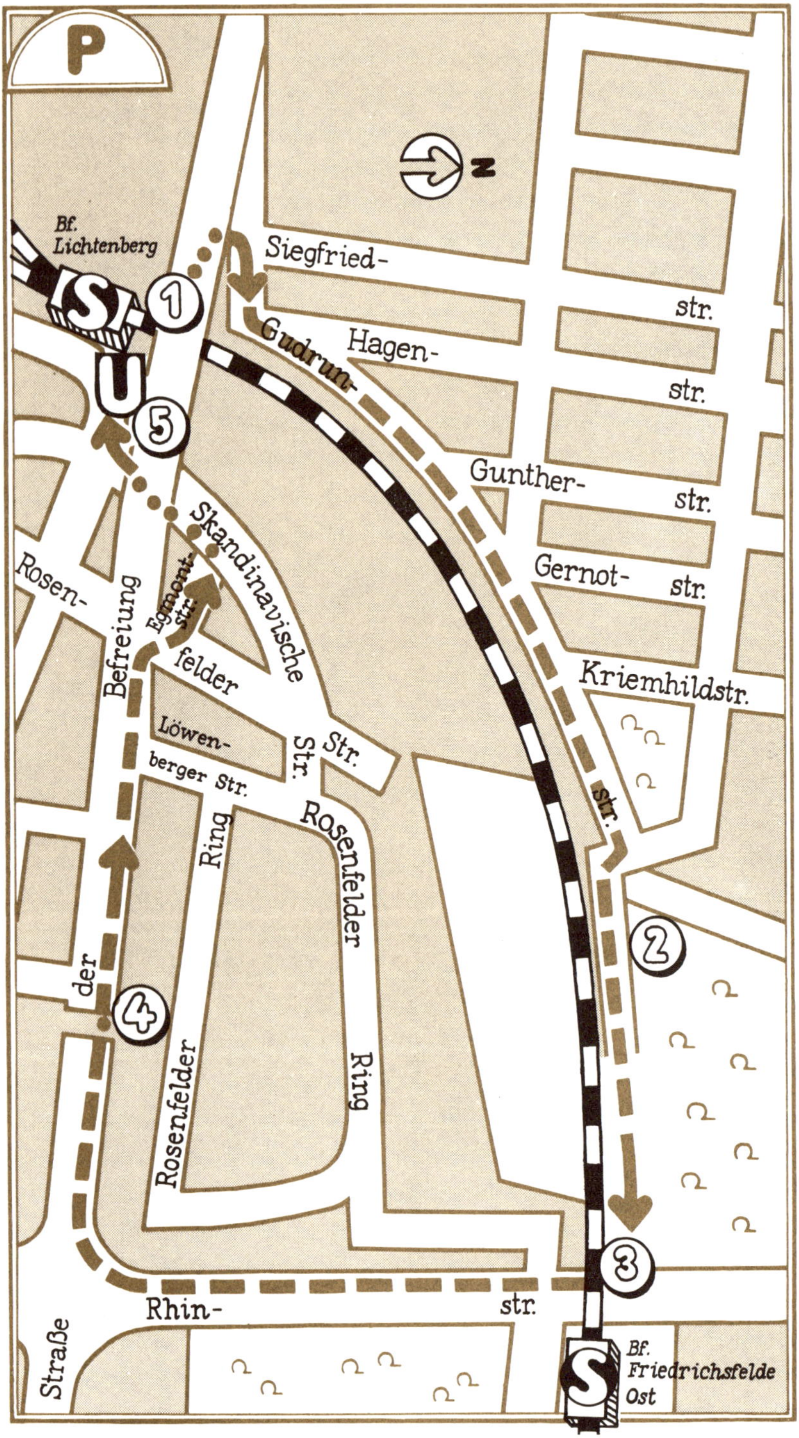

P
Bf.
Lichtenberg
S
U
1
5
N
Siegfried-
str.
Gudrun-
Hagen-
str.
Gunther-
str.
Gernot-
str.
Kriemhildstr.
str.
Skandinavische
Egmont-
str.
Rosen-
felder
Befreiung
Löwen-
berger Str.
Str.
Str.
Rosenfelder
Ring
Ring
Rosenfelder
der
4
2
3
Rhin-
str.
Straße
S
Bf.
Friedrichsfelde
Ost

Der Bahnhof Lichtenberg, Verkehrsknotenpunkt von Fernbahn, S-Bahn und U-Bahn, liegt inmitten des gleichnamigen Stadtbezirks. Diesen prägt Neues und Historisches in gleicher Weise. Die ersten komplexen Neubaugebiete der Hauptstadt entstanden hier, und die revolutionäre Tradition der deutschen Arbeiterbewegung wird, wie kaum an einem anderen Ort, in der Gedenkstätte der Sozialisten sichtbar.

Dorthin führt zunächst diese Wanderroute. Achtspurig rollt der Straßenverkehr in beiden Fahrtrichtungen über die Brücke, welche die „Ufer" der breiten Eisenbahnschneise verbindet. Hier gilt es, etwas recht Unscheinbares zu entdecken, ein Relikt aus der Verkehrsgeschichte Berlins. Meilenweit war einst vom Vorort Lichtenberg der Weg bis nach Berlin. Als 1848 an der Chaussee nach Frankfurt die hölzernen Wegweiser durch dauerhaftere Steine ersetzt wurden, war auch dieser → **Meilenstein** darunter. Er wurde im Gefolge von Bauarbeiten dem Zentrum etwas näher gerückt. Früher stand er etwa dort, wo restaurierte Altbauten die Straße der Befreiung auf ihre Art schmücken.

P 1
Meilenstein als Erinnerungsstück

Noch vor wenigen Jahren quälte sich der Straßenverkehr über die alte, schmale Lichtenberger Brücke und brachte deren überalterte Eisenkonstruktion zum Zittern. Unbehindert vom Verkehr, der nun über die Spannbetonbrücke rollt, gelangt man heute durch eine Fußgängerunterführung zur Gudrunstraße. Nach links einbiegend, führt diese Straße (zwischen alten Wohnhäusern und der breiten Schlucht von S- und Fernbahn) geradewegs auf den Haupteingang der → **Gedenkstätte der Sozialisten** zu. Diese befindet sich auf dem Terrain des 1881 nach einem Plan von Stadtgartendirektor Hermann Mächtig angelegten Zentralfriedhofs Friedrichsfelde. In jedem Jahr demonstrieren an einem Januarsonntag Hunderttausende Berliner zu dieser Gedenkstätte revolutionären Kampfes des Vortrupps der deutschen Arbeiterklasse. Besonders Rosa Luxemburgs und Karl Liebknechts, von reaktionärer Soldateska im Januar 1919 ermordet, wird dabei gedacht, aber auch der zahlreichen anderen Revolutionäre, deren letzte Ruhestätte an diesem Mahnmal zu finden ist: John Schehr, Franz Mehring, Wilhelm Pieck, Otto Grotewohl, Walter Ulbricht und viele andere. Ein gesonderter Gedenkstein erinnert an Ernst Thälmann.

P 2
Gedenkstätte des proletarischen Kampfes

Die Geschichte dieser Gedenkstätte ist ebenso bewegt wie die des revolutionären Proletariats insgesamt. Bald nach ihrer Gründung faßte die Zentrale der Kommunistischen Partei Deutschlands den Beschluß, für im Kampf gefallene und verstorbene Revolutionäre eine würdige Gedenkstätte zu schaffen. Einige Jahre verhinderte der Magistrat

damals dieses Vorhaben aus Furcht vor der politischen Auswirkung. Schließlich konnte die reaktionäre Behörde die Genehmigung nicht mehr verweigern. Überliefert ist der bezeichnende Ausspruch des zuständigen Beamten: „Damit die Kommunisten endlich Ruhe geben, sollen sie ihre Verbrecherecke haben!" Am 15. Juni 1924 war die Grundsteinlegung. Entwurf und Ausführung des Revolutionsdenkmals übernahm einer der bedeutendsten Architekten seiner Zeit: Ludwig Mies van der Rohe. Jahrzehnte später mußte er sich dafür – in den USA im Exil – wegen unamerikanischer, sprich kommunistenfreundlicher Haltung vor dem berüchtigten McCarthy-Ausschuß verantworten. Er erklärte dort, verdammt stolz darauf zu sein, daß ihm in seinen besten Jahren solch ein Werk gelungen sei, und er bekannte sich zu dem, was es ausdrückt. Das 1926 eingeweihte Denkmal wurde 1935 von den deutschen Faschisten zerstört und das Gelände dem Erdboden gleichgemacht.
1946 wurde an Stelle des vernichteten Denkmals zunächst ein provisorischer Mahnstein aufgestellt. Am 14. Januar 1951 weihten die Berliner mit einer großen Kampfdemonstration, vorbei an den Repräsentanten von Partei und Staat, die nunmehr zum Eingang des Friedhofs verlegte Mahn- und Gedenkstätte in ihrer heutigen Gestalt ein. Die Ideenskizze dazu stammte von Wilhelm Pieck. Richard Jenner, Hans Mucke und Reinhold Lingner fertigten die Entwürfe. Im Mittelpunkt der Anlage erhebt sich ein vier Meter hoher Monolith aus rotem Porphyr mit aufgesetzter Schrift: „Die Toten mahnen uns". Wirklichkeit geworden war das, was 1930 „Die Rote Fahne", das damalige Zentralorgan der KPD, schrieb: Zu den Gräbern der Revolutionäre werde einst „... ein ganzes Volk her-

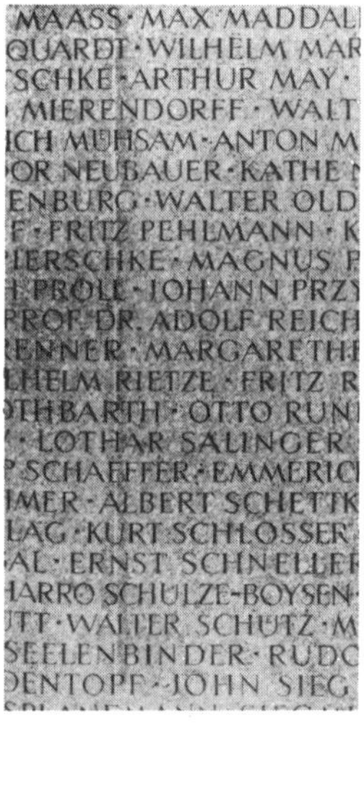

Gedenkstätte
der Sozialisten

pilgern und die Gräber derer schmücken, die den Weg zum Kommunismus am tatkräftigsten begangen haben."

Verläßt man die Gedenkstätte, führt der Weg entlang der Bahnlinie weiter durch Kleingärten bis zur Rhinstraße. Nach rechts, eine Brücke überquerend, gelangt man zum → **S-Bahnhof Friedrichsfelde Ost**. Wer einen Abstecher in das große neue Wohngebiet des Stadtbezirks Marzahn machen möchte, hat von hier aus verkehrsgünstig Gelegenheit dazu. Über den gleichen Verbindungsweg gelangt man

P 3
S-Bahn-Abzweig zu den neuen Stadtbezirken

Blick auf Marzahn

Dorfkirche Friedrichsfelde

auch in die neuen Stadtbezirke Hellersdorf oder Hohenschönhausen.
Zehntausende Wohnungen wurden dort seit Ende 1977 errichtet. Viele Dutzende gesellschaftliche Einrichtungen gehören dazu, Schulen, Kinderkrippen, Kindergärten, Kaufhallen, Dienstleistungseinrichtungen, Gaststätten und Klubs, Spiel- und Sportplätze. Viel Grün und immer günstigere Verkehrsbedingungen mit Autobussen, S- und U-Bahnen sowie Straßenbahnen runden das größte Neubauprogramm in der Geschichte Berlins ab.
Die Rhinstraße führt, vom S-Bahnhof abfallend, zur Kreuzung Straße der Befreiung/Am Tierpark. Vor die Wohnhochhäuser hinter der Kreuzung schiebt sich, nicht zu übersehen, die Silhouette der 1951 erneuerten Dorfkirche Friedrichsfelde – gleichsam Symbol für die endgültige Eingemeindung der einst ländlichen Bereiche Berlins. Wenige hundert Meter dahinter befindet sich der alte Haupteingang zum Tierpark. Zwischen Rhinstraße und Lichtenberger Brücke bestimmen rekonstruierte Altbauten auf der Nordseite der → **Straße der Befreiung** das Bild. Vor Elfgeschossern säumen zwei- bis dreigeschossige Altbauten die zum Boulevard gestaltete Straßenseite. Fassaden in Braun-, Beige-, Grün- und Gelbtönen erfreuen das Auge.

P 4
Farbenfrohe alte Mauern

Neues und Bewährtes wurde in diesem Friedrichsfelder Kietz beiderseits der Magistrale harmonisch vereint. Eine Fußgängerbrücke läßt Passanten gefahrlos die breite Straße überqueren und verbindet die Wohn- und Einkaufsbereiche an dieser Hauptverkehrsstraße.
Die Bummelstrecke entlang der Häuser ist mit Hochbeeten geschmückt. Rund 4000 Gehölze wachsen hier am oder inmitten des Wegs. Rosen, Koniferen, Frühlingsblüher säumen Auto- und Geschäftsstraße. Alte Zunftzeichen über den Ladentüren, von Kunstschmieden geschaffen, ragen ins Blickfeld. Da weist die Brezel zum Bäcker, eine Brille kündet vom Optikergeschäft, Mörser und Stößel zeigen eine Apotheke an, und noch manch anderes Gewerk macht auf diese Art und Weise auf sich aufmerksam. Vor dem Haus Nr. 98, es beherbergt das Café Friedrichsfelde, ist ein eigenwillig gestalteter Brunnen angelegt worden. Ebenerdig ragen unterschiedlich geformte Tongebilde aus dem Pflaster und spucken kleine Wasserfontänen aus diversen Öffnungen. Voraus hebt sich wiederum die → **Lichtenberger Brücke** zum sanft ansteigenden Hügel. Der Wanderweg verläßt die breite Straße, die hinter der Rosenfelder Straße nun Frankfurter Allee heißt und unterquert diese durch eine Unterführung, die die Skandinavische Straße aufnimmt. Zuvor lohnt es sich, auf die rechter Hand befindliche Giebelbemalung zu achten.

Zille am Bau,
Straße der Befreiung

P 5
Die neue Lichtenberger

Giebelbild an der Lichtenberger Brücke

Die in kräftigen Farben gestalteten Motive aus dem Leben des nikaraguanischen Volkes nehmen geradezu den Blick gefangen.
Der S-, U- und Fernbahnhof Lichtenberg, Endpunkt dieser Wanderroute, ist in Sichtweite und zeigt sich von seiner schönsten Seite.
Die große Glasfassade fügt sich harmonisch in den von Altbauten und kleinen Geschäften eingerahmten Bahnhofsvorplatz. Auch wenn man nicht verreisen möchte, lohnt es sich, einmal durch die Etagen und Einrichtungen dieses modernen Bahnhofs zu schlendern. 1470 Quadratmeter groß ist allein die Empfangshalle. Rund 180 Fernzüge werden täglich in Lichtenberg abgefertigt, und 65000 Reisende kommen dabei mit diesem Bahnhof in Berührung.

Bahnhof Berlin-Lichtenberg

ab Antonplatz

Zwischen Einkaufsstraße und Kreuzpfuhl

● Antonplatz ● Klement-Gottwald-Allee ● Herbert-Baum-Straße ● Volkspark Weißensee ● Amalienstraße ● Woelckpromenade ● Mirbachplatz ● Pistoriusstraße ● Tassostraße

Diese Route führt durch einen Stadtbezirk, der ursprünglich eines der kleinen märkischen Dörfer war, die sich rings um das ebenfalls noch kleine Berlin gruppierten. Heute ist Weißensee durch äußere Kontraste geprägt: Gewerbebetriebe befinden sich in Straßen mit Kleinstadtmilieu, Großindustrie produziert gleich neben landwirtschaftlichen Betrieben und Gärtnereien, idyllische Seen liegen zwischen belebten Straßen und inmitten ausgedehnter Wohngebiete. Bereits in der Steinzeit haben Fischer und Jäger am Weißen See gelebt, und 1313 wird das Dorf „Wittenze" erstmals urkundlich erwähnt. Der Wanderweg beginnt am Antonplatz und führt über die Klement-Gottwald-Allee, die Hauptschlagader des Stadtbezirks, zum Weißen See. Auf dem Wege dorthin wird dem Jüdischen Friedhof, einem der größten Europas, ein Besuch abgestattet. Durch stille Straßen am Rande kleiner Seen führt der Weg zurück zum Ausgangspunkt der Route.
Zum Antonplatz gelangt man mit der S-Bahn bis zum Bahnhof Ernst-Thälmann-Park und dann mit den Straßenbahnlinien 24 und 28 in Richtung Weißensee. Auch die Straßenbahnlinien 3, 20, 70, und 72 fahren zum Antonplatz.

Wanderzeit:

etwa 2 Stunden
Hinzuzurechnen ist ein möglicher ausgedehnter Besuch des Jüdischen Friedhofs oder ein längerer Aufenthalt im Erholungsgebiet um den Weißen See.

Route Q

Altes
Weißenseer Schloß

Weißer See
mit Fontäne

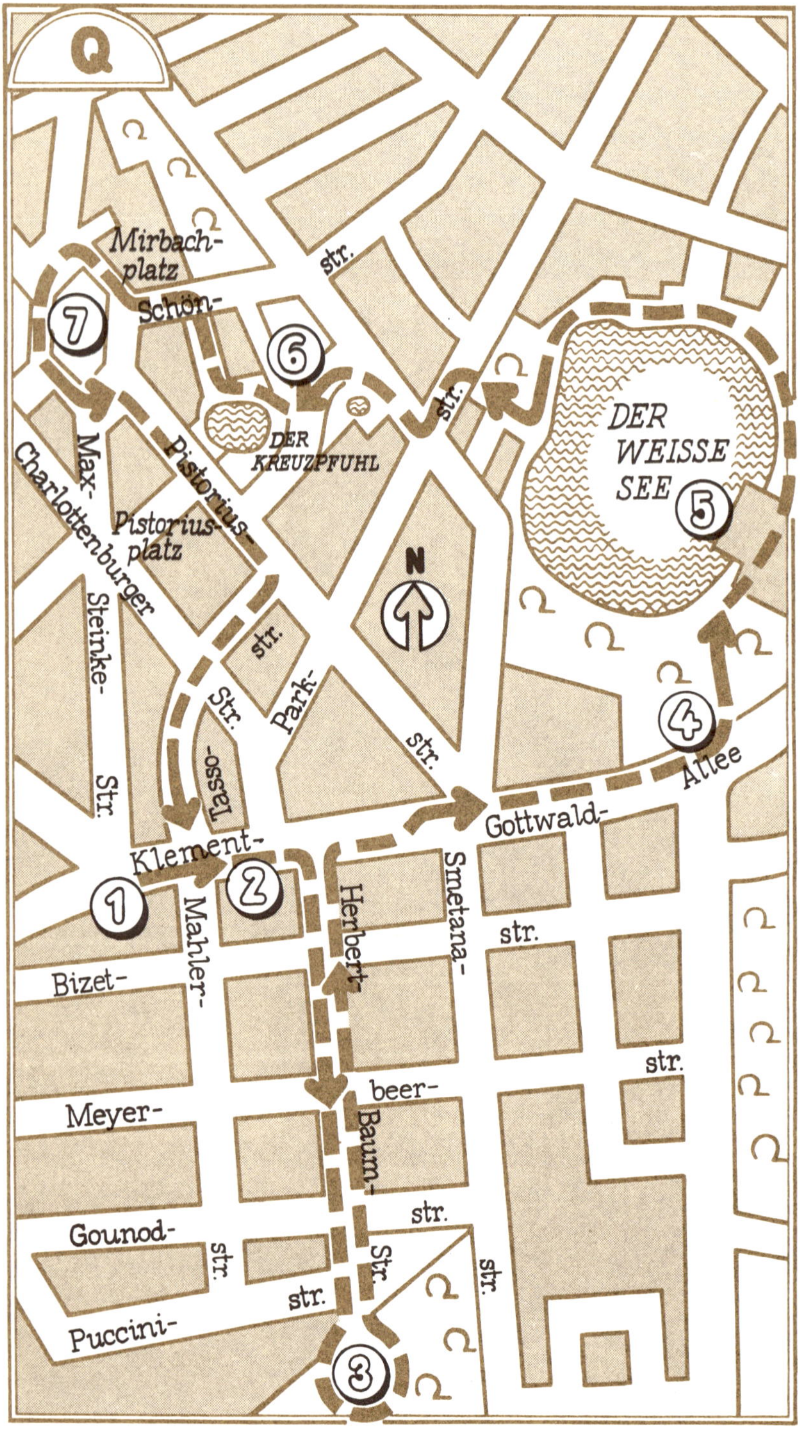
Q
Mirbach-
platz
Schön-
str.
DER
KREUZPFUHL
str.
DER
WEISSE
SEE
Max-
Pistorius-
Charlottenburger
Pistorius-
platz
Steinke-
Str.
str.
Str.
Park-
str.
N
Tasso-
Klement-
Gottwald-
Allee
Mahler-
Herbert-
Smetana-
str.
Bizet-
str.
Meyer-
beer-
Baum-
Gounod-
str.
str.
Str.
str.
str.
Puccini-

Q 1

Antonplatz – Ausgangspunkt zum Seenbummel

Ausgangspunkt eines Boulevards unverwechselbarer Prägung ist der → **Antonplatz**. Beim Umschauen bemerkt man nahe dem Klubhaus Gerhard Schlundt, am Rande des Platzes in einer kleinen Parkanlage, die Skulptur eines verschmitzt die Mütze lüftenden Gärtnerburschen. Professor Karl-Heinz Schamal hat damit eine kleine Anleihe beim Urberliner Typ des Schusterjungen aus dem vergangenen Jahrhundert genommen. Spiralförmig windet sich eine Brunnenstele von Margret Lüdtke in die Höhe (im Volksmund auch „Schraube" oder

Parkanlage am Antonplatz

„Nudel" genannt). Sie komplettiert das kleine Areal mit seinen Blumenbeeten, Pergolen und weitausladenden Bäumen.
Auf der gegenüberliegenden Seite des Platzes befindet sich das Kino Toni. Der Bau, inzwischen rekonstruiert, stammt noch aus der Gründerzeit des Tonfilms. Premiere war hier bereits 1920, dem gleichen Jahr, in dem Weißensee in Berlin eingemeindet wurde.
Jeder Stadtbezirk in Berlin hat sein Einkaufszentrum, seine Bummelzone, für Weißensee ist dies die Klement-Gottwald-Allee.
Sie erstreckt sich über reichlich eineinhalb Kilometer. Die Route allerdings folgt nicht der großen Ausfallstraße bis zum Ende nach Nordosten, sondern biegt bereits früher ab. Betrachtenswert ist die Häuserstruktur. Niedrige Häuser, den vormals

ländlichen Charakter dieser Straße in Erinnerung rufend, wechseln mit höheren Bauten aus den 20er und 30er Jahren. Herausragend mit seinem Giebel präsentiert sich ein Kaufhaus, etwa auf der halben Distanz. Die → **Gedenktafel** am Haupteingang verweist auf die barbarischen Verbrechen während der Naziherrschaft, die auch Weißensee ihrem Stempel aufprägten. Aus jenem Haus wurden 1943 vier jüdische Familien von der SS verschleppt und ermordet. Sie sind Synonym für Tausende aus dieser Gegend.

Q 2
Mahnung und Gedenken

Tafel am Kaufhaus Klement-Gottwald-Allee

Grabstätte Herbert Baum

An der Herbert-Baum-Straße biegt die Route rechts ein. Am Ende der Straße, die den Namen des bekannten jüdischen Antifaschisten trägt, befindet sich der Haupteingang des → **Jüdischen Friedhofs.** Er ist einer der größten erhaltenen in Europa und zugleich größtes und bedeutendstes jüdisches Geschichts- und Kulturdenkmal dieser Art in Deutschland. Die 1875 auf über 65000 Mitbürger angewachsene jüdische Gemeinde in Berlin kaufte dieses 40 Hektar große Gelände, damals weit vor den Toren der Stadt gelegen, um ihre verstorbenen Glaubensbrüder und -schwestern würdig bestatten zu können. Der ältere Friedhof in der Schönhauser Allee (siehe Route K) konnte den Anforderungen nicht mehr genügen. 1878/80 gab der Architekt Hugo Licht den Gebäuden des neuen Friedhofs das heute noch weitgehend erhaltene Aussehen.

Q 3
Erhaltener Jüdischer Friedhof

Bevor man den Eingang aus gelbem Backstein passiert, muß man sich dem jüdischen Ritus unterordnen, wonach männliche Besucher den Friedhof nur mit Kopfbedeckung betreten dürfen. Auf diejenigen, die das erste Mal solch eine Gräberstätte besuchen, wirkt es sicherlich ungewöhnlich, wie die Grabstellen angeordnet sind, denn hier steht der Grabstein vor dem Grab, also am Fußende des Bestatteten. Auf zahlreichen Inschriften sind Namen von herausragenden Persönlichkeiten aus dem Kultur-, Wissenschafts- und Wirtschaftsleben Berlins zu finden, genannt seien nur Karl Emil Franzos, Lesser Ury, Samuel Fischer und Martin Riesenburger. Den von den Faschisten ermordeten Mitkämpfern der antifaschistischen Widerstandsgruppe Herbert Baum wurde in der Nähe des Haupteinganges ein Denkmal gesetzt. Eindrucksvoll wird auf diesem Friedhof auch der in den faschistischen Konzentrationslagern und Vernichtungslagern ganz Europas umgebrachten jüdischen Menschen gedacht. Es gibt hier auch Grabanlagen, die Geschichten erzählen könnten von jüdischen Menschen, die sich dort versteckten, um die Zeit des Faschismus zu überleben.
Man verläßt den Friedhof wiederum über die Herbert-Baum-Straße. Der Weg führt zurück zur Klement-Gottwald-Allee und dann weiter stadtauswärts. Das Vorstadtgesicht der Großstadtmagistrale tritt nun noch deutlicher hervor. Beispielsweise in einem etwas zurückgesetzt stehenden, um 1880 erbauten Putzbau unter hohem Satteldach, in dem die Flora-Apotheke zu finden ist.

Gedenkstein auf dem Jüdischen Friedhof

Flora-Apotheke

Ehrenmal für die Opfer des Faschismus

Wenige Schritte weiter, hinter dem Kreiskulturhaus Peter Edel, beginnen die weiträumigen Anlagen des Volksparks Weißensee. Linker Hand steht ein → **Denkmal zu Ehren des Kampfes der Antifaschisten,** 1981 von Katrin Steisinger und Walter Hilpert geschaffen. An nicht wenigen Tagen im Jahr kann man dort eine schon vielerorts eingebürgerte Tradition beobachten. Jungvermählte legen ihren Brautstrauß am Denkmal nieder.

Q 4
Zu Ehren der Antifaschisten

Der Weiße See mit seinen alten Weiden, Pappeln und Robinien entlang der Wege ist ein vielbesuchtes Naherholungsgebiet. Die fast kreisrunde Wasserfläche besitzt keinen natürlichen Zufluß. Ursprünglich hieß er Großer See. Sein jetziger Name bürgerte sich offiziell erst Ende des 19. Jahrhunderts ein. Von weitem schon zieht eine künstliche Fontäne die Aufmerksamkeit auf sich. An windigen Tagen treiben ihre feinen Tropfen viele Meter weit und überschütten unverhofft manchen Ruderer (es gibt hier eine Bootsausleihstation) auf dem See.

Der Weg führt rechts herum an einem kleinen → **Freibad** mit künstlich angelegtem Sandstrand vorbei. Wenig weiter kann man in einem Rosengarten eine große floristisch gestaltete Sonnenuhr bewundern. Frühjahr, Sommer und Herbst zeigen mit ihrem Blütenschmuck die Tageszeit an, wenn der Schatten des „Sonnenstabes" die Pflanzen berührt. Die Wanderung um den See führt, vorbei an einer Freilichtbühne, zu einem Tiergehege mit Damwild. Gleich daneben befindet sich auf einem Spielplatz ein großes Planschbecken mit ausgedehnter Liegewiese. Ihr gegenüber kann man von einer Aussichtsterrasse See, Bad und Uferlandschaft überblicken. Eingefaßt ist der Platz von Tritonengruppen aus Sandstein. Mann und Frau mit Fischleibern (1908, Hans Schellhorn) erinnern an den einstigen Fischreichtum dieses Gewässers. In der Nähe der Gaststätte Milchhäuschen (sie ist als einzige am See das ganze Jahr über geöffnet) führt

Q 5
Strandbad am See

Nixe im See

Blick zum Milchhäuschen

der Wanderweg nach rechts aus dem unmittelbaren Parkgelände heraus zur Parkstraße und weiter in Richtung Woelckpromenade, vorbei am Gebäude des Rates des Stadtbezirks, 1929 von Mettmann als Schule in Formen der Neuen Sachlichkeit erbaut. Bevor man jedoch dorthin gelangt, lohnt es sich, einen Blick auf das etwa hundert Meter weiter rechts gelegene Stadtbezirksgericht zu werfen. Der Bau entstand 1902/06 nach einem Entwurf von Paul Thoemer und Rudolf Mönnich in Formen der deutschen Renaissance und der Spätgotik. Direkt vor der Haustür des Bürgermeisters befindet sich ein idyllisch gelegener Teich, von einer

Rathaus

Paul-Oestreich-Schule

kleinen Parkanlage umrahmt. Von weitem schon bemerkt man in Richtung des Kreuzpfuhls den Backsteinbau der Erweiterten Oberschule Paul Oestreich, benannt nach dem bekannten Pädagogen und Schulpolitiker. Davor erstreckt sich der Kreuzpfuhl, eingebettet in eine Stadtlandschaft besonderer Art. Sie ist Wohnzentrum und Denkmal zugleich. Rote Backsteinbauten mit verzierten Giebeln, sorgsam gemauerten Balkonbrüstungen und dekorativ gearbeitetem Mauerwerk fallen ins Blickfeld. 1908 wurde mit dem Bau dieses Wohnensembles, dem unvollendet gebliebenen → **Gemeindeforum Kreuzpfuhl,** begonnen. Die Häuser entstanden nach den Plänen des Architekten James Carl Bühring. Die städtebaulich neue Art des Wohnensembles war Protest und zugleich Alternative zur rücksichtslosen, profitbetonten Bebauung der meisten Grundstücke in Berlin mit

Q 6
Häuser als soziales Denkmal

Gemeindeforum Kreuzpfuhl

Wohnensemble aus der Jahrhundertwende

menschenunwürdigen Mietshäusern. Deshalb ist diese Wohnsiedlung heute ein wertvolles sozialgeschichtliches Denkmal.

Der Weg führt entlang des Pfuhls zur Schönstraße und von dort nach links zum → **Mirbachplatz**. Hier befinden sich, gleichsam ein Mahnmal gegen sinnlose Vernichtung durch den Krieg, die Überreste der baugeschichtlich interessanten ehemaligen Bethanienkirche.

Q 7
Mirbachplatz atmet Baugeschichte

1900/02 nach Entwurf von Ludwig v. Tiedemann und Robert Leinitz erbaut, ist heute, nach Zerstörung im zweiten Weltkrieg, nur noch der Turm äußerlich erhalten. Beachtenswert ist auch das gegenüber befindliche Gemeindehaus. Die vielgliedrige Anlage wurde 1908 in Formen des Heimatstils erbaut. Über Pistoriusstraße und Tassostraße geht es dann zurück zum Ausgangspunkt der Route, dem Antonplatz.

ab Bahnhof Friedrichshagen

Zwischen Bauernkaten und Müggelturm

● S-Bahnhof Friedrichshagen ● Bölschestraße ● Josef-Nawrocki-Straße ● Müggelpark ● Spreetunnel ● Müggelseeufer ● Rübezahl ● Müggelseeperle ● Müggelberge

Diese Route verbindet „Vorstadtmilieu" und Naturerlebnis in einer typisch Berliner Erholungslandschaft. Sie führt mitten durch Friedrichshagen, ein ehemaliges Kolonistendorf, zum Müggelsee. Wasser, Wald und Berge dominieren auf dem Wanderweg.
Zwischen S-Bahnhof Friedrichshagen und Müggelsee führt die kilometerlange Bölschestraße mit ihrem eigenartigen Fluidum von Betriebsamkeit und Gemütlichkeit zum Großen Müggelsee. Unter der Spree verbindet ein Tunnel Friedrichshagen mit dem Waldgebiet von Köpenick. Direkt am Ufer des Müggelsees führt dann der Weg weiter zu den modernen Ausflugsgaststätten Rübezahl und Müggelseeperle.
Für müde Wanderer endet hier die Route, empfehlenswert aber ist nach erholsamer Rast in einer der beiden Gaststätten der Aufstieg zu den Müggelbergen. Auf halbem Wege dorthin liegt der Teufelssee mit einem erlebenswerten Naturlehrpfad. Endpunkt dieses Wanderweges ist der Müggelturm. Ein Blick herab aus luftiger Höhe lohnt die Mühen des Aufstieges.
Mit der S-Bahn erreicht man Friedrichshagen vom Stadtzentrum aus in etwa 30 Minuten.

Wanderzeit:

etwa 1 ½ bis 2 Stunden
Bei Fortführung der Wanderung von Rübezahl zum Müggelturm (einschließlich Besichtigung von Teilen des Naturlehrpfades) zusätzlich noch etwa 2 Stunden.

Route R

Die alte Müggelbaude im Jahre 1648

Blick auf den Müggelsee

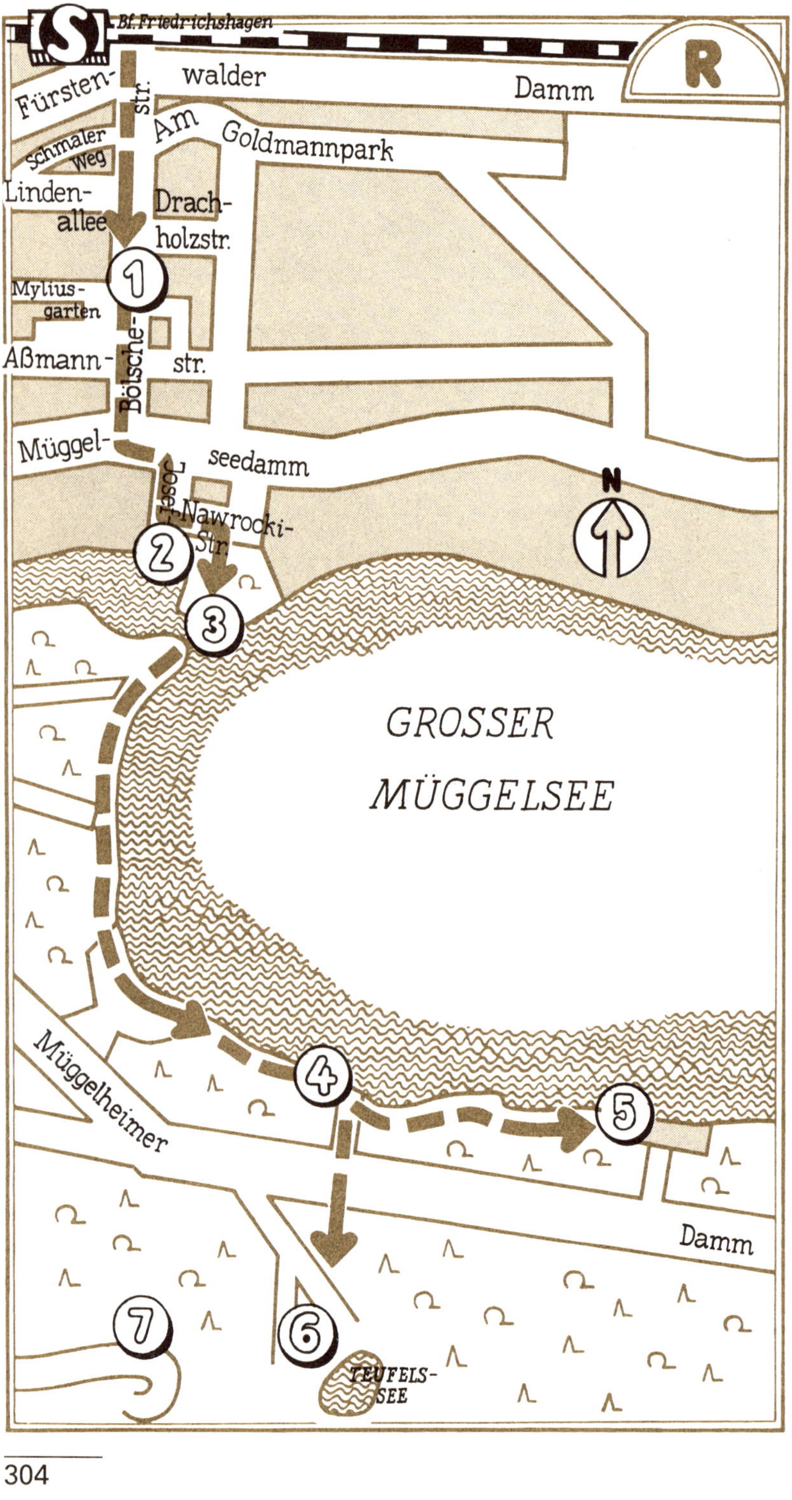

Bf. Friedrichshagen
Fürsten-
walder
Damm
R
Bölsche-
str.
Am
Goldmannpark
Schmaler
Weg
Linden-
allee
Drach-
holzstr.
1
Mylius-
garten
Aßmann-
str.
Müggel-
seedamm
Josef-
Nawrocki-
Str.
N
2
3
GROSSER
MÜGGELSEE
4
5
Müggelheimer
Damm
7
6
TEUFELS-
SEE

Der S-Bahnhof Friedrichshagen, zugleich ein Denkmal der Verkehrsgeschichte, liegt an der Strecke nach Erkner, die entlang der großen Ausflugsgebiete südöstlich von Berlin verläuft. Zum wald- und wasserreichen Stadtbezirk Köpenick gehörend, ist Friedrichshagen das letzte städtebauliche Ballungsgebiet vor den Villenvororten am Nordufer des Großen Müggelsees und der angrenzenden Seenkette zwischen Rüdersdorf und Königs Wusterhausen. Die Route führt zunächst südwärts durch die Hauptstraße von Friedrichshagen. Als 1753 Friedrich II. durch seinen Domänenrat Pfeiffer den Ort gründen ließ, gab es an der kilometerlangen Straße lediglich etwa 50 strohgedeckte Fachwerkkaten. 100 Kolonistenfamilien aus Böhmen, der Pfalz und anderen „ausländischen Gebieten" fanden hier eine Heimat. Diese einstige Dorfstraße bietet auffallende Kontraste

Bölschestraße

zwischen reichverzierten, mehrstöckigen Gebäuden aus der Jahrhundertwende und den niedrigen, ebenerdigen schlichten Häusern. Heute bestimmen großstädtische Betriebsamkeit und kleinstädtische Gemütlichkeit zugleich die Atmosphäre der „Magistrale" von Friedrichshagen, der → **Bölschestraße**.

Sie wurde nach dem Schriftsteller und Naturphilosophen Wilhelm Bölsche benannt, einem prominenten Mitglied des Friedrichshagener Dichterkreises, zu dem u. a. die Brüder Hart, Bruno Wille, Richard Dehmel, Peter Hille und Gerhart Hauptmann gehörten. An ihn erinnern auch unweit des Bahnhofs die Bölsche-Buchhandlung und dicht

R 1
Straße der Kontraste

dabei die Bölsche-Klause. Kein Haus gleicht hier dem anderen. Sauber verputzte Katen mit Geschäften unterm niedrig herabgezogenen Dach wechseln mit protzigen Bürgerhäusern. Die eingeschossige Bebauung wurde nach 1870 vielfach mit drei- und auch viergeschossigen Wohn- und Geschäftshäusern in wechselnden Stilen ergänzt. Herausragend ist das ehemalige Rathaus in der Nr. 87. Der viergeschossige Bau mit seiner Sandsteingliederung wurde 1897/99 nach einem Entwurf von Peter Groth in Formen der deutschen

Protziger Schmuck an Bürgerhäusern

Die Gaststätte Zum Maulbeerbaum erinnert an die Seidenraupenzüchter, die die Bölschestraße mit Maulbeerbäumen bepflanzten

Spätgotik und Renaissance errichtet. Alle Bauten überragend, steht an der Nordseite einer platzartigen Erweiterung der Straße die Christophoruskirche. Sie wurde 1901/03 nach Entwürfen von Jürgen Kröger in den Stilformen der märkischen Backsteingotik gebaut. Ein unverwechselbares vielseitiges Straßenantlitz bietet sich dem Betrachter. Es ist eben, wie der Ortsansässige liebevoll sagt: „die Bölsche".

Am Ende dieser Straße kreuzt der Weg den Müggelseedamm. Wer von hier aus, den Müggelseedamm links einbiegend, einen Besuch im Strandbad Rahnsdorf machen möchte, findet dort das größte Freibad Berlins mit einem Kilometer Wasserfront und einem offiziellen FKK-Teil. Auf hal-

Die Christophorus-
kirche

bem Wege dorthin, gleich hinter der Endhaltestelle der Straßenbahnlinie 84, liegt das denkmalgeschützte, größte und gleichzeitig älteste erhaltene Wasserwerk Berlins. Die Hochbauten sind ein Beispiel für eine eindrucksvoll gestaltete Industriearchitektur. 1889 begann der Bau nach dem Entwurf des englischen Ingenieurs Henry Gill, der kurz vor der Inbetriebnahme am 17. 6. 1893 starb. Richard Schulze schuf nach 1894 noch Erweiterungsbauten. Nach umfassender Rekonstruktion und Erweiterung des Wasserwerkes ist es eine der modernsten und zugleich historisch interessantesten Industrieanlagen dieser Art. Im Jahr der 750-

Wasserwerk
Friedrichshagen

Berliner Bürgerbräu, ein um 1910 genossenschaftlich geleitetes Unternehmen der Berliner Gastwirte

Jahr-Feier wurde hier das Museum für Wasserwirtschaft eröffnet. Als museale Attraktionen findet man hier alte Dampfmaschinen, Elektromotoren und sogar ein Teilstück der Berliner Wasserleitung aus dem Jahre 1550.
Die Route führt jedoch über die Josef-Nawrocki-Straße zum Müggelpark, dem Haupthafen der Müggelseeflottille. Am Wege dorthin erstreckt sich rechts der unter Denkmalschutz stehende Industriebau des 1869 gegründeten → **Berliner Bürgerbräu**, heute ein Teilbetrieb vom VEB Getränkekombinat Berlin. An der Architektur Interessierte sollten diesen Bau besonders von der Wasserseite aus betrachten. Gelegenheit dazu bietet ein Rückblick nach dem Unterqueren der Müggelspree durch den Fußgängertunnel. Bevor man hier auf der Friedrichshagener Seite ein halbes Hundert Stufen hinabsteigt, lohnt sich von der Dampferanlegestelle ein Blick über den in seiner ganzen, 7,5 Quadratkilometer großen Ausdehnung überschaubaren Müggelsee.

R 2
Bierfabrik denkmalgeschützt

Müggelseeflottille im Hafen am Müggelpark

Vom gegenüberliegenden fernen Ufer grüßen die Müggelberge mit dem schlanken Aussichtsturm und der runden Kuppel der Sternwarte. Der Weg führt durch den → **Spreetunnel**, der 1926 erbaut wurde. Ursprünglich hatte man eine Fußgängerbrücke erwogen, auch eine Hängebrücke war im Gespräch, um den Fährbetrieb abzulösen, der dem Ansturm nicht mehr gewachsen war. Die Zahl der hier Passierenden zählte an manchen Tagen nach Tausenden.

Die 12 m Betonrohrsegmente des Tunnels wurden über Wasser hergestellt und dann abgesenkt. Seine Oberkante liegt vier Meter tief unter dem Wasserspiegel, und darüber gibt es noch eineinhalb Meter Sand. Mit Auf- und Abgängen ist der Tunnel 120 Meter lang, seine Breite beträgt 5 Meter, und er hat mit 2,50 m die lichte Höhe einer Neubauwohnung. Wenn man, auf der anderen Seite angelangt, den Friedrichshagenern ein „Danke" zuruft, schickt es das Echo des Tunnels höflich zurück. Auf asphaltiertem Uferweg in Richtung Müggelberge betritt man das Landschaftsgebiet der Kämmereiheide. Dahinter erstreckt sich, an Köpenick anschließend, ein ausgedehntes Neubaugebiet, das Allendeviertel.

R 3
50 Stufen unter der Spree

Wander- und Radweg am Ufer des Müggelsees

Kinderfreuden am Wanderweg

Müggelsee im Winter

Für die nächsten zwanzig Wanderminuten kann man sich ohne Ablenkung dem Reiz der Landschaft hingeben. Links öffnet sich zwischen Bäumen, hohem Strauchwerk und Schilf immer wieder der Blick über den Müggelsee. Rechter Hand verläuft parallel zur Waldpromenade ein Pfad mit Rasthütten und Spielmöglichkeiten für Kinder.

R 4
Wo Familien Kaffee kochten

Ausflugsgaststätten gehören zu Berlin wie der Dialekt. Seit eh und je geht's beim ersten Sonnenstrahl ins Grüne, und die grüne Lunge rund um den Müggelsee ist eines der größten Naherholungsgebiete der Stadt. Diesem Umstand tragen die hier angesiedelten Lokale Rechnung. Einst konnten am Strande des Müggelsees die Familien ihren mitgebrachten Kaffee selber kochen. Das Ausflugslokal → **Rübezahl** am Südwestbogen des Sees war noch bis in die zweite Hälfte unseres Jahrhunderts ein Gartenlokal im Stil der Jahrhun-

Gaststätte Rübezahl

dertwende. Anstelle der baufälligen Holzbauten erhebt sich heute terrassenförmig eine große Gaststätte mit Selbstbedienung. Viele hundert Gäste finden an warmen Tagen Platz. Von Friedrichshagen kommend, legen hier die Schiffe der Weißen Flotte an. An der gleichfalls neugestalteten „Mole" vorbei, führt der Weg weiter zur → **Müggelseeperle**. Erst 1980 wurde dieser Gaststättenkomplex in neuer Gestalt der Öffentlichkeit übergeben. Die Inneneinrichtung der einzelnen Re-

R 5
Ausflugsziel gleich neben Kuhle Wampe

staurants, Cafés und Mehrzweckräume lohnt den weiten Weg auch außerhalb der Saison hierher. Nicht weit von diesem Ort, am südöstlichen Uferabschnitt des Sees, war von 1928 bis zu seiner Auflösung durch die Hitlerfaschisten im Jahre 1933 das Arbeiterzeltlager Kuhle Wampe (bekannt durch den gleichnamigen Film von Slatan Dudow).

Von der Müggelseeperle aus kann man per Schiff zurück nach Friedrichshagen gelangen oder zu Fuß zum Müggelheimer Damm und von dort mit dem 27er Bus zum S-Bahnhof Köpenick.

R 6
Erlebnisstrecke am Hochmoor

Wer den Aufstieg zum Müggelturm noch wagt, für den beginnt der Wanderweg am Müggelheimer Damm gegenüber der Autobushaltestelle Rübezahl. Er führt zunächst zum → **Teufelssee.** Die gleichnamige Gaststätte mit großer Terrasse lädt zur Zwischenrast ein. Hier empfiehlt sich ein äußerst interessanter Weg um den Teufelssee. Für unsere Route ist nur eine Umrundung des Sees vorgesehen, ein Naturlehrpfad jedoch führt in seiner ganzen Länge im großen Bogen weiter auf die Gipfelhöhe der Müggelberge. Mehr als 100 Tafeln geben Auskünfte über Tier- und Pflanzenarten. Aber bereits der kleinere Bogen um das Hochmoorgebiet des Sees vermittelt schon ein seltenes Naturerlebnis. Ein Besuch im Naturkundlichen Kabinett ist empfehlenswert. Steil geht es weiter den

Naturlehrpfad am Teufelssee

Müggelturm

Berg hinan. Breite Treppen erleichtern über längere Strecken den Aufstieg zum Plateau, auf dem der neue → **Müggelturm** mit großem Gaststättenkomplex errichtet wurde.

R 7
Turm mit Tradition

Von Köpenick aus kann man diese Stelle auch motorisiert über eine Autostraße erreichen, die in Höhe des „Kuhwall" vom Müggelheimer Damm rechts abbiegt. Müggelberge und Müggelturm sind nicht nur traditionelle Ausflugsziele, hier fand u. a. auch 1890 die erste Maifeier der Berliner Arbeiter statt. Der 1889 erbaute Müggelturm stand ursprünglich ein Stück weiter westwärts; im Mai 1958 brannte der völlig aus Holz errichtete Turm nieder. Schon wenige Tage danach begann eine Spendenaktion der Berliner für einen neuen Müggelturm. 130000 Mark wurden erbracht und 3700 freiwillige Aufbaustunden geleistet. Ein Studentenkollektiv der Kunsthochschule Weißensee entwarf die Anlage, und in den letzten Tagen des Jahres 1961 war bereits Eröffnung. Schöner, größer und im wahrsten Sinne des Wortes aussichtsreicher präsentiert sich seitdem dieses bekannte Ausflugsziel.

Der alte Müggelturm, 1957

120 Meter über dem Meeresspiegel liegt das Plateau auf dem Gipfel der Müggelberge. 30 Meter höher kann man auf die letzte Plattform des Turmes gelangen. Bei günstigem Wetter beträgt die Sichtweite bis zu 50 km, aber auch schon ein Blick über die nähere Umgebung der Wälder und Seen rund um die Berge ist ein Erlebnis.
Die Gastronomie am Fuße des Turms bietet 500 Plätze auf sonnigen Aussichtsterrassen und 240 im Restaurant.
Hier endet der zweite Teil der Route. Kürzester Rückweg (etwa 20 Minuten): vorbei am Teufelssee zurück zur Autobushaltestelle Rübezahl und von dort zum Bahnhof Köpenick.

Berlin – **Wissenswertes am Wege**

Der Tierpark

Er ist eines der meistbesuchten Ausflugsziele der Stadt: der Tierpark Berlin. Als der Magistrat im August 1954 den Beschluß faßte, einen Tierpark zu gründen, entsprach er damit dem lebhaften Wunsche der Berliner; als es im April 1955 an die Bauarbeiten ging, packten sie tatkräftig mit zu; als es galt, Tiere anzuschaffen, kannte ihre Spendenfreudigkeit keine Grenzen; und als der Tierpark am 2. Juni 1955 eröffnet wurde, strömten sie in Massen dorthin.

Bereits im ersten Jahr seines Bestehens konnten 600000 Besucher gezählt werden, heute sind es alljährlich etwa zwei Millionen. Der Park hat damit die höchste Besucherzahl aller zoologischen Gärten West- und Mitteleuropas.

Am bequemsten erreicht man den Tierpark Berlin mit der U-Bahn. Deren vom Alexanderplatz ausgehende Linie E erhielt einen Ausgang, der unmittelbar mit dem Eingang zum Tierpark am Bärenschaufenster, einer der vielen Freisichtanlagen, kombiniert ist. Auch mit der Straßenbahn Linie 17 (über Leninallee aus dem Stadtzentrum kommend) und dem Bus 53 (der in Hohenschönhausen einsetzt und über die Rhinstraße, die Allee der Kosmonauten und die Marzahner Chaussee führt) erreicht man den Tierpark.

Tierparkeingang

Der für den Tierpark ausgewählte Park um das Schloß Friedrichsfelde wurde im 19. Jahrhundert von Peter Joseph Lenné gestaltet. Das Schloß Friedrichsfelde war 1695 auf dem Gut des damaligen Generaldirektors der kurfürstlichen Marine, Benjamin Raule, errichtet und nach Übernahme durch den königlichen Hof 1719 wesentlich erweitert worden. Im zweiten Weltkrieg zerstört, wurde es in aufwendiger Arbeit von 1970 bis 1981 restauriert und mit Einrichtungsgegenständen und Kunstgut, zum Teil aus anderen Schlössern, ausgestattet. Im Sommer 1981 feierlich eröffnet, ist es heute eine Stätte festlicher Begegnungen. In ihm finden Konzerte, Dichterlesungen, Diskussionen und ähnliche Veranstaltungen statt.

Der Tierpark umfaßt heute mehr als 160 ha und beherbergt rund 900 Tierarten mit etwa 5000 Individuen. Es gibt mehr als 50 verschiedene Freisichtgehege und Tierhäuser.

Betritt man den Tierpark – vom U-Bahnhof kommend – am Bärenschaufenster, gelangt man unmittelbar zu den Freianlagen der Wisente und Büffel. Hält man sich dann rechts, so sind es nur we-

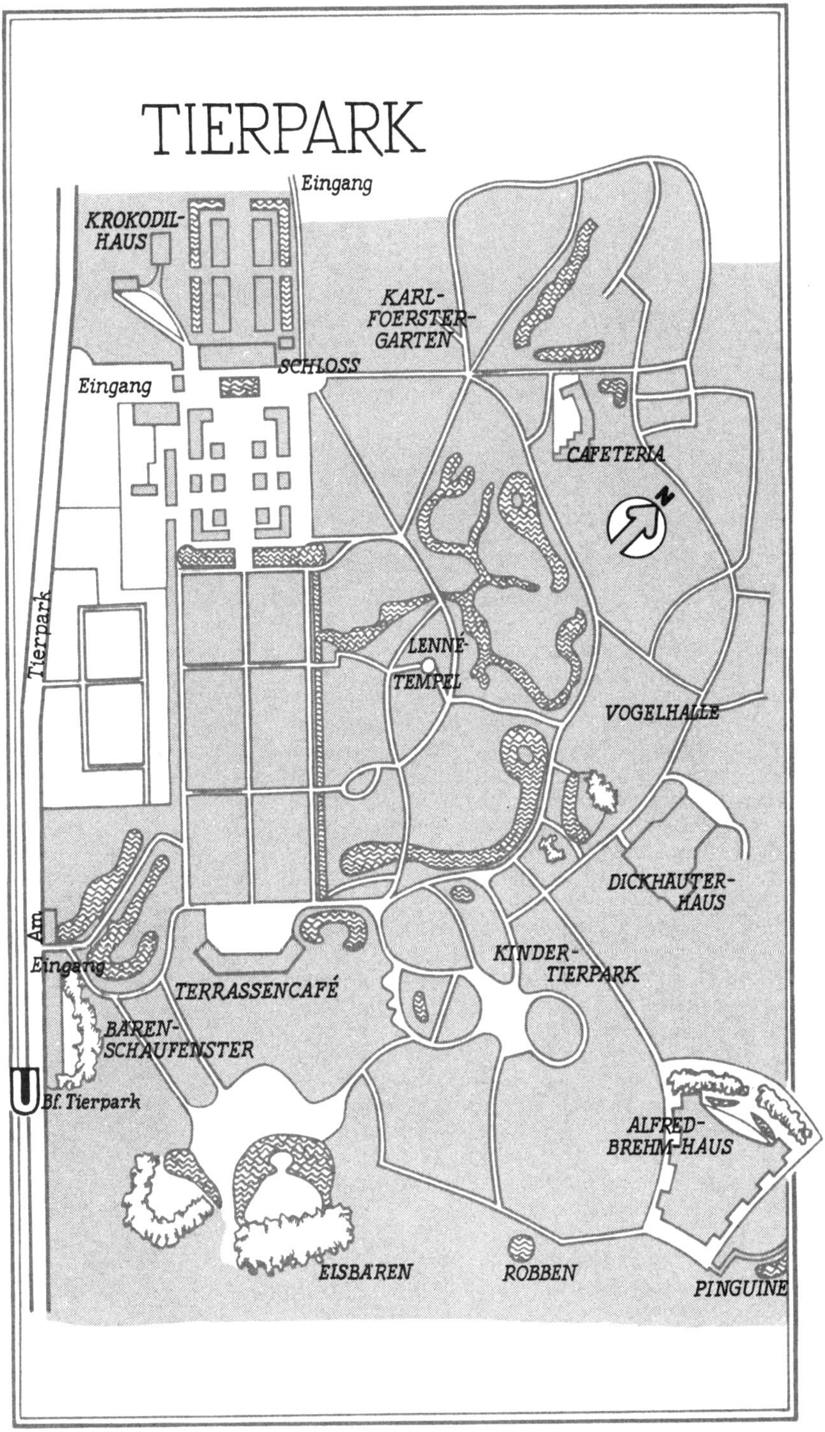

TIERPARK
Eingang
KROKODIL-
HAUS
KARL-
FOERSTER-
GARTEN
SCHLOSS
Eingang
CAFETERIA
N
Tierpark
LENNÉ-
TEMPEL
VOGELHALLE
DICKHÄUTER-
HAUS
Am
Eingang
KINDER-
TIERPARK
TERRASSENCAFÉ
BÄREN-
SCHAUFENSTER
U
Bf. Tierpark
ALFRED-
BREHM-HAUS
EISBÄREN
ROBBEN
PINGUINE

nige hundert Meter bis zur Eisbärenanlage. Ihr 2000 Kubikmeter fassendes Wasserbecken ist 86 Meter lang.

Wisente im Tierpark

Nahe dem Kindertierpark befindet sich das Alfred-Brehm-Haus. Dort sind hauptsächlich Raubkatzen verschiedener Arten untergebracht, aber auch tropische Vögel, Riesenschlangen und Warane. In der 16 Meter hohen Tropenhalle des Hauses leben etwa 100 verschiedene exotische Vögel zusammen mit Flughunden in einer malerischen Kulisse tropischer Vegetation.
Dem Brehm-Haus angegliedert ist eine riesige Greifvogelvoliere, in der sich Adler und Geier wie in freier Wildbahn bewegen können. In dessen Nähe befindet sich das 1989 eröffnete attraktive Elefanten- und Dickhäuterhaus.
Folgt man dem Weg zurück, vorbei an den Freigehegen der Wölfe und an der imponierenden Flamingolagune, kommt man zur Cafeteria, einer Großgaststätte mit mehr als 500 Innen- und 1300 Außenplätzen. Von der Cafeteria, die nur eine von mehreren gastronomischen Einrichtungen des Parks ist, führt der Weg zum Ausgang.
Der Tierpark Berlin ist im Sommer täglich ab 7 Uhr, im Winter ab 8 Uhr geöffnet. Der Eintritt kostet 1,- M für Erwachsene, 0,50 M für Kinder, Studenten und Rentner. Familien mit mehreren Kindern erhalten Ermäßigungen. Eine Fotoerlaubnis für einen Tag erhält man für 0,50 M.
Für einen Besuch sollte man mindestens drei Stunden einplanen.

Die Museumsinsel

Auf der Museumsinsel zwischen der Straße Am Kupfergraben und der Spree befinden sich sechzehn der sechsundzwanzig staatlichen Museen Berlins.
Mehrere Straßenbahnlinien führen zur Endhaltestelle Kupfergraben: die Linien 22, 46, 49, 70 und 71. Von den S-Bahnhöfen Friedrichstraße und Marx-Engels-Platz sowie von der Straße Unter den Linden kommt man nach kurzem Fußweg ebenfalls hierher.

Pergamon-Museum

Das Pergamon-Museum ist das wohl berühmteste Museum Berlins. Als erstes Architekturmuseum der Welt wurde es nach langwierigen, durch den ersten Weltkrieg noch unterbrochenen Bauarbeiten im Jahre 1930 eröffnet und bald weithin bekannt. Der Altar von Pergamon, der schon im Altertum zu den Weltwundern gerechnet wurde, gab ihm seinen Namen. Im gleichen Hause – zu erreichen mittels eines Übergangs über den Kupfergraben, der direkt zur neuen Eingangshalle führt – befinden sich die Antiken-Sammlung, das Vorderasiatische Museum, das Islamische Museum, die Ostasiatische Sammlung, das Museum für Volkskunde.

Relief
am Pergamonaltar

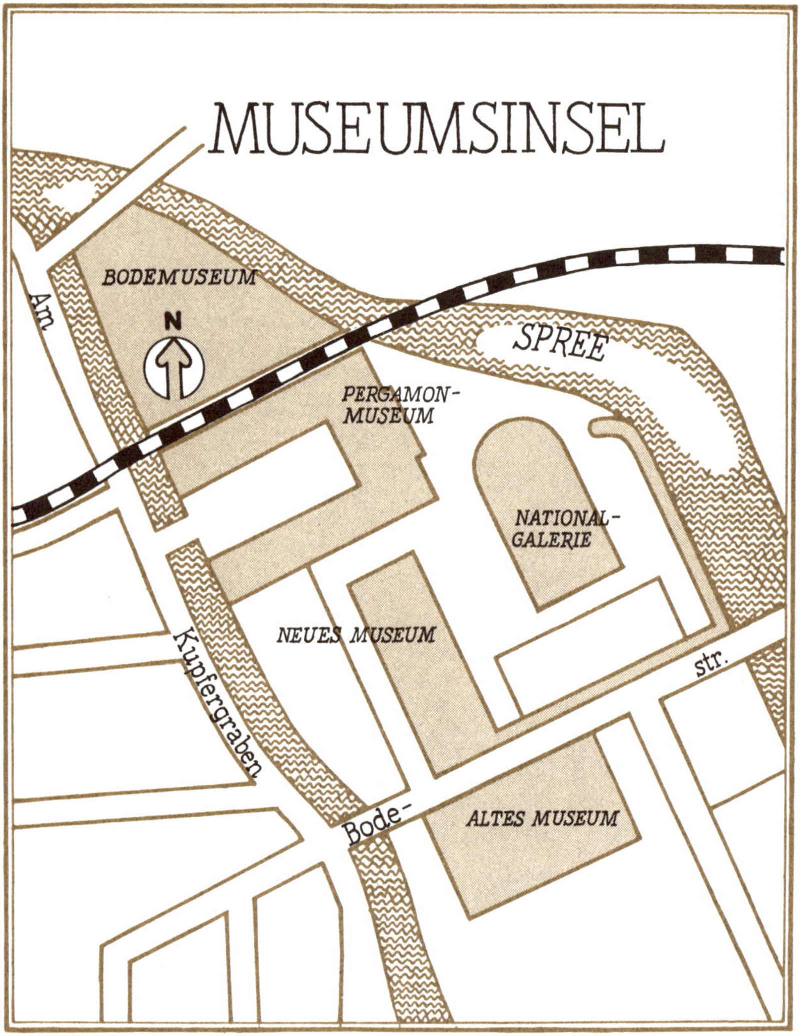

Altes Museum

Als erstes Berliner Museum öffnete dieses Haus am Berliner Lustgarten im Jahre 1830 seine Pforten. Erbaut hatte es Karl Friedrich Schinkel. Die Auswahl der anfangs ausgestellten Werke aus dem königlichen Kunstbesitz hatte eine Kommission getroffen, der u.a. Wilhelm von Humboldt und Karl Friedrich Schinkel angehörten. Heute enthält das Museum Gemälde und Bildwerke deutscher Künstler des 20. Jahrhunderts aus der Nationalgalerie sowie das Kupferstichkabinett und die Sammlung der Zeichnungen. Häufig finden auch repräsentative Ausstellungen statt.

Neues Museum

Das Neue Museum, als Erweiterungsbau der Kunstsammlungen von dem Schinkel-Schüler Friedrich August Stüler erbaut und 1856 eröffnet, wurde im zweiten Weltkrieg vollständig zerstört. Der Wiederaufbau begann 1986.

Nationalgalerie

Hinter den Kolonnaden an der zur Friedrichsbrücke führenden Bodestraße erhebt sich die 1861 als öffentliche Sammlung neuerer Kunst gegründete und 1876 in diesem Gebäude eröffnete Nationalgalerie. Heute wird dort Malerei und Plastik des 19. und teilweise auch des 20. Jahrhunderts gezeigt.

Exponat aus dem Ägyptischen Museum

Bode-Museum

Der Zugang zu diesem Haus erfolgt von der Monbijoubrücke am nordwestlichen Zipfel der Museumsinsel. Es wurde 1904 eröffnet und trägt seit 1956 den Namen des international geachteten Museumsfachmannes und vormaligen Generaldirektors der Berliner Museen Wilhelm von Bode.

Exponate aus der Münzsammlung

Im Bode-Museum befinden sich das Ägyptische Museum, die Papyrus-Sammlung, die Frühchristlich-Byzantinische Sammlung, die Gemäldegalerie, das Münzkabinett und das Museum für Ur- und Frühgeschichte.

Für die Staatlichen Museen zu Berlin betragen die Eintrittspreise für jeweils ein Haus pro Person 1,05 M, Gruppen von mindestens 10 Teilnehmern zahlen pro Person 0,80 M, Schüler, Studenten, Schwerbeschädigte und Rentner 0,50 M.
Für alle Auskünfte steht das Informationszentrum in der Eingangshalle des Pergamon-Museums zur Verfügung (Telefon 2200381, App. 444). Dort können auch Voranmeldungen für Führungen und Sonderveranstaltungen abgegeben werden.

Die Gartenschau

Seit der 750-Jahr-Feier Berlins lädt im Stadtbezirk Marzahn, direkt an der Grenze zum Stadtbezirk Hellersdorf gelegen, die Berliner Gartenschau ihre Besucher ein.
Vom Stadtzentrum aus erreicht man das insgesamt 300 Hektar umfassende Naherholungsgebiet an Kienberg und Wuhle, in das der größte Garten Berlins eingebettet ist, mit den Straßenbahnlinien 5, 10 und 18 sowie den Buslinien 43, 54, 92, 95 und 99 (bis Bärensteinstraße). Die Linie 92E verkehrt zwischen S-Bahnhof Marzahn und Biesdorf im 20-Minuten-Abstand (Haltestelle direkt am Eingang der Gartenschau). Auch von den Bahnhöfen der U-Bahn-Linie in Richtung Hönow aus ist das Gelände erreichbar.
Der Haupteingang liegt an der Eisenacher Straße; ein weiterer Eingang befindet sich an der Otto-Buchwitz-Straße. Ein 3,5 Kilometer langer Rundweg, der beide Parkeingänge einschließt, verbindet alle sehenswerten Bereiche des Parks miteinander. Man kann diesen Weg auch bequem zu dritt oder zu viert mit einem Promenadenfahrrad bewältigen, das es hier auszuleihen gibt.
Die Anlage ist in zwei Bereiche gegliedert. Der erste Teil, er liegt zwischen Otto-Buchwitz-Straße und der ehemaligen Zufahrt zum Kienberg, umfaßt einen schmalen, etwa 100 Meter breiten Geländestreifen von ca. 4,5 Hektar. Hier sind das Blumental, ein Historischer Garten – Reminiszenz an Berliner Gartenschauen des 19. Jahrhunderts –, ein Plastikgarten und das Blumen-Theater – kunstvolle, in Form eines Amphitheaters gepflanzte Blumen- und Pflanzenarrangements, die im 17. und 18. Jahrhundert in Mode kamen – sehenswert. Das sanft ansteigende Gelände ermöglicht einen weiträumigen Blick über großzügig angelegte Rasenflächen und bunte Blumenbeete.
Der zweite, 16,5 Hektar große Teil, zwischen Zufahrt zum Kienberg, Eisenacher Straße und Wuhle gelegen, präsentiert sich in anderer Gestalt: in einem breit angelegten Gelände sind als besondere Anziehungspunkte verschiedene „Gärten" angepflanzt worden. So locken der Karl-Foerster-Garten, der Geschiebe-Garten mit eiszeitlichen Gesteinen, Rhododendron- und Azaleengarten, Dahlien-, Fuchsien- und Asterngarten Interessierte an. Aber auch andere ausgedehnte Anlagen wie der Ginkgo-Hain oder der Naturlehrpfad verführen zu erholsamem und erlebnisreichem Spaziergang.

Eingang
Otto-Buchwitz-Str.
BERLINER GARTENSCHAU
BLUMENTAL
NATURLEHRPFAD
KRÄUTERGARTEN
HISTORISCHER GARTEN
BLUMENTHEATER
Z
SPRUDEL-UND QUELLENGARTEN
Eingang
Eisenacher Str.
KARL-FOERSTER-GARTEN
MARZAHNER AUSGUCK
STREICHELZOO
MUSTERKLEINGÄRTEN

Gartenschau Marzahn

Aufgelockert werden die Anpflanzungen durch über 20 Brunnenanlagen, u. a. bemerkenswert im Sprudel- und Quellengarten. Für die Jüngsten gibt es einen Streichelzoo sowie einen mit bekannten Märchenfiguren gestalteten Märchenweg. Der interessierte Besucher findet auf der Berliner Gartenschau die vielfältigsten Informationen, so z. B. über Vorgartenpflanzen und Kräuter der heimischen Flora sowie Kübel- und Balkonpflanzen, aber auch Anregungen für den passionierten Kleingärtner in den Mustergärten am Rande des Geländes. Ein Besuch wird damit zu einem Naturerlebnis, bei dem auch anschaulich Wissen vermittelt wird.
In der Nähe des Haupteinganges befindet sich ein Ausstellungszelt und ein Musikpavillon; auch für die gastronomische Versorgung ist gesorgt.
Geöffnet ist alljährlich von Ende April bis Oktober, täglich von 10 bis 19 Uhr. Der Eintritt kostet für Erwachsene 1,00 M (Jahreskarte 9,00 M), für Schüler, Rentner, Studenten und Lehrlinge 0,50 M (4,50 M). Schulklassen zahlen je Person 0,20 M, je Begleitperson 1,00 M. Bei kinderreichen Familien ist für die Kinder der Eintritt frei. Eine Fotoerlaubnis kann man für 0,50 M (5,00 M) erwerben.
Es empfiehlt sich, mit der Eintrittskarte einen Lageplan zu erwerben, auf dem alle interessanten und sehenswerten Punkte verzeichnet sind.

Die Seenlandschaft

Zwei Stadtbezirke, Weißensee und Hohenschönhausen, teilen sich in ein Seengebiet mit recht unterschiedlichen landschaftlichen Reizen. Auf relativ kleiner Fläche zusammengedrängt befinden sich Orankesee, Obersee und der Faule See. Für die Bewohner des sich um dieses Naherholungsparadies immer mehr ausbreitenden Wohngebiets ist die Lage der Seen geradezu ideal. Aber auch aus anderen Teilen der Stadt kommt man zur kurzzeitigen Erholung in die grüne Lunge inmitten der großen Wohnstadt.
Man kann, aus dem Stadtzentrum kommend, mit den Straßenbahnlinien 20, 24, 28 oder 72 bis zur ersten Haltestelle in der Klement-Gottwald-Allee fahren und dort in die 70 umsteigen. An der Haltestelle „Stadion Buschallee" beginnt der Seenbummel.
Erstes Ziel ist der Orankesee. An seinem nordöstlichen Ufer lockt in der Saison ein breitangelegtes Strandbad. Slawen besiedelten einst dieses Gebiet, das heute zum Stadtbezirk Hohenschönhausen gehört. Die Urväter nannten den See Rodranka. Die slawische Bezeichnung bedeutet soviel wie kleiner rotbrauner See. Im Laufe der Zeit wurde daraus Rothe, Ranke, Roderanke, Rohrranke und schließlich Oranke.

Blick auf den Orankesee

BERLINER SEENLANDSCHAFT

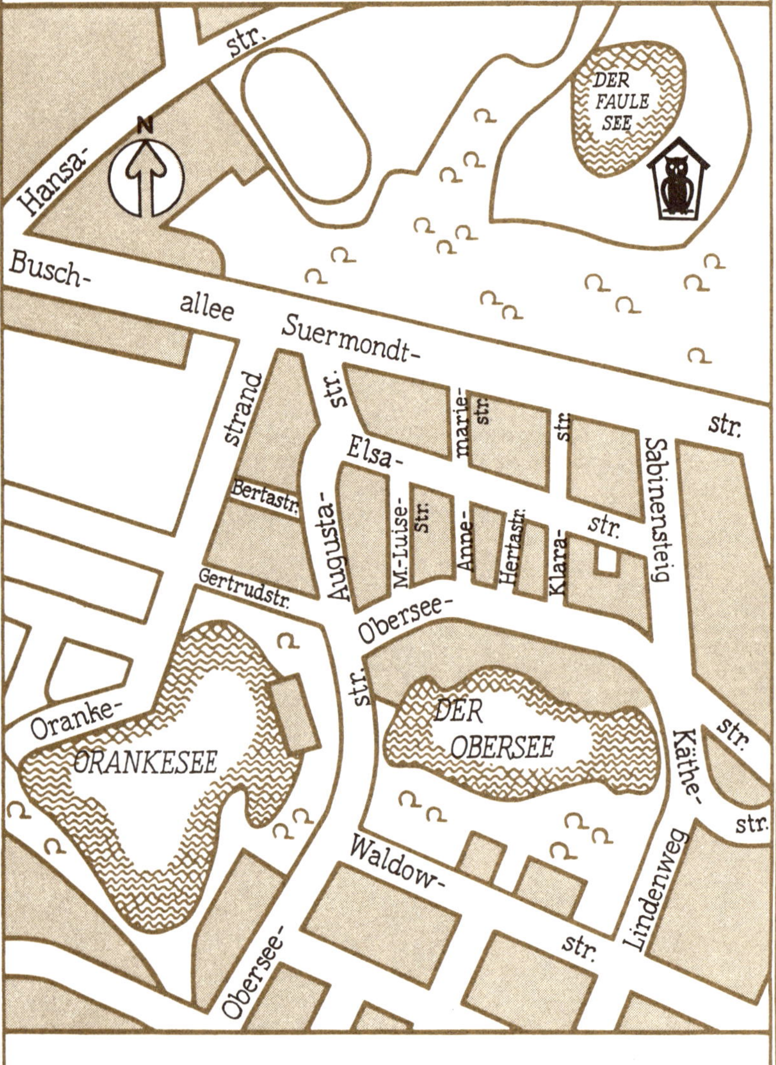

Der Weg um den See führt zur Oberseestraße. Unterwegs lädt rechter Hand eine Gaststätte mit einer ausgedehnten schattigen Terrassenfläche zur Rast.
Ganz anders als der Orankesee präsentiert sich der Obersee. An seinem nördlichen Ufer ordnen sich Wohnhäuser in die Landschaft. Urwüchsig liegt eine schmale Insel inmitten des langgestreckten Gewässers. Steil steigen rechts die Uferanlagen des gepflegten Parks empor. Ein Umstand übrigens, der gerade diesen See auch zum beliebten Anziehungspunkt für den Wintersport macht. Ski und Rodel sind hier gut, und die Seefläche bietet den Schlittschuhläufern lange Laufstrecken. Über den Sabinensteig führt der Weg nun bis zur Suermondtstraße und, diese überquerend, zu einem der Eingänge des Naturschutzgebietes Fauler See.
Eine Wildnis besonderer Prägung stellt dieses Waldgebiet dar, rings um den großen Sumpf mit dem das Milieu erklärenden Namen. Unmittelbar um das schilfumwucherte Seebecken breiten sich Flora und Fauna in seltener Ursprünglichkeit aus. Das eingefriedete Territorium ist 196000 m^2 groß und enthält neben einem Naturlehrpfad rings um den Sumpfsee Kinderspielplätze sowie, besonders an warmen Sommertagen zu empfehlende, schattige Wanderwege. Die Angaben über hier nistende Brutvogelarten (darunter auch besonders seltene) schwanken zwischen 30 und 40. Für diese Oase im engeren Weichbild einer Hauptstadt ist das eine beachtenswerte Anzahl. Wer Zeit mitbringt und Glück hat, kann Teichhühner, Stock- und Krickenten beobachten. Interessant, zu wissen, daß dieses Gewässer über ein langes Grabensystem einen Abfluß zum Urberliner Flüßchen Panke hat. Günstig ist es, den See im umgekehrten Uhrzeigersinn zu umrunden, bis der Weg am Stadion Buschallee endet. Dessen Gelände erstreckt sich bis zur Falkenberger Straße, mit Fußball- und Tennisplätzen, einem Klubhaus und Einrichtungen für zahlreiche Sportarten der Leichtathletik.

Am Faulen See

Ausflugsziele

Berlin, so sagen manche Enthusiasten, habe die schönste Umgebung von allen Hauptstädten Europas. Das mag übertrieben sein und nicht zuletzt vom persönlichen Geschmack abhängig, doch ist zumindest wahr, daß diese Stadt von einem Kranz vieler reizvoller Ausflugsziele umgeben ist. Einige davon – vor allem solche, die noch mit der S-Bahn zu erreichen sind – werden hier vorgestellt. Ausgangspunkt für diese Routen ist jeweils der Alexanderplatz.

Bernau

Endstation einer S-Bahn-Linie. Vom Alexanderplatz kommend, auf der Station Ostkreuz oder Treptower Park umsteigen, Fahrzeit etwa 55 Minuten. Mit dem Pkw über die F 2 (Greifswalder Straße – Weißensee) bzw. über die Autobahn (Richtung Prenzlau).

Bernau, Kreisstadt im Bezirk Frankfurt (Oder), ist etwa so alt wie Berlin, denn es wurde 1232 erstmals urkundlich erwähnt. Noch heute bilden mittelalterliche Bauten der ehemaligen Stadtbefestigung einen Anziehungspunkt. Beachtenswert sind vor allem die Stadtmauer und das Steintor mit dem Heimatmuseum und dem Hungerturm sowie der Pulverturm und das Henkerhaus. Die spätgotische Pfarrkirche St. Marien hat eine reiche Innenausstattung aufzuweisen, vor allem sind der Hochaltar (um 1520) und die Kanzel (1609) interessant. Das Hotel Schwarzer Adler beherbergt eine historische Gaststätte mit gotischen Gewölben aus dem 15. Jahrhundert. In Bernau befindet sich die Hochschule der Gewerkschaften Fritz Heckert. Ihr Hauptgebäude ist 1928 vom ehemaligen Direktor des Dessauer Bauhauses, Hannes Meyer, entworfen worden. Bernau ist Ausgangspunkt für Wanderungen in das Landschaftsschutzgebiet Wandlitz-Biesenthal-Prendener Seengebiet. Etwa 10 km ist eine Tour über Lobetal nach Biesenthal, 12 km die zum Liepnitzsee und nach Wandlitz und ebenfalls 12 km die über Lobetal nach Lanke.

Bernau, Hungerturm am Stadttor

Birkenwerder

S-Bahn-Station auf der Strecke nach Oranienburg (vom Alexanderplatz aus, in Ostkreuz oder Treptower Park umsteigen). Fahrzeit etwa eine Stunde und zehn Minuten. Mit dem Pkw über Pankow

auf der F 96 bzw. auf der Autobahn (Berliner Ring).
Birkenwerder entwickelte sich besonders zwischen den beiden Weltkriegen zu einer beliebten Wohnsiedlung. Dort lebte von 1929 bis 1932 auch Clara Zetkin, deren Wohnhaus heute eine Gedenkstätte beherbergt.
Von Birkenwerder aus ist es nicht weit ins Briesetal, ein Landschaftsschutzgebiet, das seit vielen Jahrzehnten beliebtes Ausflugsziel der Berliner ist.

Birkenwerder, Gedenktafel für Clara Zetkin

Buch

Zu erreichen mit der S-Bahn in Richtung Bernau vom Alexanderplatz aus, in Ostkreuz oder Treptower Park umsteigen. Fahrzeit etwa 50 Minuten. Mit dem Bus 31 und 42 ab Ostseestraße (bis dorthin mit der Straßenbahn 20, 71 und 72). Mit dem Pkw über Prenzlauer Allee, Am Steinberg, Berliner Straße, Blankenburger Straße, Blankenburg, Karow.
Buch ist ein Ortsteil des Stadtbezirks Pankow und aus einem Gutsdorf entstanden. Bekannt wurde Buch, nachdem dort zwischen 1899 und 1914 nach Plänen des Architekten Ludwig Hoffmann fünf große Krankenanstalten gebaut wurden und so einer der größten Krankenhauskomplexe Europas entstand. 1962 wurden die Häuser zum Städtischen Klinikum Berlin-Buch zusammengefaßt und durch den Neubau der Robert-Rössle-Klinik erweitert.
Sehenswert sind in Buch der 1724 angelegte barocke Lustgarten, der spätere Schloßpark, und die 1731 bis 1736 von Friedrich Wilhelm Diterichs erbaute Schloßkirche mit einem Marmorepitaph von dem Barockbildhauer Johann Georg Glume d. Ä., eine der schönsten Bildhauerarbeiten des 18. Jahrhunderts in Berlin. Anziehungspunkt ist auch der historische Dorfkrug, der nach einem Brand 1825 neu errichtet worden war.

Erkner

siehe Woltersdorf

Grünau

Station auf der S-Bahn-Strecke nach Königs Wusterhausen. Fahrzeit etwa 30 Minuten. Mit dem Pkw über Strausberger Platz, Lichtenberger Straße, Holzmarktstraße und Mühlenstraße, Stralauer Allee, Elsenbrücke, Am Treptower Park, Schöneweide, Adlershof.
Grünau gehört zum Stadtbezirk Köpenick und ist Teil des großen Erholungsgebietes in diesem

Stadtbezirk. Am Ufer der Dahme liegen Ausflugsgaststätten, Badestellen und Zeltplätze, doch wurden die Grünauer Gewässer vor allem als Wassersportgebiet bekannt. Dabei können sie auf eine über hundertjährige Tradition zurückblicken. Die erste Regatta auf dem heutigen Regatta-Gelände (1000 m-Strecke) fand 1880 statt, veranstaltet von den Vereinigten Rudervereinen der Oberspree. 1876 gab es eine inoffizielle Wettfahrt zwischen zwei Booten auf der Strecke Sadow – Ostende; diese führte dann zur Gründung des ersten Berliner Ruderklubs, dem Berliner Ruderverein. Internationale Anerkennung fand die Strecke 1936, als dort die Wettkämpfe der Wassersportler zu den Olympischen Spielen in Berlin ausgetragen wurden. Die in unserer Zeit auf 2000 Meter erweiterten Bahnen sind Austragungsort von Ruder- und Kanuwettkämpfen, dort findet auch die internationale Große Grünauer Regatta statt.

Hoppegarten

Station auf der S-Bahn-Strecke nach Strausberg. Fahrzeit etwa 30 Minuten. Mit Pkw über Karl-Marx-Allee, Frankfurter Allee, Straße der Befreiung, Alt Mahlsdorf, Frankfurter Chaussee (F 1/5).
Die Orte Dahlwitz-Hoppegarten und Neuenhagen im Kreis Strausberg sind als Zentren des Reitsports bekannt. In Hoppegarten wurde 1867 von dem feudalen Union-Club eine Galopprennbahn angelegt, die sich als „Rennbahn im Grünen" bald großer Popularität erfreute. Heute werden auf dem Geläuf alljährlich der Große Preis der DDR, ein Vergleichsrennen der Dreijährigen, und das Derby der DDR ausgetragen. Außerdem finden viele weitere, international gut besuchte Galopprennen statt. In Dahlwitz-Hoppegarten hat der Staatszirkus der DDR sein Winterquartier.

Königs Wusterhausen

Endstation einer S-Bahn-Linie. Fahrzeit etwa 50 Minuten. Mit dem Pkw über Grünau (siehe dort) und weiter auf der F 179 oder auf der Autobahn (Schönefelder Kreuz).
Die Kreisstadt Königs Wusterhausen, im Jahr 1375 erstmals als Burg erwähnt, erhielt 1935 das Stadtrecht. Sie liegt inmitten eines Erholungsgebietes im Süden Berlins, das von der Dahme durchflossen wird. Auf einer Wanderung vom S-Bahnhof aus kommt man über den Kirchsteig, den Tiergarten und den 2,8 km langen Naturlehrpfad zum idyllischen Ort Neue Mühle. Auf einer anderen Wanderung, am Nottekanal entlang, lernt man den Binnenhafen von Königs Wusterhausen kennen, in dem monatlich mehr als 200000 Tonnen Kohle

umgeschlagen werden. Königs Wusterhausen wurde jedoch vor allem durch die Sendeanlagen des Funkamtes bekannt. Von dort aus wurde am 22. Dezember 1920 die erste Rundfunksendung Deutschlands ausgestrahlt. Heute gehen die Sendungen der „Stimme der DDR" von Königs Wusterhausen in alle Welt.

Oranienburg

Oranienburg ist Endstation einer S-Bahn-Strecke (umsteigen in Ostkreuz oder Treptower Park) und in etwa einer Stunde und zehn Minuten zu erreichen. Mit dem Pkw kommt man dorthin über die F 96 oder man benutzt die Autobahn bis zum Abzweig Birkenwerder.

Der Ort wurde 1217 erstmals urkundlich unter dem Namen Bötzow erwähnt und erhielt 1232 das Stadtrecht. Im 17. Jahrhundert ließ die Kurfürstin Louise Henriette, eine Prinzessin von Oranien, dort ein Barockschloß errichten, das Oranienburg genannt wurde und dem Ort den neuen Namen gab. Das unter der Leitung von Johann Gregor Memhardt 1651 bis 1655 erbaute Schloß, das später von Johann Arnold Nering und Martin Grünberg erweitert wurde, ist in den Jahren 1948/60 restauriert worden, der Öffentlichkeit jedoch nicht zugänglich. 1814 wurde in Oranienburg eine chemische Fabrik errichtet, in der Friedrich Ferdinand Runge 1833 das Anilin, 1834 das Coffein und das Atropin entdeckte.

1933 errichteten die Faschisten in einer stillgelegten Brauerei das erste Konzentrationslager Deutschlands, wo unter anderen der revolutionäre Dichter Erich Mühsam ermordet wurde. 1936 entstand dann im nahegelegenen Sachsenhausen das faschistische Massenvernichtungslager, in dem mehr als 100000 Häftlinge umgebracht wurden. Heute befindet sich dort eine Nationale Mahn- und Gedenkstätte.

Oranienburg, Gedenkstätte Sachsenhausen

Potsdam

S-Bahn-Züge nach Potsdam fahren etwa alle Stunde ab Karlshorst (Station auf der Strecke nach Erkner). Mit dem Pkw gelangt man nach Potsdam über Schönefeld (Ausfallstraße über Grünau, siehe dort) und weiter auf der F 96a (über Mahlow, Teltow und Babelsberg) oder auf dem südlichen Berliner Ring der Autobahn.

Potsdam ist ein beliebtes Ausflugsziel für Besucher aus dem In- und Ausland. Weltberühmt ist das Schloß Sanssouci und sein Park mit den vielen Sehenswürdigkeiten, aber auch das Schloß Cecilienhof, die Gedenkstätte für die dort abgehaltene Potsdamer Konferenz der Siegermächte im Jahre

Potsdam, Neues Palais

1945. Sehenswert ist Potsdams unter Denkmalschutz stehendes Stadtzentrum mit kulturhistorisch bedeutsamen Bauten, die den verheerenden Luftangriff im April 1945 überstanden haben und umfassend restauriert oder neu erbaut worden sind. Potsdam, das seit 1660 Residenzstadt war, hat viele städtische Eigenarten. Niederländische und hugenottische Flüchtlinge erhielten zum Beispiel im 18. Jahrhundert eine eigene Kolonie, das Holländische Viertel, das seine Form bis heute bewahrt hat. Ebenso interessant ist die Russische Kolonie Alexandrowka, Blockhäuser aus Holz, die 1826 für russische Sänger erbaut worden sind und noch heute von deren Nachfahren bewohnt werden. Im Marmorpalais am Heiligen See befindet sich das Armeemuseum und auf dem Telegrafenberg das Astrophysikalische Zentralinstitut mit dem Einsteinturm, der 1920 von Erich Mendelsohn erbaut worden ist. Zu Potsdam gehörig ist Babelsberg, in dem sich seit den zwanziger Jahren Filmstudios befinden. Heute hat dort die DEFA ihr Aufnahmegelände. Der Geschichte der Kinematographie gewidmet ist das einzigartige Filmmuseum im Marstall im Zentrum Potsdams.

Rangsdorf

Rangsdorf liegt im S-Bahn-Bereich. Man kann es vom Bahnhof Schöneweide aus mit den Zügen nach Zossen-Wünsdorf erreichen. Mit dem Pkw gelangt man dorthin auf der F 96 (Ausfallstraße wie Grünau, siehe dort) und ebenso auf der Autobahn (südlicher Berliner Ring).
Rangsdorfs Anziehungspunkte sind vor allem seine Seen, der große Rangsdorfer See und die beiden kleineren, der Nymphen- und der Kiessee. Die reizvolle Gegend verlockt zu Wanderungen, zum Beispiel um den Rangsdorfer See oder durch die Wälder.

Sachsenhausen

siehe Oranienburg

Schöneiche

siehe Woltersdorf

Strausberg

Strausberg ist in etwa einer Stunde mit der S-Bahn direkt zu erreichen (Stationen Strausberg, Strausberg-Stadt und Strausberg-Nord). Mit dem Pkw gelangt man dorthin auf der F 1/5 über Hoppegarten (siehe dort) und Rüdersdorf (dort abbiegen) oder vom Berliner Stadtzentrum über Mollstraße/Leninallee und dann über Altlandsberg.
Strausbergs Sehenswürdigkeiten sind die Reste der mittelalterlichen Stadtmauer des um 1230 als Burg erwähnten Ortes, zu der auch einige Wieckhäuser gehören, die frühgotische Pfarrkirche St. Marien aus der Mitte des 13. Jahrhunderts, alte Invaliden- und klassizistische Bürgerhäuser. Reizvoll ist die Umgebung der Stadt (Landschaftsschutzgebiet Strausberger und Blumenthaler Wald- und Seengebiet), die sich für Wanderungen bestens eignet. Erlebnisreich ist zum Beispiel eine Wanderung vom S-Bahnhof Strausberg zum S-Bahnhof Strausberg-Stadt (etwa 8 km) über Eggersdorf, am Bötzsee entlang und durch den Wald zum Straussee. Dort setzt man mit der Fähre über und geht durch das Stadtzentrum zur Bahnstation. Ähnlich angenehm ist der Weg vom S-Bahnhof Strausberg zur Neuen Mühle, am Annabach entlang (Naturlehrpfad) zur Schlagmühle, am Herrensee vorbei und über die Collegenberge zurück zur Stadt.

Werder

Man erreicht Werder mit dem Vorortzug, der von der S-Bahn-Station Karlshorst abfährt.
1317 wurde Werder als Ort an der Havelbrücke erstmals urkundlich erwähnt und seit mehr als 100 Jahren wird dort alljährlich das „Baumblütenfest" gefeiert, denn dieser – ursprünglich nur auf der Insel in der Havel angesiedelte – Ort ist das Zentrum eines riesigen Obstanbaugebietes. Insbesondere zur prachtvollen Baumblüte strömen die Berliner in den Havelort, in dessen Ausflugsgaststätten auf den Höhen der Stadt ein vorzüglicher Obstwein ausgeschenkt wird. Ein Spaziergang durch die Innenstadt mit ihren alten Fischerhäuschen und der 1857 von Friedrich August Stüler erbauten Kirche lohnt zu allen Zeiten, und die reizvolle Umgebung ist auch für Wanderungen gut.

Werder,
Blick auf die Stadt

Woltersdorf

Vom S-Bahnhof Rahnsdorf (auf der Strecke nach Erkner) führt eine Straßenbahnlinie nach Woltersdorf. Mit dem Pkw gelangt man dorthin am besten über Erkner (Ausfallstraßen Karl-Marx-Allee, Warschauer und Boxhagener Straße über Rummelsburg, Oberschöneweide, Köpenick, Müggelseedamm, Rahnsdorf). Von der Autobahn (Berliner Ring) fährt man an der Anschlußstelle Rüdersdorf ab.

Woltersdorf, Schleuse

Woltersdorf liegt in landschaftlich reizvoller Umgebung, in der ausgedehnte Wanderungen möglich sind (Landschaftsschutzgebiet Grünau-Grünheider Wald- und Seengebiet). Ein interessantes Objekt ist die Woltersdorfer Schleuse, die 1860 erbaut worden ist und einen Höhenunterschied von 2,50 Meter ausgleicht. Dort hatte es bereits 1557 eine Schleuse gegeben. Woltersdorf unmittelbar benachbart sind Schöneiche und Erkner. In Schöneiche-Fichtenau befand sich in den Jahren von 1929 bis 1933 die Reichsparteischule der KPD Rosa Luxemburg (heute Gedenkstätte). An der Dorfaue ist ein Heimatmuseum in einem märkischen Fachwerkhaus aus dem Jahre 1643 untergebracht. In Erkner befindet sich die Gerhart-Hauptmann-Gedenkstätte im ehemaligen Wohnhaus des Dichters.

Ziegenhals

Von den S-Bahnhöfen Erkner und Königs Wusterhausen fahren Linienbusse direkt nach Ziegenhals. Mit dem Pkw fährt man bis Erkner (siehe Woltersdorf) und weiter über Neu-Zittau bis Wernsdorf. Von der Autobahn die Abfahrten Erkner oder Niederlehme nutzen.

Am Großen Zug, dem Verbindungsgewässer zwischen Krossin- und Zeuthener See, liegt in einem Ortsteil von Wernsdorf das Sportheim Ziegenhals. Es erlangte historische Bedeutung, weil sich dort am 7. Februar 1933 die Mitglieder des ZK der KPD zu einer illegalen Tagung trafen, der letzten, an der Ernst Thälmann teilnehmen konnte. Im Sportheim befindet sich heute eine Gedenkstätte. Das Gebiet um Wernsdorf ist reizvoll gelegen. Nach relativ kurzem Weg zum Miersdorfer Werder kann man mit einer Fähre übersetzen und kommt nach Zeuthen, von wo aus gute Verbindungen ins Stadtzentrum bestehen.

Touristeninformationen

Wichtige Rufnummern

Volkspolizei 110
Feuerwehr 112
Schnelle Medizinische Hilfe 115
Ortsauskunft 180
Fernauskunft 181
Kfz.-Hilfs- und Tankstellendienst 166

Verkehr

Deutsche Reichsbahn
Binnenverkehr 49531
Internationaler Verkehr 49541
Interflug
Flughafen Berlin-Schönefeld 6720
Taxi
für die Stadtbezirke Hohenschönhausen, Mitte, Prenzlauer Berg, Friedrichshain, Weißensee, Pankow und Lichtenberg 3644
für die Stadtbezirke Marzahn, Hellersdorf, Treptow, Köpenick und Ortsteil Schönefeld 3366
Vorbestellungen 3654471
Fahrgastschiffahrt Weiße Flotte
Treptow
Verkehrspavillon 27120
Informationszentrale
Städtischer Nahverkehr
S-Bahnhof Alexanderplatz
2462255

Berlin-Information

Informationszentrum am Fernsehturm 2124675

Reisebüro der DDR

Alexanderplatz 5, Auskunft 2150
Zentraler Touristenservice
2154161
Service für ausländische Besucher
2154402

Tarife

Für eine Fahrt mit Straßenbahn, U-Bahn oder Bus sowie der S-Bahn (im Bereich Preisstufe 1) gibt es einheitliche Fahrkarten zu 0,20 M. Kinder unter 6 Jahren werden in der S-Bahn unentgeltlich befördert, ab dem 6. Lebensjahr ist der volle Fahrpreis zu zahlen. In den anderen genannten Verkehrsmitteln zahlen Kinder von 6 bis 14 Jahren und Schwerbeschädigte 0,10 M je Fahrt. Für problemloses Umsteigen zwischen S- und U-Bahn können auch kombinierte Fahrkarten gelöst werden.

Touristenfahrkarten

Zum Preis von 1,00 M bzw. 2,00 M sind auf allen Bahnhöfen Touristenfahrkarten erhältlich. Ihre Gültigkeit beträgt einen Tag und erstreckt sich auf beliebig viele Fahrten mit der S-Bahn (Preisstufen 1 und 2) bzw. zusätzlich mit allen Linien von U-Bahn, Straßenbahn und Bus.

Übernachtungsmöglichkeiten

Zimmervermittlung
Reisebüro-Service
Hauptbahnhof 4362468
Hotels (Auswahl)
Grand Hotel
Friedrichstr. 158–164 20920
Palasthotel
Karl-Liebknecht-Str. 5 2410
Hotel Metropol
Friedrichstr. 150–153 22040
Hotel Stadt Berlin
Alexanderplatz 2190
Hotel Unter den Linden
Unter den Linden 14 2200311
Hotel Berolina
Karl-Marx-Allee 31 2109541

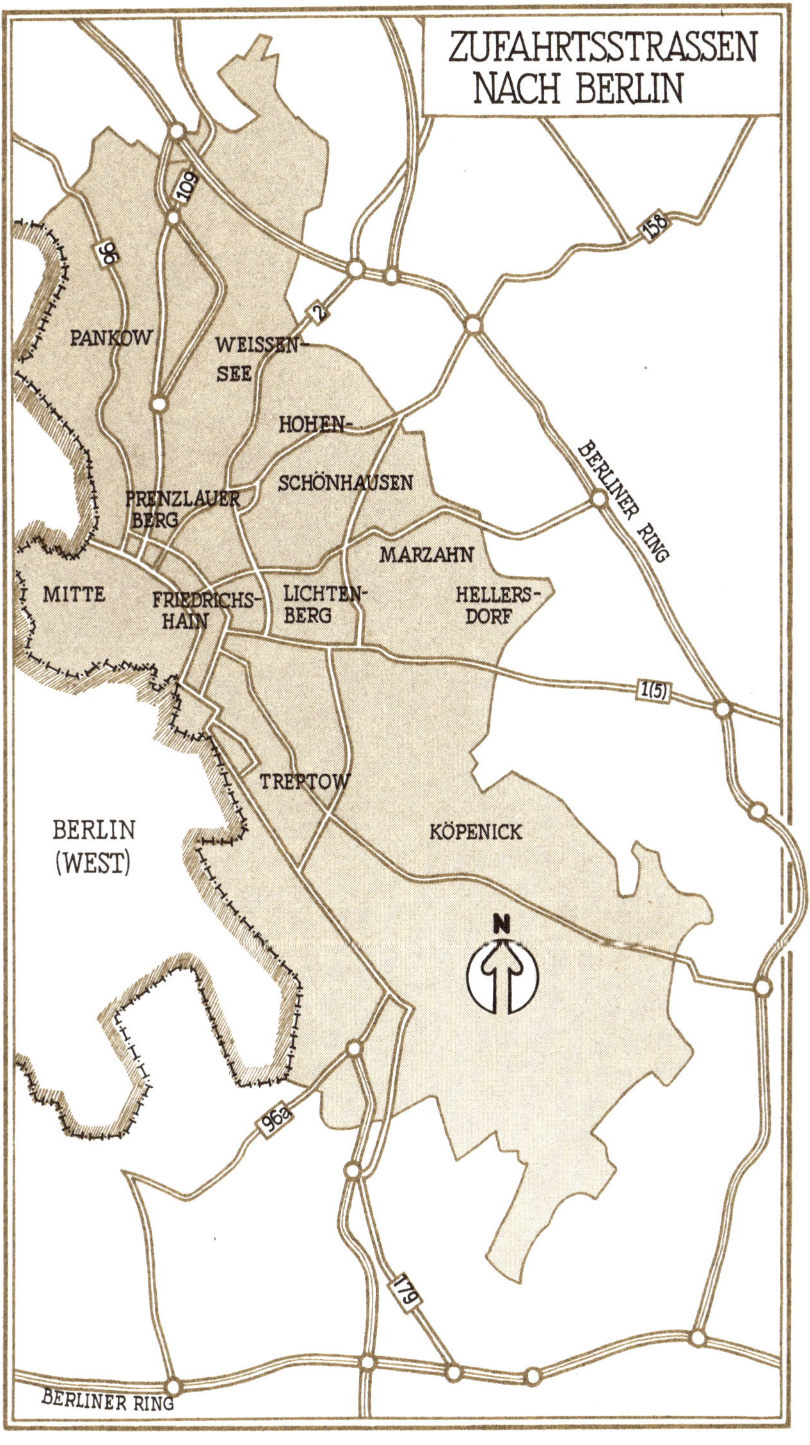
ZUFAHRTSSTRASSEN NACH BERLIN
PANKOW
WEISSEN-SEE
HOHEN-SCHÖNHAUSEN
PRENZLAUER BERG
MARZAHN
MITTE
FRIEDRICHS-HAIN
LICHTEN-BERG
HELLERS-DORF
TREPTOW
KÖPENICK
BERLIN (WEST)
BERLINER RING
BERLINER RING
N
96
109
2
158
1(5)
96a
179

ÜBERSICHT DER S-BAHN- UND U-BAHNLINIEN

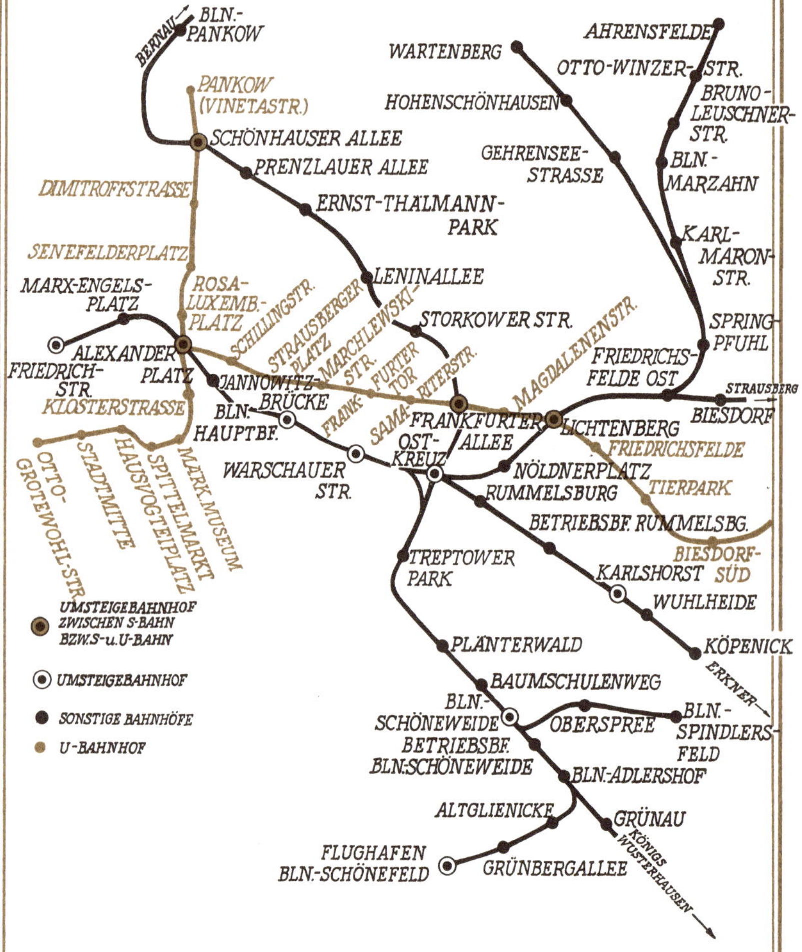

Wechselstellen

Bahnhof Friedrichstraße
(durchgehend geöffnet)
Hauptbahnhof,
Erich-Steinfurth-Str. 7
(Mo.–So. 6.30 – 21.00 Uhr)
Reisebüro der DDR, Alexanderplatz 5
(Mo.–Fr. 7.00 – 20.00 Uhr;
Sa. 7.30 – 15.30 Uhr)
Bahnhof Lichtenberg
(Mo.–Fr. 7.00 – 19.00 Uhr;
Sa. 9.00 – 12.00 Uhr)
Flughafen Berlin-Schönefeld
(durchgehend geöffnet)

Deutsche Post

Zentrale Postauskunft 2125151
Postamt Straße der Pariser
Kommune 21, am Hauptbahnhof
(durchgehend geöffnet)
Postamt im Palast der Republik
Postamt 2, Rathausstr. 5
Postamt 64, Bahnhof Friedrichstraße

Fundbüros

Zentrales Fundbüro
Wilhelm-Pieck-Str. 164 2823472
Fundbüro der Deutschen Reichsbahn
(auch S-Bahn)
S-Bahnhof Marx-Engels-Platz
4921671

Intertankstellen

Adlergestell 118
Am S-Bahnhof Pankow-Heinersdorf
Holzmarktstr. 14
Indira-Gandhi-Str. 105–109
Alt-Mahlsdorf/Landsberger Straße
Prenzlauer Allee 1–4
Werneuchener Str. 2–6
Storkower Straße
Leninallee/Ecke Otto-Buchwitz-Straße

Hinweis für Kraftfahrer

Wenn Sie, von außerhalb Berlins kommend, zu einem Routenpunkt im Stadtzentrum gelangen wollen, ist es ratsam, das Fahrzeug am Stadteingang auf einem der mit **P + R** (Parken und Reisen) gekennzeichneten Parkplätze abzustellen. P + R-Plätze liegen z. B. nahe an den S-Bahn-Stationen Altglienicke und Hoppegarten.
Wer mit dem Wagen in die Stadt fahren will, sollte die Spitzenzeiten des Berufs- und Wochenendverkehrs meiden (werktags 6.00 – 8.00, 16.00 – 18.00 Uhr; Sa. und So. 18.00 – 20.00 Uhr).
Es ist anzuraten, bei Fahrten in die Stadtbezirke über das Schönefelder Kreuz bzw. den Autobahnzubringer Nord hinaus die jeweiligen Anschlußstellen des Berliner Autobahnringes zu nutzen.
Insbesondere an den Wochenenden sind sie die günstigsten Anfahrtswege zu den östlichen und südöstlichen Stadtbezirken.

Personenregister (Auswahl)

Sachregister

Denkmäler

Filmtheater

Friedhöfe

Gaststätten

Gedenk- und Erinnerungsstätten

Hotels

Kirchen

Krankenhäuser

Kulturstätten

Museen, Galerien

Technische bzw. Industriebauten

Theater

Tourismus

Verlage

Berlin-Literatur

Die Autoren dieses Buches haben sich auf folgende Werke gestützt, die sie auch dem Wanderer zur ergänzenden Lektüre empfehlen:

Berlin. 800 Jahre Geschichte in Wort und Bild, VEB Deutscher Verlag der Wissenschaften, 1980
Wolfgang Schneider: **Berlin. Eine Kulturgeschichte in Bildern und Dokumenten**, Gustav Kiepenheuer Verlag, 1980
Bauten unter Denkmalschutz, Berlin, Hauptstadt der DDR, Berlin-Information, 1982
Waltraud Volk: **Historische Straßen und Plätze heute – Berlin**, VEB Verlag für Bauwesen, 1977
Berliner Kulturstätten, VEB F.A. Brockhaus Verlag, 1981
Architekturführer DDR – Berlin, VEB Verlag für Bauwesen, 1981
Heinz Seyer: **Berlin im Mittelalter**, VEB Deutscher Verlag der Wissenschaften, 1987
Heinz Bergschicker: **Berlin – Brennpunkt deutscher Geschichte**, Deutscher Militärverlag, 1965
Ruth Glatzer: **Berliner Leben 1648–1806**, Verlag Rütten & Loening, 1956
Ruth Köhler/Wolfgang Richter: **Berliner Leben 1806–1847**, Verlag Rütten & Loening, 1954
Ruth Glatzer: **Berliner Leben 1870–1900**, Verlag Rütten & Loening, 1963
Annemarie Lange: **Berlin zur Zeit Bebels und Bismarcks**, Dietz-Verlag, 1967
Annemarie Lange: **Das Wilhelminische Berlin**, Dietz-Verlag, 1972
Dieter und Ruth Glatzer: **Berliner Leben 1900–1914**, (2 Bände), Verlag Rütten & Loening, 1986
Dieter und Ruth Glatzer: **Berliner Leben 1914–1918**, Verlag Rütten & Loening, 1983
Gerhard Keiderling: **Berlin 1945–1986**, Dietz-Verlag, 1987
Die Kunst- und Baudenkmale in der DDR – Hauptstadt Berlin I und II, Henschelverlag, 1983 und 1987
Georg Dehio: **Handbuch der deutschen Kunstdenkmäler – Bezirke Berlin/DDR und Potsdam**, Akademie-Verlag, 1983
Winfried Löschburg: **Unter den Linden**, Buchverlag Der Morgen, 1972
Heinz Knobloch: **Berliner Fenster**, Mitteldeutscher Verlag, 1981
Heinz Knobloch: **Herr Moses in Berlin**, Buchverlag Der Morgen, 1979
Heinz Knobloch: **Stadtmitte umsteigen**, Buchverlag Der Morgen, 1982
Hans Prang/Horst Günter Kleinschmidt: **Mit Berlin auf du und du**, VEB F.A. Brockhaus Verlag, 1980

Durch Berlin zu Fuß: Wanderungen in Geschichte u. Gegenwart/
Hans Prang; Horst Günter Kleinschmidt. – 3., bearb. Aufl. –
Berlin; Leipzig: Tourist Verl., 1990. – 352 S.: 417 Abb., 24 Textkt.

ISBN 3-350-00240-4

3. Auflage 1990

Lizenznummer: 1002/550; TVG 010-7056
LSV 5279
Lektor: Cordula Führer
Redakteur: Claus Peter Woite
Gesamtgestaltung: Jochen Friedrich/TV
Printed in the German Democratic Republic
Gesamtherstellung: IV/10/5 Druckhaus Freiheit Halle
Bestellnummer: 596 694 1
01920

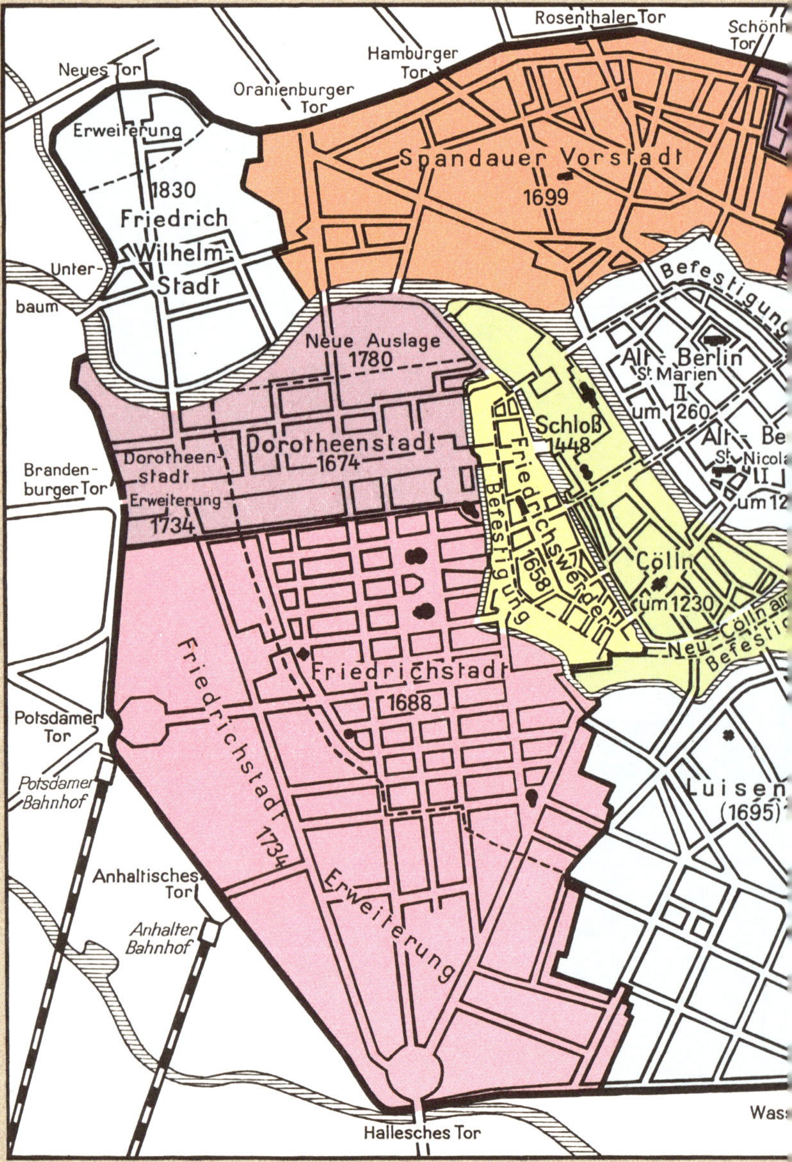

Gliederung der Stadt um 1840. Aus: Schinz, Berlin, Berlin – Stadtschicksal und Städtebau.